고전과 함께하는
수필 삼국지

고전과 함께하는
수필 삼국지

구주모

채륜
CHAE RYUN

　인간과 쟁패, 그리고 소용돌이 역사를 다룬 고전으로 《삼국지三國志》가 있다. 규모가 방대하긴 하나 《삼국지연의三國志演義》가 널리 읽힌 덕분에 주인공이나 그 얼개를 모르는 사람이 드물다. 책 속에 담긴 내용 또한 '천변만화千變萬化'라 일컬어도 손색이 없다. 하지만 이같은 '천변만화'에도 불구하고 서점에 진열되는 삼국시대 이야기는 늘 '그 나물에 그 밥'이다. 요 근래 좋은 책들이 제법 머리를 내밀고 있긴 하나, 전체적으로는 아직도 '잘 팔리는 이야기'만 되풀이되고 있다. 그러다 보니 곱씹어볼 만한 좋은 내용들이 점점 잊혀지는 것 같아 안타깝다.

　이 책은 삼국시대를 '조금은 색다른' 36가지 주제로 조망한 것이다. 마니아들에겐 잘 알려진 이야기일 수 있으나, 《삼국지연의》를 한두 번쯤 접한 일반 독자들에게는 신선한 체험이 될 성 싶다. 여기다 중국사를 수놓은 다른 사실史實과 지혜를 적절하게 가미해 주제를 확장시켰다. 《연의》를 통해 사람들에게 익숙한 삼국시대 이야기를 씨줄로, 딱딱하지만 씹을수록 맛을 더하는 동양고전류를 날줄로 한 역사수필이라고 보면 된다.

　어릴 때부터 월탄月灘《삼국지》를 즐겨 읽었다. 정확하게 말하자면 《삼국지》 정사正史가 아니라, 월탄 박종화 선생이 편역한 연의체 사서 《삼국지연의》다. 나이가 들면서 다들 필자와 비슷한 경험을 했다는 사실을 알게 됐다. 지금도 그렇지만 당시 팍팍한 한국사회를 살아가던 대다수 사람들에게 《연의》는 늘 재미와 위안을 주고 '삶의 지혜'를 선사하던 좋은 동무였다.

몇 년 전 철학자 이정우씨가 쓴 《탐독》이란 책을 읽은 적이 있다. 유년시절 접했던 소설에서 시작해 전공분야인 물리학과 철학에 이르기까지 그가 읽었던 방대한 독서 목록을 흥미진진하게 풀어쓴 글이었다. 아니나 다를까? 이정우씨가 걸어온 독서여정 첫머리에 《연의》가 있었다. 철학자도 아직 그 감동을 간직하고 있구나 싶은 게 너무 반가웠다.

세월이 흘러 신문사에 몸을 담은 지 벌써 24년째에 접어든다. 이 기간에도 《연의》를 잊고 지낸 적은 없다. 어릴 때와 달라진 게 있다면 《연의》가 던져주는 소설적 감동에 머무르지 않고, 삼국시대를 형성한 '역사적 진실'을 하나둘 더듬으며 조금씩 외연을 넓혀왔다는 점이다.

이 과정에서 《연의》를 뛰어넘는 또 다른 감동을 만날 수 있었다. 이런 감동은 버겁기만 한 인생을 한편으론 누그러뜨리면서 또 한편으론 거기에 정면으로 대응할 힘을 주곤 했다. 그러자 욕심이 생겼다. 글을 읽을 때마다 '그래 이거야!' 하고 단편적으로 떠올렸던 주제들을 새롭게 묶어보면 어떨까 싶었다. 고민을 거듭하다 약 10년 전쯤 지금과 비슷한 구성으로 글을 쓴 적이 있다. 계속 가지고 있다가

2008년 연말쯤 책으로 냈는데, 미흡한 구석이 많아 다시 갈고 다듬었다.

이 책은 정사 《삼국지》《자치통감》 등을 비롯한 공식기록과 연의체 사서인 《삼국지연의》를 기본으로 하고, 25사史의 원조인 《사기》를 비롯한 역사서, 《논어》를 위시한 동양고전, 《세설신어》를 중심으로 한 필기류 등을 주제에 맞게 추출해 구성했다. 또 이야기 전개를 위해 역사 관련 논문과 문학작품은 물론 손에 닿는 현대 저작물까지 망라했다.

구성은 필자가 했지만 글 속에 인용한 팩트는 모두 사서에 기록된 것이거나, 전문 연구가들이 피땀 흘려 이룩한 성과다. 그래서 감사하는 마음을 담아 가능한 한 글 속에 인용도서를 밝혔다.

원래 이런 수필류는 생명이 짧다. 하지만 정사나 다른 원전에 나오는 딱딱한 내용을 조금 쉽게 전달하고 있다는 점에서, 삼국시대를 정면으로 다룬 다른 책이 좀 더 읽히는 매개체가 될 것이라는 생각을 해본다.

이 책에서는 중국 현지 발음으로 읽는 현대인들 이름도 우리말 한자음으로 표기했다. 옛 인물들과 통일을 기하기 위해서다.

예) 위치우이余秋雨→여추우

《삼국지연의》는 《연의》로, 정사 《삼국지》는 《정사》로 통일했다.

　　서채윤 대표를 비롯한 출판사 '채륜' 관계자 여러분에게 고마움을 전한다. 졸고가 책으로 변신한 건 순전히 '채륜' 덕분이다. 곁에서 항상 격려를 아끼지 않는 장모님 이하 처가 식구들과 하태영 교수 등 지인들에게도 감사를 빠트릴 수 없다. 만만치 않은 삶을 살아가는 딸 재영이와 사랑하는 조카들에게 용기를 잃지 말 것을 당부하면서, 어릴 때부터 인생이란 길을 인도해준 큰형과 형수에게 존경을 담아 이 책을 바친다.

2011년 1월

구 주 모

1부_ 지혜

위를 헤아리고 아래를 포용하라_

어떤 일에서든 성공이나 실패를 결정하는 진짜 문제가 본질적으로 기술적인 경우는 거의 없다. 사람과 문화의 문제가 대부분이다.

경영연구가인 마이클 해머_{Michael Hammer}가 《아젠다_{Agenda}》라는 책에서 한 말이다.

마이클 해머는 MIT 공학교수로 재임하던 시절, 경영대학원의 동료로부터 이 말을 들었다고 한다. 이 말이 던지는 메시지는 결국 사람의 일이란 커뮤니케이션_{Communication}에 달렸다는 이야기다.

양부_{楊阜}는 신비_{辛毗}, 고당륭_{高唐隆}과 어깨를 나란히 하는 위나라 간신_{諫臣 옳은 말을 하는 신하}으로 잘 알려져 있다. 《정사》는 비슷한 유형의 이 세 사람을 한데 묶어 열전_{列傳}에 싣고 있다. 《연의》는 소설의 재미를 더하기 위해 양부를 주로 마초에 저항하는 의사_義

±로 그렸지만, 실제로 그는 노년에 위나라 조정을 무대로 활약하면서 충성에서 우러난 간언을 아끼지 않았던 재상으로 유명하다.

위나라 명제시대에 고관을 지낸 양부는 황제가 궁궐을 증축하거나 불필요한 일을 할 때마다 백성들이 노역에 시달린다며 중단할 것을 요청하곤 했다. 예禮에 어긋나는 행동을 참지 못한 그가 올린 상소는 준엄한 논조로 가득해 보는 이들을 탄복하게 한다. 황제 조예曹叡는 그럴 때마다 그에게 경의와 두려움을 가졌다고 한다.

그가 남긴 이야기 중 이런 게 있다.

한번은 소부少府[1] 벼슬을 하던 양부가 황제의 총애를 받지 못하는 궁녀들을 줄이려고 황실관리를 불러 후궁 숫자를 물었다. 그러자 이 관리는 "비밀이므로 말할 수 없다"고 답했다. 양부는 화가 나서 곤장 100대를 때린 뒤 "국가는 구경九卿과 비밀이 없다. 어찌 하급관리와 비밀을 지닌단 말인가?"라고 그를 질책했다. 절대권력인 황제권에 주눅 들지 않는 매서운 기상이다. 황제 조예는 이 이야기를 듣고 양부를 더욱 두려워했다고 한다.

반고班固는 《백호통의白虎通義》[2]에서 양부처럼 목숨을 걸고 간언을 하는 스타일을 '함간陷諫형'이라고 이름 붙이면서 "직설적으로 국가의 해악을 말하며, 자신의 의지를 굳건히 하여 생명을 돌아보지 않는다"고 말했다.

그래서 처음 위문제 조비曹丕가 신하들에게 양부는 어떤 사람인가를 물었을 때 다들 '제왕을 보좌하는 삼공三公 재상급 벼슬'의 절의節義를 지닌 사람이라고 답했던 것이다.

 원굉袁宏은 조금 다른 해석을 내놓는다. 《자치통감》에서 그는 이렇게 말했다.

어떤 사람이 말하길, '양부가 어찌 충신이 아닐 수 있는가. 군주의 잘못을 보면 발연히 촉상觸上 위를 거스름했다. 사람들과 이야기할 때 군주의 잘못을 거론하지 않은 적이 없다'고 했으나 이는 잘못이다. 무릇 인자애인仁者愛人 어진 자는 사람을 사랑함이라 했으니 이를 군주에게 활용하면 충성이 되는 것이고, 양친에게 하면 효도가 되는 것이다. 지금 신하된 자로서 군주의 잘못을 비방하여 나쁜 점을 드러내면 직사直士 곧은 말을 잘하는 선비로 부를 수는 있어도 충신은 아니다.

곱씹어볼 만한 말이다. 아무리 목적이 좋다 하더라도 시도 때도 없이 윗사람을 거스르는 건 진심으로 그를 사랑하는 태도가 아니라는 말이다. 그럴 경우 자신은 만족스러울지 몰라도 반드시 진심을 왜곡당하게 된다. 특히 간언을 수용해야 할 상사의 그릇이 작거나, 상사가 그 같은 간언을 자신에 대한 공격으로 받아들일 경우 뜻하지 않은 재난에 빠지게 된다.

신하 위징魏徵[3]을 '인간 거울'로 평가하면서 간언에 관대했던 당태종조차 위징이 곧은 말을 꺼리지 않자, 한번은 "내 이 늙은 놈을 필히 죽이고 말리라" 하며 분을 삼켰다고 한다. 범인들이야 말해서 무엇하겠는가?

오나라 손권係權은 대제大帝로 불릴 만큼 출중한 황제였지만 의심이 많았다. 특히 말년으로 갈수록 더 그랬다. 오나라를 떠맡았던 중신인 육손陸遜은 이 의심병에 시달리다 울분에 잠겨 죽었다. 그런데도 같은 중신인 제갈근諸葛謹은 이런 손권과 별다른 마찰이 없었다. 원래 성격이 그랬는지, 아니면 손권을 의식해서인지 정확하게 알려져 있진 않지만, 그는 손권과 이야기를 나눌 때 한번도 강하고 직설적인 말을 한 적이 없었다.

제갈근은 국가 중대사라고 해도 심각한 표정을 짓지 않았으며, 말하는 태도 또한 일상적인 대화를 나누는 듯했다. 그런가 하면 자신이 하는 말이 손권의 생각과 부합되지 않으면 금세 그 말을 버리고 다른 화제를 올려 말하고자 하는 실마리를 찾곤 했다. 지나치게 소극적인 방법이긴 하나, 윗사람이 지닌 특성을 잘 간파한 대화법이라고 할 수 있다.

그렇다고 손권이 그를 얕잡아 보진 않았다. 공과 사를 엄격히 구분했던 제갈근은 촉한에 사신으로 갔을 때에도 동생 제갈량을 공식석상에서만 만났을 뿐 숙소로 돌아가서는 개인적으로 만나지 않았다. 손권은 그래서 제갈근을 "그 사람됨이 길이 아니면 가지를 않고, 의가 아니면 말하지 않는다"라고 평가할 정도였다.

승상 고옹顧雍이 취한 방법도 눈여겨볼 만하다.

그는 언제나 저잣거리 민심을 파악해 정치적인 일에 취해야 할 것이 있으면 비밀리에 보고했다. 만일 그 의견이 받아들여져 쓰이면 그 공을 손권에게 돌리고, 쓰이지 않으면 끝까지 세상에 알리지 않았다. 그러나 조정에서 의견을 말할 때면 말투나 얼굴빛은 비록 공손할지라도 고집하는 주장은 곧았다. 양부를 '외강내강'이라고 한다면 제갈근과 고용은 '외유내강'에 딱 어울리는 인간형이라고 할 수 있겠다.

《회남자淮南子》[4]에 보면 뛰어난 사람은 일정한 의표儀表 겉으로 드러나는 몸가짐가 없이 때에 따라 행동한다며, 낮추고 유약하게 하는 것은 갈대와 같으나 결코 두려워하지 않는 것이 이들의 특징이라는 구절이 있다. 제갈근과 고용을 지목하고 있는 듯하다.

위나라 진군陳群도 그들과 같은 반열에 놓을 만하다. 진군은 여러 차례 국정의 득실을 간언하면서 매번 상주문上奏文 황제에게 올리는 글을 밀봉하고 초고를 없앴다. 때문에 사람들은 진군이 높은 자리에 있으면서도 공묵拱黙 두 손을 끼고 침묵함했다고 비난하곤 했다.

하지만 그가 죽은 후《명신주의名臣奏議 명신들의 상주문을 종합한 보고서》가 발간되자 조정 관료들은 비로소 진군의 상소문을 보고 찬탄을 아끼지 않았다. 정책의 잘잘못을 따지는 통렬한 비판이 가득했기 때문이다. 앞서 언급한 원굉은 진군이야말로 진정한 충신이라며 다음과 같이 말했다.

그는 사람들과 하루 종일 담론하면서도 군주의 잘못을 언급한 적이 없다. 때문에 군자들은 진군을 두고 이 점에서 뛰어난 사람이었다고 말한다.

할 말은 하되 상대를 면전에서 공박하거나 뒷자리에서 비방하지 않는 자세야말로 으뜸가는 처세라고 할 만하다. 그리고 이는 결국 상대를 감복시키고야 마는 것이다.

전한前漢 사람 유향劉向이 지은 《신서新序》[5]에는 이런 이야기가 나온다.

전국시대 위나라 임금 문후文侯가 대신들과 함께한 자리에서 자신이 어떤 사람인지를 물었다. 많은 이들이 "전하께서는 어진 임금이십니다"라고 답했다. 문후가 적황翟黃에게 다시 묻자 그는 "전하께서는 어진 임금이 아니십니다"라고 말하며 조목조목 그 이유를 설명했다. 문후는 크게 노해 적황을 쫓아냈다.

문후는 임좌林座에게도 같은 질문을 던졌다. 그러자 그는 재치있게 답변했다.

"전하께서는 어진 임금이십니다. 신이 들자오니 그 임금이 어질면 신하가 곧다고 했습니다. 적황이 한 말이 곧은 말이었으므로 잘 알 수 있습니다."

문후는 기뻐하면서 적황을 다시 불러들여 상경上卿[6]으로 삼았다.

현명한 임좌는 위를 거스르지 않으면서도 할 말은 다 했다. 게다가 쫓겨났던 적황까지 구했다. 두 마리 토끼를 한꺼번에 잡은 임좌야말로 제갈근 등이 마음으로 배운 스승임에 틀림없다.

적황에게 화를 낸 문후와는 달리, 춘추시대 제나라 경공은 바깥 행차에 나섰다가 길거리에서 모욕을 당하자 크게 부끄러워했다. 다리 잘린 형벌을 받은 사람이 경공이 탄 수레를 치며 "당신은 내 임금이 아니다"라고 했기 때문이다. 경공은 이를 수치로 여겨 조회에 나가지 않았다.

재상인 안자晏子가 경공을 이렇게 달랬다.

"명석한 군주가 있을 때는 아랫사람들의 직언이 많았습니다. 비천한 죄인조차 직언을 꺼리지 않으니 이야말로 군주의 복입니다."

《안자춘추晏子春秋》[7]에 나오는 이 이야기는 윗사람을 쓰다듬는 지혜가 얼마나 소중한 것인지 잘 일러준다.

명태조 주원장이 간난신고艱難辛苦 끝에 황제가 됐을 때다. 궁핍한 생활을 하던 고향친구가 소식을 듣고 찾아왔다. 옛정을 내세워 한몫 잡으려는 마음으로 그는 이렇게 말했다.

"우리 폐하! 만수무강하소서! 예전에 미천한 신이 폐하를 따라 노주부蘆州府를 평정하고 관주성罐州城을 물리치니 탕원수湯元帥는 도망가고 두장군豆將軍은 사로잡았는데, 홍해아紅孩兒가 관문을 막았을 때 채장군菜將軍의 신세를 진바 있습니다."

주원장이 회상해보니 그때 일이 어렴풋이 생각났다. 문법도 잘 들어맞지 않는 이야기지만, 황제는 몹시 즐거워하며 친구에게 큼직한 벼슬을 내렸다. 이 소식이 함께 생활했던 다른 친구에게 알려지자, 그 또한 큰 기대를 걸고 황제를 찾았다.

"폐하! 기억하시지요? 이전에 저는 폐하와 함께 다른 사람의 소를 봐주고 있었습니다. 그때 하루는 갈대밭 마을에서 훔쳐온 콩을 솥에 넣고 찌다가 익기도 전에 서로 앞다퉈 빼앗아 먹었습죠. 이 북새통에 솥단지가 깨져 콩이 쏟아지고 국이 엎어졌는데, 폐하는 땅바닥에 떨어진 콩을 한 움큼 주워 먹다가 그만 여뀌 잎사귀가 목구멍에 걸려 캑캑거렸습니다. 제가 꾀를 내어 남새 잎을 뭉쳐 삼키게 하자 간신히 여뀌 잎이 뱃속으로 들어가게 됐습니다."

공치사를 하면서 성은을 받기를 기다렸지만, 이 친구는 곧 무사들에게 끌려나가 죽임을 당한다. 황제가 친구의 말이 끝나기도 전에 끌고 나가 베어버릴 것을 명령했기 때문이다.

눈치 빠른 독자라면 알아챘겠지만, 두 친구가 한 이야기는 같은 내용이다. 앞선 친구가 어법을 무시한 채 한자어로 주워섬긴 내용을 풀이하면 이렇다.

'노주부'는 곧 갈대밭 마을이며, '관주성'은 솥단지를 일컫는 것이다. 그 성을 물리쳤다는 말은 싸우다가 솥단지를 엎어뜨렸다는 것이고, '도망간 탕원수'란 국이 흘러내렸음을, '사로잡은 두장군'은 땅바닥에 흘린 콩을 주워 먹었다는 이야기다. '홍해아가 관문을 막아섰다'는 건 여뀌紅草 잎사귀가 목구멍에 걸렸다는 것이고, '채장군의 신세를 졌다'는 건 남새 잎 덕분에 겨우 살아났다는 것이다.

앞선 친구는 상대가 황제라는 사실을 감안해, 빈곤으로 얼룩졌던 고단한 추억을 '전투를 방불케 하는 방법으로' 멋지게 각색했다. 그 덕분에 황제는 아련한 회상에 잠길 수 있었다. 그러나 두 번째 친구는 그럴 주변머리가 없었다. 옛일을 곧이곧대로 이야기하니 체통이 손상된 황제는 화가 치밀어 오를 수밖에 없었다.

《중국민간문학작품선》에 나오는 이 이야기는 주원장의 출신이 미천하고, 젊은 시절 지독하게 가난해 흉년이면 풀을 끓여 먹던 사실을 토대로 해 만든 것으로 보인다. 그러나 글이 전하는 메시지는 또렷하다. 첫 번째 친구 이야기는 일견 익살을 곁들인 아부로 읽힐 수도 있으나, 사람을 대할 때는 상대를 헤아리는 슬기가 필요함을 웅변한다.

앞선 사례가 아랫사람 대 윗사람 구도라면 공명의 뒤를 이어 촉한을 다스린 장완은 윗사람 대 아랫사람 구도가 어떠

해야 하는가를 잘 일러준다.

양희楊戱라는 사람이 있었다. 그는 성정이 대범하여 소소한 예절을 중시하지 않았다. 장완이 양희와 더불어 말을 할 때 양희는 종종 대답을 하지 않는 경우가 많았다.

어떤 이가 장완에게 물었다.

"공이 양희와 이야기할 때 그가 종종 답변하지 않으니 무례가 지나친 게 아니오?"

그러자 장완이 말했다.

"사람의 마음은 각기 다르오. 얼굴이 다르듯이 모두 똑같을 수가 없소. 오히려 어떤 자는 면종후언面從後言 앞에서는 복종하나 돌아서면 딴 말을 하는 일하니 고인들은 이를 매우 경계했소. 양희는 내 의견에 찬동을 할 경우 자신의 본심과 다르고 반박할 경우 내 잘못을 드러내는 셈이 되어 침묵하는 것이오. 이는 바로 양희의 통쾌한 점이기도 하오."

윗사람의 금도襟度 다른 사람을 포용할 만한 도량가 한 손에 잡히는 듯하다. 마이클 해머가 21세기에 고민하는 문제를 이들은 이미 1800년 전에 고민했으며, 그 해답까지 갖고 있었던 셈이다. 비록 삼국 간에 국력 차가 컸다고는 하나, 위나라가 중원을 평정하고, 촉한과 동오가 50년 넘게 국가를 지탱할 수 있었던 것은 위를 헤아리고 아래를 포용한 이 같은 준걸俊傑들이 제각기 자리를 지키고 있었기 때문이다.

"개인의 생명력과 인격은 역사에 강한 인상을 남긴다"는 문화사학자 여추우余秋雨의 말처럼 장완을 비롯한 몇몇 사람들은 확실히 그렇다고 말할 수 있다.

근시란 자고로 이런 것_

간웅奸雄 간교한 영웅으로 알려진 삼국시대 위무魏武 위나라 무황제 조조曹操가 가장 신임했던 사람은 누구일까. 조조는 감정에 좌우되지 않고 능력에 따라 사람을 쓰기로 유명했다. 그래서 주변에는 도덕성은 아랑곳하지 않고 재능에만 기대어 한 자리를 노리는 사람이 들끓었다. 때문에 능력 있는 사람을 잘 뽑아 썼다고는 하나, 조조가 가슴을 열고 진심으로 대한 사람은 그리 많지 않다. 이렇게 볼 때 문무를 막론하고 조조의 마음을 깊이 얻은 신하로는 허저許褚가 으뜸으로 꼽힌다.

삼국지 전편을 꿰뚫는 허저의 행적은 '근시近侍 웃어른을 가까이 모심란 자고로 이런 것'이라고 일러 주는 듯하다. 근시라 하면 흔히 거세당한 환관宦官을 떠올리기 쉽지만, 허저는 그런 근시가 아니라 일평생 조조의 곁을 지키며 호위대장 역을 수행한 인물이다.

조조가 의병을 일으킨 초기에 허저 역을 맡았던 사람은 전위典韋

다. 용맹이나 충성심이 허저와 어금버금하던 사람이었으나, 장수張繡[8]를 정벌할 때 적병에게 살해당했다. 허저는 그 뒤를 이어 조조가 죽을 때까지 확실하게 근시 자리를 지켰다.

《연의》에는 조조가 황건적 잔당을 토벌하러 갔을 때 전위와 허저가 격돌하는 장면이 나온다. 전위가 무명 장사를 만나 결판을 짓지 못한 채 종일 싸움을 벌이고 있다는 소식이 들리자 조조는 믿기지 않는다는 듯 직접 전투현장으로 나간다. 그리고는 허저의 자태에 반해 그를 사로잡을 것을 지시한다.

조조와 허저의 관계가 예사롭지 않았기에, 《연의》의 작자 또한 두 사람이 군신의 정을 맺는 것을 이처럼 아름다운 스토리로 치장해 놓았다.

임무를 교대하며 조조에게 헌신한 두 사람에 대해 조조는 이런 평가를 내렸다.

"전위는 악래惡來 은나라 때 용맹을 떨쳤던 장수와 허저는 번쾌樊噲 용맹하다고 소문났던 한나라 창업공신와 짝을 지을 만하다"

《연의》에서 허저는 힘이 세고 용맹한데다 자부심 강하고 오만한 성격으로 그려지고 있으나, 실제로는 성품이 신중하고 법령을 엄수했으며 무겁고 말이 적었다고 《정사》에는 기록돼 있다.

두 군데 다 등장하는 용맹 에피소드 중 가장 널리 알려진 이야기는 조조가 마초馬超와 대진했을 때다.

적장인 마초가 조조에게 "그대 진영에 호후虎侯 호랑이처럼 용맹한 장수가 있다고 들었는데 어디 있는가?" 하고 묻는다. 그의 이름을 익히 들었다는 걸 시인한 것이다.

《연의》에는 허저가 그 즉시 웃통을 벗어 던진 채 단순무식하고 과격한 자태로 나타났다고 돼 있고, 《정사》에는 마초가 허저를 보고 감히 경거망동하지 못했다고 기술돼 있다. 허저는 호후 혹은 호치虎痴로 불렸는데, 여기서 호치란 용맹하긴 하지만 성격이 단순하다는 데서 비롯된 별명이다.

예나 지금이나 근시가 지녀야 할 덕목으로 첫손 꼽히는 건 충성심과 좌고우면左顧右眄 앞뒤를 재고 망설임하지 않는 자세다. 주군에게 신명을 바쳐 충성하고 지근거리에서 얻은 정보를 이권화利權化하지 않아야 한다는 말이다. 허저는 조조가 죽자 통곡하며 눈물을 흘리는 데서 그치지 않고 선혈까지 토했다고 한다. 충성심으로 따진다면 그를 당할 자는 없는 셈이다.

허저의 충성을 이야기할 때 꼭 나오는 일화가 있다.

조조가 관도대전官渡大戰[9]에서 원소袁紹를 격파했을 때 조조를 호위하던 병사 중에 서타徐他라는 이가 암살음모를 꾸몄다. 그러나 항상 허저가 좌우에서 조조를 호위했으므로 틈을 얻지 못하자 그가 자리를 비울 때만을 기다렸다.

하루는 허저가 아래 진영으로 쉬러 가는 틈이 생겼다. 서타 일당은 이때다 싶어 조조를 죽이러 들어갔다. 하지만 허저는 아래 진영에서 쉬던 중 마음이 불안하여 다시 조조의 장막으로 돌아왔다. 서타 등은 크게 당황했고, 수상한 거동을 통해 음모를 알아차린 허저는 즉시 그들을 잡아 죽였다.

주군이 위험에 처했을 때 마음이 불안한 정도라면 가히 '이심전

심’이 아니고는 설명할 길이 없다. 조조는 이 때문에 더욱 허저를 신임했으며, 나가고 들어올 때 곁을 떠나지 못하게 했다고 한다.

서타를 죽여 조조를 구한 이야기가 ‘충忠’이라면 조인曹仁과 얽힌 일화는 그의 바른 자세를 일러주는 대표적인 사례다.

하루는 조인이 형주에서 조조를 보러 수도로 왔는데, 조조가 아직 내실에서 나오지 않았으므로 어전에서 허저를 만났다. 조인이 허저를 붙잡고 구석으로 데려가 이야기를 꺼내려는데, 허저가 말했다.

“대왕께서 곧 나오십니다”

말이 끝나자마자 허저는 내실로 들어가 버렸다. 조인은 마음속으로 그를 원망했다.

후에 어떤 사람이 그를 질책하며 말했다.

“정남장군征南將軍 조인[10]은 대왕의 종족이자 조정의 중신인데, 몸을 낮춰 존경하며 그대를 불렀거늘 그대는 무엇 때문에 만남을 거부했소?”

허저는 이렇게 답했다고 한다.

“정남장군이 비록 종친이자 중신이라고는 하나, 외번外藩 바깥을 지키는 장수입니다. 저는 대왕을 모시고 있는 몸이므로 일이 있으면 여러 사람의 말을 종합하면 되는데, 무엇하러 그와 속삭이겠습니까?”

《정사》는 물론 《연의》에도 그대로 실려 있는 이 대목은 근시의 처세를 일러주는 ‘완벽한 교과서’가 아닐 수 없다. 두 사람을 비슷한 장군급으로 인식하는 독자들은 이 일화가 지닌 의미를 과소평가할 수도 있으나, 원래 조인이 조조의 사촌 동생이자 용맹과 지략이 대단한 사령관급 장수인데 반해, 조조의 신임이 두터웠다고는 하나 허저가 일개 근위대장에 불과한 중견 무관이라는 점을 생각하면 쉽게 그 속뜻을 짐작할 수 있다.

조인이 허저와 조용히 이야기를 나누려 한 것은 벼슬은 낮으나 조조를 모시는 막중한 자리에 있는 허저를 회유(?)해 자신의 존재를 부각시키는 한편, 조정기밀을 좀 더 잘 파악하기 위해서였다고 할 수 있다. 부러 몸을 낮춰 자신이 허저를 무겁게 생각하고 있음을 보여주려 한 것이다.

하지만 허저는 근시 직책을 맡고 있는 자신이 조정 중신에게 아부하는 모습을 보이는 것은 있을 수 없다고 생각했다. 두 사람이 어전 구석에서 속삭인다면 누가 보더라도 자신이 조인에게 끈을 대고 있다는 느낌을 줄 것이라는 게 그의 판단이었다. 놀랍도록 바른 처세가 아닐 수 없다. 조조는 이 이야기를 듣고 한층 허저를 신뢰하게 됐다고 한다.

원래 군주를 섬기는 측근은 그 형태환관이든 시종무관이든 비서든에 상관없이 모든 신하에게 애증의 대상이었다. 전국시대 위나라 혜자惠子가 혜왕惠王의 총애를 받고 있던 전수田需에게 충고한 말은 그래서 후인들에게 큰 울림을 남긴다.

"그대는 군주의 측근들과 가까이 지내야만 합니다. 무릇 버드나무는 옆으로 심거나, 거꾸로 심거나, 꺾어서 심어도 반드시 살아납니다. 그러나 10명에게 이를 심게 해도, 한 사람으로 하여금 뽑아버리게 하면 한 그루도 살아남지 못합니다. 그 이유는 바로 수난거이樹難

去易 심기는 어렵지만 뽑기는 쉬움에 있습니다. 지금 그대는 비록 자신을 군주에게 심으려고 하지만 그대를 군주로부터 뽑아내려는 사람은 아주 많습니다."

양호羊祜와 삼국통일의 초석을 다진 진晉나라 두예杜預는 군사를 이끌고 양양에 주둔했을 때 황제에게 총애를 받는 측근들에게 수차례 예물을 보냈다.

어떤 사람이 '도대체 두장군이 왜 그런 짓을?' 하는 심정으로 그 이유를 물었다.

두예는 짤막하게 말했다.

"나는 단지 화를 입을까 두려워하는 것뿐이오. 무슨 이익을 얻으려고 그러는 게 아니오."

두예는 별명이 무고武庫 무략이 가득함로 불릴 만큼 출중한 장수였다. 황제의 신임 또한 두터웠다. 그럼에도 그는 황제 측근들에게 수시로 기름칠(?)을 했다. 아무리 자신이 실력이 뛰어나더라도 만에 하나 측근들과 사이가 틀어지면 참소讒訴[11]를 당할 수 있다는 사실을 깨닫고 있었기 때문이다. 혜자가 전수에게 한 말이 실제 사례에 대입된 경우다.

《한비자》는 그래서 군주에게 해가 되는 8가지 장애팔간 八姦 중 두 번째로 재방在旁, 즉 측근 신하를 꼽으며 이를 경계해야 한다고 강조한다.

앞서 말했듯 조인은 종실이었다. 지금도 그렇지만 당시 왕실과 혈연관계에 있다는 건 대단한 명예이자 경외의 대상이었다. 게다가 그 명망名望은 조조 집단을 비판하는 사람조차 "무장武將으로는 조자효曹子孝 조인가 있을 뿐"이라고 할 정도였다. 그런 그조차 혜자가 한 말을 허투루 흘려듣지 않고 허저에게 줄을 대려고 했다. 군주를 옹위하는 측근이 마음먹기에 따라 얼마나 큰 해악을 저지를 수 있는지 잘 설명하는 이야기다.

허저는 조조에게 몸을 의탁하기 전 고향에서 뛰어난 용력으로 수많은 협사俠士들을 거느리고 있었다. 《정사》에는 '난세를 맞아 젊은이와 종족 수천 가구를 모아, 함께 성벽을 튼튼히 하고서 도적을 막았다'는 구절이 나온다. 물론 협사를 거느렸다고 해서 허저를 따르던 젊은이들이 협객이란 뜻은 아니다. 중국학자 진보량은 이들을 유맹流氓 건달, 유랑민 등을 통칭하는 말이라 부르며, 힘을 잘 쓰는 무뢰한이자 어느 정도 의협적 연대를 지니고 있던 사람들이라고 설명한다.

어쨌든 허저는 그 우두머리로서 대단한 평가를 받았으며, 그가 조조에게 몸을 의탁하러 갔을 때도 조조는 그가 이끌고 간 무리 100여 명 전원을 호사虎士 호랑이처럼 강한 용사로 칭하며 우대했다고 한다. 이 일화는 중국 유협사遊俠史에서 절대 빠지지 않는 이야기다.

그는 조조가 죽은 후에도 충성심을 인정받아 계속 금군禁軍 황제를 지키는 숙위군을 지휘했다. 새 술은 새 부대에 담는다는 격언도 그만은 비켜간 셈이다. '측근비리'라는 말이 일상적인 용어로 자리 잡은 요즘 허저의 일생은 많은 것을 시사한다.

근시가 성공하는 길은 충성심과 함께 마음을 바로 써야 한다는 게 그가 전하는 메시지다. 물론 말은 쉽지만 실천에 옮기기란 여간 어려운 게 아니다. 그래서 허저가 더 빛나는가 보다.

쟁공과 겸퇴_

풍리부득박야風利不得泊也

'바람이 좋아 배를 멈출 수 없다'는 말이다.

때는 삼국시대가 종말을 고하기 직전, 촉한에서 수군을 이끌고 오나라 토벌에 나섰던 진쯥나라 수군대장 왕준王濬이 북쪽에서 육로군을 이끌고 남하하던 총사령관 왕혼王渾으로부터 잠시 전진을 멈추라는 명을 받고 한 유명한 답변이다. 조금만 더 움직이면 곧 오나라로부터 항복을 받을 수 있는데 일부러 시간을 지체할 필요가 없다는 뜻이다.

하지만 이 때문에 오나라를 정복한 공이 통째로 왕준에게 돌아가자 왕혼은 그에게 깊은 원한을 갖게 됐다. 주변 사람들이 공을 놓고 두 사람이 다투는 일을 중재하려 했으나, 왕혼은 왕준을 조명詔命 황제의 명령, 즉 황제를 대신한 왕혼의 명령 위반 및 명령 불복종죄로 고발했다. 왕혼은 공주를 며느리로 삼고 있어서 그 종족과 지원세력이 막강했다.

황제인 진 무제 사마염司馬炎은 왕준이 세운 공로를 감안해 그를 법적으로 처리하지 않았으나, 두 사람은 이후 계속 공방을 벌였다. 처음에는 주로 왕혼이 왕준을 공격하고, 왕준이 이를 변명하면서 맞대응하는 형국이었으나 시간이 흐르자 누가 옳고 그른지 가리기 힘든 진흙탕 싸움으로 변해갔다.

보다 못한 황제는 유송이란 사람에게 사건을 자세히 조사하도록 했다. 유송은 왕혼을 으뜸으로, 왕준을 그다음 공로를 세운 사람으로 평가했다. 왕혼 일당의 입김이 작용한 결과였다. 그러자 황제는 법 규정을 잘못 적용해 사리에 어긋나는 결론을 내렸다며 유송을 좌천시켰다.

사실 황제는 왕준이 만세에 빛나는 공적을 세웠음을 잘 알고 있었으나 세력이 막강한 왕혼 일족이 이를 집요하게 문제 삼자, 재조사라는 절차를 통해 갈등을 해소하고자 했다. 그런데 유송이 엉뚱하게 왕혼 일족의 손을 들어주자 크게 분노한 것이다.

왕준은 스스로 자신의 공이 가장 컸음에도 왕혼 일당에게 핍박을 받았다고 생각해 황제를 만날 때마다 자신이 겪었던 고생을 설명하는 한편 억울하다고 호소했다. 이 과정에서 때때로 분노를 참지 못해 말투가 공손하지 못할 때가 있었다. 황제는 그러나 이를 잘 받아들였다.

두 왕씨가 다툰 이야기는 내용이 조금씩 달라도 어느 시대를 막론하고 종종 생기는 사건이다. 때문에 사건 자체가 중대한 교훈을 남기는 건 아니다. 그것보다는 범통范通이란 사람이 왕준에게 충고한 말에 주목할 필요가 있다. 쟁공爭功 공을 서로 다툼사건을 아우르는 이 충고는 동양지식인 사회를 관통하는 '위대한 교훈'으로 남아 있다. 《자치통감》에 실려 있는 범통의 말을 들어보자.

> 경이 세운 공업은 매우 훌륭하오. 그러나 유감스러운 것은 훌륭한 공업을 세운 사람의 자세가 깔끔하지 못하다는 것이오. 경은 깃발을 휘날리며 개선했을 때 응당 두건을 쓰고 집으로 가 오나라를 평정한 사실을 입 밖에도 내지 말았어야 했소. 만일 사람들이 물으면 '이는 모두 훌륭한 군주의 덕과 여러 장수들의 노력 덕분이지, 늙은이가 무슨 애쓴 일이 있었겠소'라고 말했어야 옳았소. 이는 인상여藺相如가 염파廉頗를 굴복시킨 이유이기도 하오. 그리하면 왕혼이 듣고 심히 부끄러워하지 않았겠소?

《사기》 '염파 · 인상여열전'에 따르면 전국시대 조趙나라 재상인 인상여는 조왕이 진왕秦王과 민지澠池에서 만났을 때 약소국인 조나라를 깔보는 진왕에 맞서 재치와 용맹을 발휘해 국가의 위신을 지킨 사람이다.♣ 그는 이 공으로 상경上卿에 임명됐지만 장군 염파를 적으로 만들고 말았다.

염파는 입 몇 마디 놀린 공으로 수많은 전투를 치른 자신보다 높은 지위를 얻게 된 인상여에게 강한 불만을 품고 공개석상에서 만나면 모욕을 주겠다고 떠들고 다녔다. 인상여는 이런 염파를 한동안 피해 다녔다. 인상여의 집에 머물던 식객들은 주인의 그런 행동에 실망한 나머지 다들 집을 떠나려 했다. 그러자 인상여는 식객들을 모아놓고 말했다.

"진왕과 염파장군 중에 누가 더 무섭소?"

사람들은 당연히 패자를 자처하던 진왕이라고 답했다. 인상여는 그런 대답을 기다렸다는 듯 말했다.

"나는 그런 진왕을 조금도 두려워하지 않고 꾸짖은 사람이오. 설마 내가 염장군을 두려워하겠소? 지금 명심해야 할 것은 진나라가 조나라를 침범하지 못하는 이유가 뭔지 하는 것이오. 그건 바로 나

와 염장군이 있기 때문이오. 그런데 만약 두 사람이 사적으로 싸
운다면 어떻게 되겠소? 내가 염장군을 피해 다닌 이유는 이 때문이
오.”

이 말을 전해 들은 염파는 크게 부끄러운 나머지 즉시 웃통을 벗
고 가시나무를 짊어진 채 인상여를 찾아가 사죄했다.

범통은 사람들이 다들 알고 있으면서도 이 훌륭한 교훈을 실천
하지 못하는 것을 깨우치려 했던 것이다. 공을 다투는 데 열을 올리
지 않고 모든 공을 다른 이들에게 돌리며 겸손했다면 상대가 오히
려 난처해했을 것이라는 말이다.

후일 당나라 사람 왕세정王世貞은 “인상여가 민지에서 진왕을 만났
을 때 강경하게 대하고, 염파에게 유순하게 다가간 것은 정말 훌륭
하기 그지없는 일”이라고 칭송한 바 있다. 왕준은 범통에게서 이 같
은 충고를 듣고 자신이 너무 속 좁았다며 반성했다고 한다.

《회남자》‘제속훈齊俗訓’에는 시비是非가 이렇게 풀이돼 있다.

어떤 일이 자기에게 합당하다고 하여 시是라고 여기나, 그것이 처음부터
옳은 것은 아니다. 어떤 일이 마음에 거슬린다고 해 비非라고 여기나, 그
것이 처음부터 그른 것은 아니다. 시를 구하는 것은 도리를 구하는 것이
아니오, 자기에게 맞는 것을 구하는 것이다. 비를 물리치는 것은 그릇됨
을 배격하는 것이 아니오, 마음에 안 맞는 것을 물리치는 것이다.

읽기에 따라 줏대없는 양비양시론兩非兩是論을 이야기하는 듯하나,
속뜻은 그게 아니다. 세상사 시비에 담길 수밖에 없는 ‘자의적 해석’

을 경계하는 엄중한 충고다.

사마씨司馬氏[12] 편에 서서 회남淮南 반란에 잘 대처했던 위나라 왕창王昶은 일찍이 조카와 아들에게 준 '처세훈處世訓'으로 유명하다. 《정사》 '왕창전'에 나오는 이 글은 바로 왕준과 왕혼의 쟁공 사건을 예견한 듯한 말처럼 여겨진다.

대체로 장점이 있으면서 스스로 과시하지 않는 자가 드물고, 능력이 있으면서 스스로 자랑하지 않는 자가 적다. 과시하면 다른 사람을 가리고 자랑하면 다른 사람을 업신여기게 된다. 다른 사람을 가리는 자는 다른 사람들 또한 그를 가리며, 다른 사람을 무시하는 자는 다른 사람들 또한 그를 무시한다.

듣는 이들을 숙연하게 만드는 구절이다. 왕창은 여기서 그치지 않고 논리를 확장시킨다.

사람들이 때때로 자신을 비방할 때는 응당 물러나 자신을 살펴야 한다. 만약 다른 이가 자신을 비방했다는 말을 듣고 분노하는 자에게는 추악한 평가가 더해지며, 그 사람들이 더 가혹하게 보복하므로 침묵하며 스스로 자신을 닦는 것만 못하다. 속담에 '추위를 피하는 것으로는 옷을 두껍게 입는 것보다 나은 게 없고, 비방을 그치게 하는 데는 자신을 수양하는 것보다 나은 것이 없다'고 했는데, 이 말은 참으로 믿을 만하다.

자신을 터무니없이 비방하는 외적外敵을 무조건 이해하라는 말이 아니다. '모든 게 내 탓이오'라며 자조自嘲하라는 것도 아니다. 험한 말이 계속 나돌수록 자신을 깊게 성찰해야 한다는 지적이다.

유소의 《인물지人物志》[13]에 나오는 이야기다.

사람은 누구나 남보다 앞서기를 바라는 마음이 있기 때문에 자기 자랑을 늘어놓는 자를 미워한다. 자기 자랑을 하는 것은 남을 이기려고 하는 것이다. 때문에 자신의 장점을 내세우면 남의 미움을 받지 않을 수 없다.

흥미로운 사실은 그 또한 큰 상을 받았음에도 왕준을 시기하며 모든 공을 독차지하려 한 왕혼이 왕창의 아들이라는 점이다.

왕창은 공을 세우더라도 그것을 과시하지 말 것을 조카와 아들에게 신신당부했다. 게다가 그 같은 당부를 각인시키기 위해 조카 둘과 아들 둘 이름을 각기 묵默, 침沈, 혼渾, 심深으로 지었다. 말을 적게 하고, 몸을 굽히며, 어리석음을 자인하고, 자만하지 말라는 뜻이다. 그런데 정작 그 당부를 앞장서 깨뜨린 사람이 아들이 됐으니 이 어찌 아이러니라고 하지 않을 수 있을까?

쟁공도 쟁공이지만 왕창이 강조한 겸퇴謙退 겸손히 사양하고 물러남에 방점을 찍으면 주유周瑜가 남긴 이야기도 빼놓을 수 없다.

원래 오나라는 손견孫堅이 닦아놓은 명성을 기반으로 손책孫策이 이룩한 국가다. 손책을 도와 나라를 만드는 데 결정적인 공을 세운 이들은 바로 손견이 동탁을 칠 때 종군했던 노장들이다. 정보程普, 황개黃蓋, 한당韓當 등이 바로 그들이다.

주유도 손책을 따라 건국에 일조를 했지만, 50줄에 접어든 노장들이 보기에 서른 안팎의 주유는 젖비린내 나는 애송이에 불과했다. 그러다 보니 자연히 갈등이 뒤따랐다.

《연의》에는 이런 이야기가 나온다.

적벽대전을 앞두고 주유가 군권軍權을 한 손에 쥔 대도독大都督 총사령관이 되자 정보는 마음이 상해 병을 칭한 뒤 군례軍禮 군대에서 행하는 출병예식에 아들을 대신 내보낸다. 그런 후 아들에게서 주유의 용병 이야기를 듣고 깜짝 놀라 주유를 찾아 사죄한다. 병력을 배치하고, 장수들에게 임무를 맡기는 일이 하나같이 탁월했기 때문이다.

그러나 이 구절보다 더 가슴에 와 닿는 것은 《정사》에 기록된, 주유에 대한 정보의 인물평이다.

정보는 주유가 군권軍權을 쥐었을 때부터 사사건건 그를 괴롭힌 대표적인 사람이다. 《연의》에는 적벽대전을 앞두고 주유가 대도독이 되어 오나라 군대를 이끌었다고 돼 있지만, 실제로는 조금 달랐다. 적벽대전 때 주유는 좌도독을, 정보가 우도독을 맡았다. 비록 군권은 주유가 쥐도록 했지만, 노장을 배려하는 차원에서 정보에게 같은 계급을 준 것이다. 그런 정보는 적벽전투 전후 내내 좌도독에 임명된 주유를 괴롭히고 견제했다.

당시 두 사람 간 갈등이 얼마나 심했는지는 후일 여몽呂蒙이 형주를 치러갈 때 손권에게 한 이야기에서 잘 드러난다. 여몽은 손권이 자신과 손교孫皎 오나라 종실 장수를 각각 좌우도독으로 삼으려 하자 이렇게 말했다.

"정로장군_{손교}이 능히 임무를 수행할 수 있다고 생각하면 응당 그를 쓰고, 제가 그렇다면 마땅히 저를 쓰십시오. 전에 주유와 정보가 좌우도독에 임명돼 군사를 이끌고 강릉을 공격할 때 비록 주유가 결정을 내리기는 했으나, 정보는 자신이 선임자인데다 지위 또한 같다고 생각했습니다. 이 때문에 서로 불목_{不睦 화합하지 못함}했습니다. 지금 저는 재주가 주유보다 못하고, 정로장군은 주공과 가깝기가 정보보다 더합니다. 마땅히 헤아려야 할 일입니다."

손권은 이 말을 듣고 크게 깨달아 여몽을 도독으로 삼고 손교를 뒤에서 돕도록 했다. 여몽이 옛일을 사례로 든 것은 실제로 적벽대전을 전후해 정보가 주유에게 앙앙불락_{怏怏不樂 마음에 차지 않아 즐거워하지 않음}하는 것을 직접 지켜봤기 때문이다.

그러나 주유는 정보가 계속 못살게 구는데도 그런 것에 개의하지 않고 항상 겸양으로써 그를 대했다. 그렇다고 장수로서 위신을 잃은 적도 없다. 엄정한 군기를 유지하면서도 인간적인 배려에 충실했다는 이야기다.

정보는 그런 갈등의 시간을 보낸 후 이렇게 말했다.

"주유와의 만남은 마치 향기로운 술을 마시는 것과 같다."

자신도 알지 못하는 사이에 그 인품에 빠져들었다는 말이다.

《자치통감》에는 정보가 자신이 연장자라고 생각해 여러 번 주유를 모욕했으나, 주유는 몸을 낮춰 겸하하는 자세를 취하면서 내내 정보와 자신을 비교하지 않았다고 되어 있다. 그래서 후인들은 자고로 인격으로 상대를 감화시킨 사례를 들 때 종종 주유를 들먹이곤 한다.

진사왕 조식曹植이 그랬던 것처럼 위나라 황실 자제들은 줄곧 정부로부터 감시를 당했다. 조조와 조비에게서 난 수많은 아들이 황제위를 넘보지 않을까 하는 두려움 때문이었다. 그래서 제후왕은 말이 왕이지, 실제 생활은 평민들과 별반 다르지 않았다. 제후왕 생활이 괴로워 평민이 되고자 해도 이 또한 허락되지 않았다. 법령이 가혹해 제후왕의 악행과 과실은 날마다 모두 황제에게 보고됐다.

조조의 아들인 중산공왕 조곤曹袞은 언행이 신중한데다 학문을 좋아해 일찍이 아무런 문제도 일으키지 않았다. 조곤을 감찰하던 신하들이 '과실이 있으면 응당 보고해야 하지만, 선행이 있을 때도 알리는 게 마땅하다'며 황제에게 글을 올려 조곤이 큰 미덕을 지니고 있음을 칭송했다.

그러자 조곤은 크게 놀라 신하들을 책망하면서 말했다.

"수신하는 것은 자신을 연마하는 것으로 누구나 다 하는 것인데, 그대들이 이를 위에 보고하면 나에게 더 큰 부담을 안겨주는 것이오. 이는 결코 내게 도움이 되는 일이 아니오."

왕창이 "장점이 있으면서 스스로 과시하지 않는 자가 드물다"고 말한 것을 상기하면 조곤이야말로 자기 처지를 정확하게 읽고 있었던 사람이라고 말할 수 있다.

통상 왕공王公 왕과 제후의 자식이라면 어릴 때부터 부족함 없이 자란 경우가 대부분이다. 이들은 늘 떠받듦을 받고 살았기 때문에 '절제와 극기'를 먼 나라 일처럼 생각하기 일쑤였다. 겸양이란 단어는 더더욱 그들에게 어울리는 단어가 아니었다. 그랬기에 조곤은 왕창이 말한 '드묾'을 극복한 인물로 종종 인용되곤 한다.

소 잡는 데 닭 잡는 칼 쓰랴_

큰일에는 능하지만, 작은 일에는 능하지 않다.

이 말은 작은 일은 조잔한 것이니 나 같은 사람이 할 바 아니라는 오만을 일컫는 게 아니다. 큰일과 작은 일은 제각기 적합한 재주와 기질을 가진 사람이 맡아야 한다는 이야기다.

《인물지》 주注에 보면 '관대하고 도량이 넓은 사람은 큰 것을 다스리고, 조급하고 박절한 사람은 작은 것을 다스리는 것이 알맞다'는 구절이 있다. 세상살이에 익숙한 사람이라면 이 말이 뜻하는 바를 실감하리라!

《설원說苑》[14] '잡언'편에는 다음과 같은 이야기가 전해진다.

주인공은 강태공과 지백, 혜시와 뱃사공이다.

강태공이 농사를 지을 때에는 그 종자 값도 갚을 길이 없었고, 고기를 잡을 때에는 그 그물 값도 갚을 길이 없었다. 그러나 천하를 다스릴 때에는 그 지혜가 남아돌 정도였다. 반면 춘추시대 진晉나라 지백智伯은 주방장이 죽순을 넣지 않고 요리한 것까지 알 정도로 세심했지만, 한韓과 위魏가 자신을 배반하는 큰일은 알지 못했다.

춘추오패春秋五覇 춘추시대 다섯 패자 중 하나로 꼽혔던 진나라는 한, 위, 조 세 가문에 의해 분할됐다. 지백은 이때 세 가문보다 더 큰 세력을 지니고 있었지만, 자신을 목표로 협공을 해온 그들에 의해 멸망하고 만다. 부하들의 일거수일투족도 자기 손아귀에 있다며 자신만만했건만, 지백이 지녔던 세심함이란 결국 '아녀자의 시각'에 불과했다는 말이다.

양梁나라[15] 재상이 죽자 혜시惠施가 양나라로 가려고 하수를 건너다 너무 급히 구는 바람에 그만 물에 빠지고 말았다. 노 젓던 이가 그를 구해놓고 물었다.

"그대는 어디를 가려다 이런 일을 당했소?"

혜시가 답했다.

"양나라에 지금 재상 자리가 비어 있소. 내가 가서 재상이 되려 하오."

그러자 뱃사공이 비꼬듯 말했다.

"그대는 이 좁은 배 하나도 제어 못해 물에 빠졌소. 내가 없었더라면 죽고 말았을 것이오. 무슨 능력으로 양나라 재상이 된단 말이오?"

혜시가 다시 말했다.

"그대 말처럼 이 작은 배를 다스리는 건 그대만 못하오. 그러나 나라를 편안히 하고 사직을 온전히 하는 일로 말하자면 그대는 나에 비해 어둡고 몽매하기가 마치 아무것도 보이지 않는 개와 같소."

뱃사공 일과 나라 다스리는 일을 같은 반열에 올려놓고 비교하는 것 자체가 난센스처럼 느껴지나, 사람들은 종종 그런 차이를 제대로 인식하지 못한 채 상대를 자신만의 소견으로 재단하곤 한다.

《전국책戰國策》[16]에 등장하는 이야기도 살펴보자.

제나라 맹상군이 싫어하던 아랫사람을 내쫓으려 하자 노중련魯仲連이란 이가 그를 깨우치려 이렇게 말했다.

"원숭이도 나무를 떠나 물속에 있게 하면 고기나 자라만도 못합니다. 험준한 곳을 지날 때에는 천리마가 오히려 여우보다 못합니다. 옛날 노나라 조말曹沫이 한 자루 검을 쥐고 호령하자 일군一軍이 당해내지 못했습니다. 그러나 조말에게 검을 버리고 괭이나 호미를 잡고 농부와 함께 논밭에 서게 하면 농부를 당할 길이 없습니다."

아랫사람이 마음에 들지 않더라도 그가 지닌 재주를 소중하게 여기라는 충고다. 노나라 조말은 《사기》 '자객열전'에 등장하는 인물로, 당시 패자인 제나라 환공을 비수로 협박해 노나라 땅을 되찾은 인물이다. 맹상군은 이후 '계명구도鷄鳴狗盜'♣ 고사가 말해주듯 사람을 그 기량에 맞게 활용하는 지혜를 터득한다.

《삼국지》로 들어가 보자.

유비가 장완에게 광도현을 다스리게 해놓고, 고을 수령들이 제

♣ 계명구도

《사기》 '맹상군열전'에 등장하는 유명한 이야기다.

제나라 공자公子 왕족 맹상군이 재상으로 와달라는 진秦나라 요청을 거부하지 못한 채 진나라에 갔다가 꼼짝없이 죽을 위기에 놓였을 때, 수행원으로 데려갔던 식객 두 사람의 활약으로 사지를 탈출했다는 이야기다.

개 흉내를 내면서 도둑질에 능했던 첫 번째 식객은 맹상군이 진왕에게 선물로 바친 호백구狐白裘 여우 겨드랑이 흰털로 만든 옷를 다시 훔치는 공을 세운다. 맹상군은 이 옷을 진왕의 애첩에게 바쳐 죽음 직전에서 벗어난다.

닭 울음소리를 잘 내던 두 번째 식객은 이렇게 목숨을 건진 맹상군 일행이 밤을 틈타 제나라로 도주하다 국경인 함곡관에서 발이 묶이자, 첫 닭 울음소리를 냄으로써 관문을 여는 수훈을 세운다. 당시는 첫 닭이 울어야만 관문을 여는 법령이 있었기 때문이다. 맹상군은 두 사람의 활약으로 진왕이 보낸 추격병을 따돌리고 생환에 성공한다.

그래서 염옹은 '용인유기用人惟器 물루맹상勿陋孟嘗'이라고 했다. 사람을 쓸 때는 각기 지닌 그릇을 봐야 하니, (비록 하찮은 이들을 썼다 하더라도) 맹상군을 비루하다고 하면 안 된다는 뜻이다.

그러나 사전에는 이 고사가 '비굴하게 남을 속이는 하찮은 재주, 또는 그런 재주를 가진 사람을 일컫는 말로도 쓰인다'고 돼 있다. 이런 부정적인 풀이가 생긴 데에는 송나라 왕안석의 '독맹상군전讀孟嘗君傳'과 사마광의 '자치통감資治通鑑' 논평이 한몫을 한 것으로 보인다.

왕안석은 맹상군과 계명구도를 다음과 같이 비판했다.

"세상 사람들은 모두 맹상군이 선비를 잘 구했다고 한다. 그래서 그들의 힘을 빌려 호랑이나 표범 같은 진나라에서 벗어날 수 있었다는 것이다. 아! 맹상군은 다만 닭 울음소리나 내고, 개 짖는 소리나 내는 무리들의 우두머리일 뿐이다. 어찌 선비를 구했다고 하겠는가? 강한 제나라를 마음대로 하는 사람으로서, 올바른 선비 한 사람만 구했어도 진나라를 제압할 수 있었을 것인데, 어찌 닭 울음소리나 내고, 개 짖는 소리나 내는 무리들의 힘을 빌려야 했겠는가? 이런 무리들이 그의 문하에서 나왔으니, 이것이 바로 진짜 선비들이 맹상군을 찾아가지 않았던 까닭이다."

사마광은 또한 다음과 같이 말했다.

"맹상군은 호인과 악인을 선택하지 않았으며, 군주의 봉록을 도적질하여 사사로운 파당을 만들었다. 어찌 숭상할 가치가 있겠는가?"

지나치게 고루한 말처럼 들리지만, 유교적 가치에 충실했던 당대 지식인들은 이 같은 평가에 다들 고개를 끄덕였다.

몫을 다하는지 돌아보다가 광도에 들르게 됐다. 장완이 일을 제대로 처리하지 않은 채 술에 취해 자고 있는 것을 본 유비는 크게 노했다. 곧장 장완을 치죄治罪 허물을 가려내어 벌을 줌하여 죽이려 하자 제갈량이 극구 말리며 말했다.

"장완은 사직지기社稷之器 나라를 떠받칠 큰 동량이지, 백리지재百里之才 사방 백리 땅을 다스리기에 족한 재주가 아닙니다. 그는 정치를 하면서 백성들을 편안하게 하는 것을 근본으로 삼고 있으며, 부러 꾸미는 일을 하지 않습니다. 원컨대 다시 한 번 심사숙고해 주시기 바랍니다."

유비는 제갈량을 존중하여 그를 벌하지 않고 관직만 빼앗았다. 역사에는 가정이 없다지만 만약 이때 유비가 장완을 죽였더라면 어떻게 됐을까? 제갈량 사후 곧장 나라가 혼란에 빠졌을 게 분명하다. 장완은 타고난 도량으로 상하를 아우르며 제갈량 사후 흔들리는 촉한을 안정시킨 인물이다. 그가 있었기에 제갈량이 죽고도 촉한은 약 30년간 더 수명을 이어가게 된다.

《연의》에는 이 비슷한 이야기의 주인공으로 방통龐統이 등장한다. 방통이 유비에게 제대로 쓰이지 않고 뇌양현이란 작은 고을을 맡고 있을 때다. 현령들을 감찰하러 나간 장비는 그가 공무를 뒷전으로 미룬 채 술에 취해 있는 것을 보고 치죄하려 했다. 그러자 방통은 잠시만 기다려줄 것을 요청한 뒤 몇 날 며칠 동안 밀린 송사를 단번에 해결하고 만다. '이깟 일쯤이야' 하는 멋진 한마디와 함께. 이에 깜짝 놀란 장비는 그가 예사 인물이 아님을 알게 된다. 유비와 떨어져 있던 제갈량은 이 이야기를 듣고 편지를 보내 방통이 백리지재가 아님을 강조한다.

얼개는 비슷하지만 실제로 전해지는 내용은 조금 다르다. 방통이 유비를 처음 만난 것은 적벽대전 후의 일이다. 그는 크게 쓰였으면 하는 마음에서 유비를 찾았으나, 승리감과 안도감에 취해 있던 유비는 그를 제대로 알아보지 못하고 뇌양현을 다스리도록 했다.

방통은 마음이 편치 않았다. 현령으로 부임하고도 몇 달 동안 정사를 돌보지 않아 곧 면직되고 말았다. 그러자 이 소식을 들은 오나라 노숙이 '방통은 백리지재가 아닙니다. 중임을 맡겨야만 그 재능을 발휘할 수 있을 것입니다' 하는 서신을 보냈다. 제갈량 역시 줄곧 방통을 추천했다. 그런 후에야 비로소 중용됐다고 한다.

《연의》에 나오는 방통 이야기는 기록으로 전해지는 장완과 방통 스토리를 교묘하게 묶어 각색한 것이다. 무장인 장비까지 등장시킨 건 《연의》의 주인공 중 한 사람인 방통을 '제대로' 띄우기 위해서이다. 원래 장비는 관우와 동등한 장수로 알려져 있으나, 스타일은 많이 달랐다. 관우가 사대부들에게는 오만했지만 병졸들에게는 부드러웠던 반면, 장비는 사대부는 존경했지만 졸오卒伍 병사들에게는 무자비했다. 그래서 장비를 내세워 방통을 알아보게끔 한 것이다.

이 같은 각색이 이뤄진 데에는 동진東晉시대 이야기도 한몫했다. 동진사람 공의는 취한 채 지내는 날이 많았지만 깨고 난 뒤 판결을 내리면 한번도 막힌 적이 없었다. 그래서 사람들은 "공公은 한 달에

29일을 취해 있지만 한 달에 29일을 깨어 있는 세상 사람들보다 낫다”고 했다. 세월이 흘러 《연의》에서 완성된 ‘술 취한 방통’은 이후 잠룡潛龍 기회를 얻지 못해 묻혀 있는 선비, 혹은 ‘재능 있는 음주 선비’를 가리키는 원형이 됐다.

안자晏子가 경공景公 춘추시대 제나라 임금을 모시고 있을 때 마침 아침이라 날이 추웠다. 경공이 따뜻한 음식을 갖다 달라고 하자 안자는 이렇게 말하며 거절한다.

“저는 군주에게 식사를 갖다 바치는 신하가 아닙니다.”

그래서 경공이 다시 “그렇다면 갖옷추운 지방에서 가죽으로 만들어 입던 옷이라도 갖다 주시오” 하자, 이번에도 안자는 “저는 군주에게 자리나 깔아주는 신하가 아닙니다”라며 거부한다.

기분이 상한 경공이 “그럼 경은 무얼 하는 사람이오?”라고 묻자, 안자는 “사직지신社稷之臣입니다”라고 답한다.

《안자춘추》에 나오는 이야기다. 언뜻 보기엔 몹시 고고하고 경직된 행동처럼 비치지만 안자가 경공에게 어필한 것은 나라를 다스리는 중신을 내시나 머슴처럼 대하면 안 된다는 것이다.

구주九州 중국천하를 평정하고 분란을 다스리려는 큰 뜻을 두고 있는 사람에게 궁중예식이나 집안일을 책임지게 하는 것은 마치 도끼로 털을 베려는 것이다.

큰 재략을 지닌 자에게 민첩한 기교가 없다고 꾸짖어서는 안 되며, 작은 지혜를 지닌 자에게 큰일을 맡겨서는 안 된다.

두 구절 다 《회남자》 '주술훈'에 등장하는 말로, 이 역시 큰 사람과 작은 사람은 서로 할 수 있는 일이 다름을 일컫는다.

왕충王充은 《논형論衡》[17]에서 방통과 장완을 염두에 둔 듯 이렇게 말한다.

긴 창으로 아욱을 캐고, 도끼로 젓가락을 깎고, 동이로 술잔에 술을 따르는 것은 크기가 마땅하지 않으니 이를 칭찬할 사람은 없다.

소설로 널리 알려져 있는 《유명록幽冥錄》[18]에도 이런 맥락을 담은 글이 있다.

초 문왕이 어릴 때 사냥을 좋아했다. 어떤 사람이 매 한 마리를 바쳤는데 발톱이 커다란 것이 보통 매와 달랐다.

하루는 운몽지방에 사냥을 나갔는데 다른 매들은 날짐승과 들짐승을 다투어 물어 잡았다. 그러나 그 매는 노려보기만 할 뿐 짐승을 잡으려 하지 않았다. 그것을 본 왕이 그 매를 바친 이에게 자신을 속인 것이 아니냐고 물었다.

그러자 그는 이렇게 답했다.

"꿩이나 토끼를 잡는 데 쓸 것이라면 제가 감히 바쳤겠습니까?"

잠시 후 구름 언저리에 뭔가가 나는 모습이 보이자 그때서야 그 매는 높이 날아올랐다. 그리고 순식간에 깃털이 눈이 오듯 떨어지고 피가 비 오듯 내렸다. 그러더니 커다란 새가 땅에 떨어졌다. 아무도 무슨 새인지 몰랐다.

그때 한 사람이 소리쳐 말했다.

"이 새는 큰 붕추鵬雛[19]다."

그제야 문왕은 매를 바친 이에게 큰 상을 내렸다고 한다.

중국인 특유의 과장과 허풍을 소재로 했기에 우언寓言 또는 우화로 읽히는 이 이야기 역시 큰 인재는 작은 일에 쓰지 않는다는 것을 에둘러 말하고 있다.

《세설신어世說新語》[20]에는 같은 뜻을 뒤집어 강조하는 '촌철살인'이 있다.

동진시대 하충이라는 사람이 와관사에 가서 열심히 불공을 드렸다. 그러자 완유라는 이가 하충에게 말했다.

"그대의 뜻은 우주보다 크고 용기는 고인을 능가하오."

하충이 물었다.

"그대는 어쩐 일로 오늘 나를 추켜세우는 것이오?"

완유가 답했다.

"나는 수천 가구를 다스리는 태수가 되려고 해도 아직 못 되고 있는데, 그대는 곧장 부처가 되려 하니 대단한 게 아니오?"

논리의 비약이 심하긴 하지만, 일상적인 행동에 빗대어 그 기량을 잘 파악한 지적이라고 할 수 있다. 이 역시 '닭 잡는 칼'에 불과한 자신을 '소 잡는 칼'로 착각하지 말라는 따끔한 충고다.

보신을 얕보지 마라_

보신保身이란 말은 그렇게 기분 좋은 단어가 아니다. 몸보신에서 연상되듯 이기적이라는 느낌도 들고, 때로는 복지부동伏地不動 땅에 엎드려 움직이지 아니함도 감지된다. 하지만 이 단어 앞에 명철明哲이란 수식어를 붙이면 보신은 완전히 다른 말이 된다. 그것은 바로 '지혜로운 몸가짐'을 의미한다.

원래 명철보신은 《시경詩經》에 나오는 '기명차철旣明且哲 이보기신以保其身'을 줄인 글귀다. '밝고 지혜로우면 자신의 몸을 지킬 수 있다'는 뜻이다.

일본 학자 미우라 쿠니오三浦國雄가 한 말을 들어보자. 그는 《자치통감》을 분석한 논문에서 이렇게 말한다.

엄격한 명분론을 제창한 저자 사마광은 (역사와 인간을 다룰 때) 은隱이란 하나의 창窓을 마련해 놓는 것을 잊지 않았다. 여기서 말하는 '은'이란 문자 그대로 은둔에서부터 입을 다물고 세상사를 말하지 않는 자세까지 포함한다. 요컨대 자신의 재능이나 학문 또는 본심을 숨기어 감추는 것을 말한다. 이런 태도를 그는 보신과 구별하고 명철보신이라 하여 충신 못지않게 높은 평가를 부여하고 있다. 물론 '은'은 어쩔 수 없이 만나게 된 어리석은 군주나 난세 때문에 갖게 되는 것으로서, 처음부터 관직을 거부한 은자는 제외된다.

《분서焚書》[21]의 저자 이탁오李卓五 또한 세상이 무도할 때 숨는 것을 시은時隱이라 하며, 이런 사람은 보신의 지혜를 지니고 있다고 설명한다.

삼국시대 지성인들에게도 명철보신은 생존철학이었다. 단 사람마다 성공과 실패가 달랐던 것은 이를 몰라서가 아니라 욕심 때문에 제대로 실천하지 못했기 때문이다.

위나라 두습杜襲의 증조부 두안杜安은 어려서부터 고결한 품행과 학식으로 이름을 날리던 사람이었다. 부화浮華 실속은 없고 겉만 화려함한 낙양의 귀족들이 그를 흠모하여 만나기를 원하고 편지를 보내는 이들이 많았다. 후한시대인 이때는 명망이 높은 사람과 친분을 맺고 교류하는 것을 큰 명예로 여기던 시절이었다.

하지만 두안은 훗날 재난이 자신에게 닥칠 것을 염려해 편지를 뜯어보지 않고 벽 속에다 숨겨놓았다. 세월이 흐른 후 과연 편지를 보냈던 자들이 큰 죄를 저질러 그들과 내통한 자는 모두 체포됐다. 두안도 예외가 될 수 없었다. 죄인들의 진술을 토대로 곧 관리들이들이닥쳤다. 두안은 당황하지 않고 벽에 보관했던 편지를 꺼내 보여 주었다. 봉인이 뜯기지 않은 채 그대로였다. 관리들은 두안이 죄인들과 연결돼 있지 않다고 판단하고 그냥 돌아갔다. 주변 사람들은 두안이 보여준 사려 깊은 행동에 깊이 감복했다.

촉한 정벌의 일등공신인 등애鄧艾는 출병 전 당시 오나라 권력을 한 손에 쥐고 있던 제갈각에 대해 이렇게 말했다.

"윗사람과 아랫사람을 어루만져 근본을 공고히 할 생각은 하지 않고 대외적인 일에 분주한데다 백성들을 잔혹하게 다뤄 원망을 사고 있다. 게다가 군대를 총동원해 위나라를 공격했지만 실패하는 바람에 죽은 사람이 1만여 명이 넘었다. 어찌 망하지 않고 버티겠는가?"

제갈각은 과연 그의 말처럼 손준孫峻 일당에게 피살되고 말았다.

그러나 등애는 촉한 정벌에 성공한 후 "우선 촉한 황제 유선劉禪을 부풍왕으로 임명해 촉인들의 인심을 사는 한편 천천히 전력을 가다듬어 장기적으로 오나라를 정벌하는 전략을 마련해야 한다"며 제왕이나 권력자가 결정할 법한 일을 마음대로 주무르다 반역 기미가 엿보인다는 사마소의 의심을 받아 종회鍾會에게 살해됐다.

진수陳壽는 《정사》 '등애전' 말미에서 그를 이렇게 평가했다.

등애는 강건하여 큰 공을 세웠지만, 화란에 대비하는 생각이 부족해 실패를 초래했다. 어찌 먼 곳에 있는 제갈각의 실패는 예견했으면서도 자신의 처지는 돌아보지 못했는가?

유비의 입촉入蜀 촉한지방으로 들어감에 공을 세웠던 기사畸士 말과 행동이 기이한 선비 팽양彭羕은 총애가 더해지자 거침없이 행동하고 교만을 떨기 시작했다. 유비는 그를 유심히 관찰한 후 치중종사라는 주요 직책을 빼앗는 대신 강양 태수로 좌천시켰다. 그러자 팽양은 당시 군부에서 큰 명성을 얻고 있던 마초를 만나 이렇게 말했다.

"늙은 것유비이 황당하게 어그러졌으니 말할 게 더 무엇이 있겠소? 그대가 바깥을 맡고군권을 쥔다는 뜻 내가 안을 지킨다면국내 정치를 장악한다는 말 천하는 충분히 평정될 수 있을 것이오."

팽양이 마초를 찾아간 건 그 나름대로 계산을 한 것이었으나, 마초가 이 말을 반역으로 간주해 유비에게 고해 바치는 바람에 즉각 처형됐다. 마초는 당시 유비에게 귀순한지 오래되지 않은 터라, 의심을 사지 않기 위해 매사에 조심했다. 그런 상황에서 팽양이 폭탄발언을 던지자 이를 자신의 충성을 입증할 좋은 기회로 여겼던 것이다. 죽기 전 팽양은 제갈량에게 보낸 편지에서 '뉘우치고 또 뉘우쳤지만' 아무 소용이 없었다.

무릇 지위가 높고 권세가 강해지면 화가 찾아들게 마련이다. 중국의 경우 하은주 삼대와 춘추전국시대, 그리고 진한시대를 거치는 동안 '군주에 버금가거나 군주를 능가하는 위세는 곧 패망으로 통한다'는 게 사실史實을 통해 정설로 굳어졌다. 그래서 현명한 지식인이라면 자신을 잘 갈무리하고 물러날 때를 알아야 한다고 했다.

노자老子는 일찍이 "공을 이루고 명예를 얻은 후 몸이 물러나는 것은 하늘의 도리"라고 설파한 바 있다.

삼국시대 말엽에 태어나 진나라 때 큰 발자취를 남긴 혜강嵇康은 완덕여阮德如에게 주는 시에서 "영화와 명성은 몸을 더럽히는 것이며 높은 지위는 재앙을 늘리는 것"이라고 노래했다. 그런가 하면 '복의 卜疑'라는 시를 통해 "부富는 좀을 쌓이게 하고 귀貴는 원한을 쌓이게 한다"고 했다.

그가 명리名利를 멀리하고 청담淸談을 숭상한 죽림칠현竹林七賢 중 한 사람이라는 점을 감안하더라도, 이토록 극단적인 이야기를 했다는 건 다소 놀랍다. 왜 그런가? 냉혹한 역사가 혜강의 표현보다 더했으면 더했지 덜하지 않았기 때문이다.

《세설신어》 '문학편文學編'에는 부귀영화의 본성(?)을 지적하는 좀 더 섬뜩한 비유가 등장한다.

어떤 사람이 은호라는 이에게 물었다.

"어찌하여 직위를 얻게 될 땐 관棺 꿈을 꾸고, 재물을 얻게 될 땐 분뇨 꿈을 꾸는 것입니까?"

은호가 이렇게 답했다.

"벼슬은 본래 썩어서 악취가 나기 때문에 장차 그것을 얻게 될 땐 관과 시체 꿈을 꾸고, 재물은 본래 분토糞土 똥을 섞은 흙이기 때문에 그 것을 얻게 될 땐 오물 꿈을 꾸는 것이오."

그러나 동서고금을 통틀어 정상에서 군림하다 초야로 돌아간다 는 게 그리 쉬운 일은 아니다. 부귀영화를 훌훌 턴다는 건, 특히 권 력을 놓는다는 건 비상한 사람이 아니면 엄두도 못 낼 일이다.

당송팔대가唐宋八大家 중 한 사람인 당나라 유종원柳宗元은 '부판전蝜蝂傳'이란 글에서 부귀영화를 탐하는 이들이 지닌 속성을 다음과 같이 풍자한다.

부판말똥구리이라는 놈은 높은 짐을 잘 지는 작은 곤충이다. 다니다가 물건을 발견하면 바로 가져다가 등에 진다. 등이 점점 무거워져 고통이 아주 심해도 그만두지 않는다. 그 등은 매우 껄끄러워 물건이 쌓이면 흐트러지지 않아 끝내는 넘어지고 뒤집혀 일어나지 못한다. 사람이 혹 불쌍히 여겨서 짐을 치워 주지만, 걸을 수 있게 되면 또 전처럼 짐을 챙긴다. 그런가 하면 높은 곳에 오르기를 좋아하여 힘이 다하도록 그치지 않다가 땅에 떨어져 죽기에 이른다.

물론 드물지만 '부판'에 매몰되지 않은 사례가 있기는 하다. 한고조의 모신謀臣이었던 유후 장량張良은 한나라가 건국되자, 많은 상을 마다하고 "적송자赤松子 신선와 노닐면서 도나 닦겠다"며 벼슬을 버리고 은거한다. 그래서 사마광은 "장량은 공명功名을 외물外物로 보았고, 영예와 이익을 돌아보지 않았으니 한고조의 공신 중 '밝고 예리하게' 보신한 사람으로는 자방子房 장량의 자이 있을 뿐"이라고 말했다.

반면 한때 천하삼분天下三分까지 생각했던 한신韓信 한나라 창업공신은 영화가 끊어질 것을 걱정하다 끝내 어육이 되고 만다.

충성을 통해 자신의 몸은 건졌지만 집안이 도륙 난 경우도 있다. 바로 한나라 소제를 지킨 충신 곽광霍光이 그러하다. 무제로부터 어린 황제를 보필하라는 유조遺詔 황제의 유언를 받은 그는 죽을 때까지 오로지 나라를 위해 헌신했다.

하지만 그는 생전에 집안사람들을 중용하면서 가문의 권력을 한껏 키워놓는 잘못을 저질렀다. 덕분에 곽광 일가족은 매사에 두려울 게 없었다. '자중'과 '근신'이란 말을 잊은 채 부귀를 탐하다 곽광이 죽자 예외 없이 다들 형장의 이슬로 사라졌다.

위무 조조의 아들은 모두 25명이다. 이 중 연왕燕王에 봉해진 조우曹宇라는 사람이 있었다. 그는 조조의 적손자인 명제 조예가 36살로 죽을 때 어린 황제를 보필하라는 명을 받았다. 황제가 성장해서 국가 대권을 쥘 때까지 황실을 보호하라는 고명顧命 신하에게 유언으로 뒷 일을 부탁함을 받은 것이다.

명제는 어린 시절, 아저씨뻘인 조우와 함께 성장했으므로 그를 매우 사랑했다. 대장군으로 임명된 조우는 그러나 끝끝내 고명을 거부했다. 명제는 조우가 끝내 자리를 받아들이지 않는 것을 보고 한탄하면서 그를 면직시켰다.

황실 종친이었기에 조우가 특별한 교육을 받은 것은 분명하다. 또 명제는 사람을 잘 판단했으며, 정치에 대해 뚜렷한 관점을 지니고 있었다. 그런 황제이기에 마음속으로 '연왕이라면 어린 아들을 잘 보필할 수 있을 것'이라고 생각했던 듯하다.

조우는 왜 그 같은 광영을 거부했을까? 자신의 재략才略이 국가를 다스리는데 미치지 못한다는 '겸손' 때문이었을 수도 있다. 하지만 전후 정황을 종합하면 그보다는 '권력의 소용돌이'에 휘말리기 싫어서였다는 게 정답일 것 같다.

공자는 《논어》에서 "지혜로운 사람은 어지러운 시대를 피하고, 그다음 사람은 어지러운 곳을 피한다"고 말했다. 시대야 자신이 선택하는 것이 아닌 이상 피할 도리가 없다. 그렇지만 어지러운 곳에 나갈지 여부는 자신이 결정하는 것이다. 조우는 이 말을 깊이 새기고 있었음에 틀림없다.

일이 이렇게 되자 대장군 자리는 공신인 조진의 아들 조상曹爽에게 돌아가고, 그는 사마의에게 멸문지화滅門之禍 집안이 통째로 말살되는 큰 재앙를 당하고 만다. 대권을 사양한 일화 한 토막과 위나라 마지막 허수아비 황제인 조환曹奐이 그의 아들이었다는 사실을 제외하고는 조우가 어떤 사람이고 어떻게 살았는지 잘 전해지지 않는다.

하지만 그는 자신을 잘 아는 사람이었음이 분명하다. 역사의 전면에 등장하길 거부한 그의 선택은 탁월하진 않았지만, 자신을 지키는 데는 충분했다.

영중 장막 속에 앉아서_

영중營中 장막帳幕 속에서 계책을 운용하여 천리 밖 승리를 결정짓는다.

한고조 유방이 항우를 무찌른 후 논공행상論功行賞 공적의 크기를 논의하여 그에 알맞은 상을 줌 자리에서 부하들에게 유후留侯 장량의 공적을 치하하며 한 유명한 이야기다. 원문은 운주유악지중運籌帷幄之中 결승천리지외決勝千里之外다.

전쟁을 하려면 군사 머릿수, 사기士氣, 역량 있는 장수, 보급품 확보 및 수송 등 모든 조건을 다 갖춰야 하나 그중에서도 군사적 모략이 가장 중요하다는 사실을 일깨우는 말이다.

유방이 항우와 힘겨운 싸움을 벌일 때 대군을 이끌고 으뜸 군공軍功을 세운 이는 한신韓信이다. 배수진 전투로 잘 알려진 그는 승패를 거듭한 유방과는 달리 싸웠다 하면 이겼다. 한신이 천하가 평정된 후 유방의 질문을 받고 "폐하는 군사 10만명 정도를 거느리면 알맞지만, 저는 많으면 많을수록 좋습니다"라고 한 말은 지금도 인구에 회자된다.

소하蕭何는 빈틈없는 보급지원 업무를 통해 유방이 패업을 이루는 것을 도왔다. 유방은 군사와 식량을 잃고 곤경에 빠질 때면 늘 소하를 돌아보았고, 관중을 장악하고 있던 소하는 그 기대를 저버리지 않았다. 조참, 주발, 하후영, 관영 등은 직접 전투를 지휘하며 생사를 넘나들었다.

때문에 논공행상 결과 이미 왕위에 오른 한신을 제외하고는 소하가 가장 큰 상을, 조참이 두 번째 상을 받았다. 그럼에도 후인들은 흔히 한나라 사직 400년을 있게 한 으뜸 공신으로 장량을 꼽는 데 주저하지 않는다.

《연의》에는 제갈량을 가리켜 "공명은 와룡臥龍이다. 주나라 800년 사직을 세운 강자아강태공나 한나라 400년 기틀을 마련한 장자방장량에 비견할 만하다"는 이야기가 종종 등장한다.

이른바 모신謀臣으로 꼽히는 장량은 유방이 진秦나라 군대를 격파하고 수도 함양으로 진입하는 데 큰 공을 세운다. 또 함양을 차지한 후 교만해진 유방을 설득하고 항우를 피해 촉으로 들어가 힘을 기르도록 유도한다. 그런 다음 유방이 천하를 차지할 때까지 모략으로 그를 이끈다.

장량의 일대기를 다룬 《사기》 '유후세가留侯世家'에는 이런 일들이 그런대로 잘 서술돼 있다. 하지만 이것만으로 사람들은 '400년 사직 공신'이란 말에 선뜻 동의하지 못한다. 객관적인 비교가 힘들다고는 하지만 열전을 보면 그만한 역량을 보인 이가 한둘이 아니기 때문이다.

실제 제후나 왕족에 대한 기록인 세가世家에는 장량이 익혔다고 알려진 '황석공 병법'이 구체적으로 어떻게 적용됐는지 잘 드러나 있지 않다. 왜 그럴까? 원래 야전野戰과는 달리 유악지신帷幄之臣 장막에서 군사전략을 꾸미는 신하으로 일컬어지는 모신들은 그 공을 쉽사리 드러내기 어렵다.

가령 《사기》 '조상국曹參 세가'에는 조참이 두 제후국과 122개 현을 함락시켰고, 2명의 제후왕, 3명의 제후국 승상, 6명의 장군 등을 포로로 잡았다고 기술돼 있다. 객관적인 공적이 뚜렷한 것이다.

반면 모신은 주장主將이 대중 앞에서 그 공로를 밝히지 않으면 대체 얼마만한 역량을 발휘했는지 알기 어렵다. 게다가 군사전략이란 내부에서도 첨예한 이해관계를 초래하기 때문에 모신들이 스스로 그 내용을 파기하거나, 비밀에 파묻힐 때가 많다.

《인물지》 저자인 유소는 모략이 뛰어난 사람들을 술가術家로 분류하면서 "그들의 일처리 방식은 총명한 사려에서 나오기 때문에 계책이 성공하고 나서야 드러나게 된다. 그들의 계책은 처음에는 은미隱微하다가 나중에 드러나며, 정교하면서도 현묘하다"고 말했다. 장량과 같은 모신을 일컫는 말이다. 그렇기에 입안立案 과정을 모두 담고 있지 않은, 어떤 때는 결과도 파묻히는 기록만으로 당시 모신들을 평가하는 건 온당치 않다. 유소의 이야기와 달리 계책이 성공하고 나서도, 주장이 이를 묻어버리면 계책이 어떻게 적용됐는지를 안다는 건 불가능하다.

시성詩聖 두보杜甫가 남긴 오언율시 중 '만출좌액晚出左掖'에는 이런
구절이 있다.

남을 피해 임금에게 올릴 초고를 불태우고는
말을 타니 어디론가 가고 싶다

여기서 초고를 불태운다는 말은 '대저 식견이 있는 사람은 훌륭
한 의견을 남에게 알리지 않는다'는 뜻이다. 사대부 사회에서 고래
로 이어져온 이런 풍조는 주변 시선을 의식한 때문이기도 하지만,
한켠에는 모신들이 쌓은 전통이 한몫했다고 볼 수 있다.

위무 조조를 도운 모신 중 으뜸가는 이는 순욱荀彧, 순유荀攸, 곽가
郭嘉, 가후賈詡다. 이 중 순욱은 제2의 장량으로 일컬어 손색없는 사
람이다. 비록 전쟁터에서 조조를 직접 수행하지는 않았으나, 조조가
협천자挾天子 황제를 끼고 천하를 호령함를 통해 위공魏公으로 패권을 장악하
는 데 가장 큰 기여를 한 사람이다. 조조는 결단을 내려야 하는 순간
마다 순욱에게 자문을 구했으며, 그는 정확한 상황분석으로 이에
응답했다.

그러나 《정사》 '순욱전' 배송지주裴松之注에는 "순욱은 상서령으로
있으면서 항상 (조공과) 편지를 주고받으면서 국가를 다스리고 전쟁
을 도모하는 일들을 기록했는데, 죽기 전에 이를 모두 태워버렸다.
때문에 그의 뛰어난 책략과 치밀한 계책은 세상에 전해지지 않는
다"고 되어 있다. 두보가 노래한 대목과 일맥상통한다.

물론 그 내막을 누구보다 잘 아는 조조는 '뛰어난 책략과 치밀한 계책'을 접하지 못한 후인들과 질적으로 다르다. 그래서 조조는 일찍이 조정에 순욱에게 상을 내려줄 것을 청하면서 이렇게 말했다.

"전략을 짜는 것이 전공의 으뜸이고 계책을 내는 것이 포상의 기본이 되니, 야전에서의 공적은 묘당廟堂 조정과 영중 장막을 넘을 수 없다."

조조는 기본적으로 유악의 계책을 성을 무너뜨리는 무공보다 훨씬 높게 평가했던 것이다. 유방의 발언을 연상시키는 이 말은 그래서 군사적 모략이 그 무엇보다 우선하는 것이자, 순욱이 그 역할을 십분 해냈음을 강조한다.

사마광은 《자치통감》에서 순욱을 실로 높게 평가한다.

순욱은 위무제를 보좌하여 한조漢朝 한나라를 흥기시켰다. 현능한 인재를 추천 임용하고, 병사들을 엄히 훈련시켰으며 중요한 계기에 결론을 이끌어내어 사방을 정벌하고 처처마다 승리를 얻게 했다. 그의 공훈이 어찌 관중보다 낮다고 할 수 있겠는가.

순유는 생각이 깊고 치밀하며 지혜와 방책이 있어, 조조가 정벌에 나설 때면 늘 수행하면서 항상 장막 안에서 계책을 모의했다. 순유는 조조가 원소와 격돌한 관도대전에서 특히 눈부신 활약을 펼친다. 원소를 무찌르고 그의 본거지인 기주를 평정한 조조는 황제에게 포상을 신청하면서 이렇게 말했다.

"군사軍師[22] 순유는 처음부터 신을 도와 정벌할 때 수행하지 않은 적이 없으며, 신이 앞뒤에서 많은 적을 이긴 것은 모두 순유의 계책

덕분입니다.”

그러나 그가 조조와 모의한 상세한 내막은 당시 사람들은 물론 집안 자제들도 알지 못한 것으로 《정사》는 전한다.

곽가는 조조의 초기 모신인 희지재戱志才가 죽자 그 후임으로 기용된 사람이다. 순욱의 추천으로 조조 진영에 합류한 그는 형세를 귀신같이 헤아려 조조가 적합한 판단을 내리도록 했다. 《정사》는 그를 일컬어 ‘통찰력이 깊고 모략을 세우는 데 뛰어났으며 사리와 인정에 통달했다’고 적고 있다.

곽가는 양순兩荀 순욱과 순유에 비해 비교적 많은 종군기를 남기고 있다. 그는 원소의 아들들이 후계자 싸움을 벌일 때 급히 그들을 들이치면 오히려 단결하게 되니 공격의 고삐를 늦추라고 주장한다. 이 계책은 한 치 어그러짐 없이 들어맞는다.

또 요동정벌에 나서는 조조에게 그 중요성을 설파하면서 배후에 있는 유표劉表는 걱정거리가 되지 않는다고 말했다. 손책이 중원정벌에 나설 것이라는 소식을 듣고서는 ‘필부의 손에 죽을 운명이니 걱정할 것 없다’고 잘라 말한다. 이 같은 분석 또한 그대로 적중한다. 조조는 “시사時事나 전사戰事를 보는 눈이 남들보다 빼어나다”며 여포와 원소 등을 파한 후 “이런 공은 사실 곽가의 힘에서 비롯된 것”이라고 말할 정도였다.

조조가 마초와 한수를 정벌할 때는 가후가 유악지신 역을 맡았다. 그는 상대 진영을 분석한 뒤 적을 격파할 계략으로 ‘이간책’을 내놓는다. 《연의》는 이를 토대로 땀에 젖은 편지가 조조와 한수 진영을 오가다 이를 의심한 마초가 계략에 속아 넘어가는 일을 스릴 넘치게 창작하고 있다. 가후는 다른 사람보다 많은 이야기를 남기고 있지만, 조조에게 귀의한 후 내놓은 '영중 계책'은 많지 않다. 그렇지만 상하를 막론하고 다들 가후를 존중했다고 한다. 그가 지닌 책략을 경외한 데서 나온 행동이다.

촉한에는 위나라 4인방에 견줄 만한 모신으로 법정法正이 있었다. 흔히 제갈량을 모신의 전형인 장자방에 비교하나, 사실 제갈량은 곽가나 가후 같은 권모權謀를 구사하던 모신이라고 보기 어렵다. 그보다는 국가체계를 바로잡고 정벌전을 감행한 출장입상出將入相 안에서는 재상이요, 나가서는 장수형 선비라고 보는 게 옳다.

법정은 촉한에서 모신으로 대단한 활약을 펼쳤지만 아쉽게 유비보다 일찍 죽었다. 당초 제갈량은 법정과 서로 좋아하고 숭상하는 것이 달랐으나 늘 그의 지략을 칭찬하며 경탄해 마지않았다. 그랬기에 유비가 이릉대전에서 오나라에 참패했을 때 "만약 효직孝直 법정이 있었다면 능히 주공의 동정東征 오나라를 정벌하러 나간 일을 저지했거나, 설령 동정을 제지하진 못했더라도 이처럼 위급한 상황에 처하게 하진 않았을 텐데…"라며 안타까워했다.

원래 제갈량은 형주와 서촉을 장악한 후 양쪽으로 출병해 중원을 치는 전략을 구상하고 있었다. 그런데 관우가 손권에게 패해 형주를 잃는 바람에 이 전략에 차질이 생겼다.

《연의》에는 제갈량이 유비가 군대를 이끌고 동오를 치러 나가는 것을 간곡하게 만류한 것으로 묘사돼 있으나, 실제로는 그러지 않았다. 오히려 용병에 능한 유비가 직접 군대를 인솔해 장강을 통해 나가고, 지략이 풍부한 황권黃權이 육로군을 이끌고 뒤를 받치고 있었기 때문에 최소한 형주는 탈환할 수 있을 것으로 보았다. 그래서 공명은 결과가 참패로 나타나자 손꼽히던 모신인 법정을 아쉬워한 것이다.

제갈량은 당초 법정이 유비에게 한중 공략을 건의하면서 내건 상중하 3대책에 크게 감동한 바 있다. 법정은 한중과 익주서촉를 입술과 이빨에 비교하면서 한중을 얻기만 하면 이를 토대로 "크게는 적을 뒤엎어 촉한을 내보일 수 있고, 작게는 영토를 넓힐 수 있으며, 마지막으로 아무리 못 된다 하더라도 요새를 굳게 지켜 나라를 오래 버틸 수 있을 것"이라고 했다. 제갈량은 이를 소국인 촉한을 발돋움시킬 전략적인 식견이라며 크게 찬탄했다.

법정 또한 한중공략을 제외하고는 상세한 기록을 남기고 있지 않다. 하지만 그의 죽음을 몹시 애통해한 유비나, 이릉대전 후 그를 갈망한 제갈량을 보면 그가 탁월한 모신이었음이 새삼 확인된다.

제갈량이 오장원에서 죽은 뒤 촉한이 멸망에 이르게 된 이유 중 하나는 대장大將도 없고, 그를 도와 천하대세를 판가름할 모신도 없었기 때문이다. 비록 강유가 계속 군사를 일으키긴 했지만, 그는 국경에서 위나라와 일진일퇴를 거듭했을 뿐 나라에 보탬이 될만한 성과를 거두지 못했다. 오죽했으면 우장군 요화廖化가 그를 혹독하게 비판했겠는가.

"옛말에 병부집 필자분兵不戢 必自焚 전쟁을 그치지 않으면 戰火가 그 몸을 태움이라고 했는데, 강백약강유을 두고 하는 말이다. 지모가 적보다 뛰어나지 못하고 역량 또한 작으면서 용병이 끝이 없으니 장차 어찌 그 몸을 보존하려고 하는 것인가.”

진晉나라가 위魏나라를 삼킨 배경에는 거듭되는 전쟁 속에서 군권이 사마의에게 집중되는 ‘이상異常 현상’이 있었다. 사마의가 누구인가? 그는 조조가 지닌 장재將材 장수로서의 재능도 상당 부분 지니고 있었으며, 순유가 갖고 있던 책략도 능란하게 구사하던 사람이다. 쿠데타를 일으키기 전에는 허울뿐인 태부太傅 벼슬만 가지고 있었으나, 한번 군사를 일으키자 한순간에 조상曹爽 일당을 쓸어버리고 권력을 장악한다. 수십년 전투를 통해 다져진 임기응변이 빛을 발한데다, 오랜 세월 함께 전장을 누볐던 역전의 용사들이 그에게 적극 호응했기 때문이다.

만일 조조의 후계자가 조비와 조예 수준에만 머물렀더라도 사마의 또한 한낱 장수나 유악지신으로 일생을 마쳤을 게 틀림없다. 그러나 조예가 코흘리개를 후계자로 낙점하다 보니 모든 권력이 사마의에게 집중되고, 이는 기어이 나라가 바뀌는 정변으로 이어지고 만다.

《연의》를 읽노라면 무인들의 신들린 듯한 행보에 눈길이 가게 마련이다. 여포나 조자룡의 배꽃이 춤추는 듯한 절정무예나, 당양 장판에서 100만 대군을 무찌른 장비의 대갈일성大喝一聲 크게 외쳐 꾸짖는 한마디 소리에 다들 강렬한 인상을 받는다.

그렇지만 아무렴 이런 에피소드가 모여 당시 천하대세를 결정지었을 리 없다. 이를 두고 사학자 야마구치 히사카즈山口久和는 이렇게 설명한다.

“《정사》를 지은 진수의 역사적 안목에서 보면 관우나 장비는 만인에 필적할 용맹을 지니고 있었다 할지라도 역사를 움직이는 영웅으로 간주되지 않았다."

명태조 주원장이 강남에서 아직 일개 군벌로 동분서주하고 있을 때 그와 대치하던 주적主敵은 장강 서쪽에 자리한 진우량陳友諒과 동쪽 하류를 점거한 장사성張士誠이었다. 특히 진우량은 주원장에 비해 지형적으로 매우 유리했다. 그가 대군을 이끌고 물길을 따라 짓쳐 내려오기만 해도 세력이 훨씬 약했던 주원장 군대는 괴멸될 판이었다. 이때 모신인 유기劉基♣는 정세를 분석한 후 이렇게 말한다.

명나라 창업공신인 유기劉基는 자字가 백온伯溫으로, 후대에 이르러 많은 논란을 불러일으키고 있는 인물이다. 공식 사서에는 그가 명태조 주원장을 도와 명나라를 창업하는 데 결정적인 공을 세운 것으로 묘사돼 있다. 2010년 TV에서 방영된 중국 드라마 '주원장'에도 이 같은 평가를 토대로, 고고한 선비로 지내면서도 나라를 다스리는 방책에는 누구보다 뛰어났던 그의 면모가 잘 그려진 바 있다.

명태조 주원장이 '나의 장자방'이라고 했다는 말이 널리 알려지면서 유기는 명·청 교체기에 '전공명前孔明 후백온後伯溫'이란 글귀로 일컬어졌다. 이는 '전조군사제갈량前朝軍師諸葛亮 후조군사유백온後朝軍師劉伯溫'을 줄인 말로, 전 왕조에서 가장 뛰어난 전략가는 제갈량이요, 뒷 왕조에서 그에 맞먹는 사람은 유기라는 뜻이다. 그런가 하면 "천하를 삼등분한 것은 제갈량이요, 강산을 하나로 통일한 것은 유백온"이란 극찬까지 받을 정도였다.

하지만 유기를 깊숙이 연구한 일부 학자들은 명나라 개국공신들이 태조 주원장에게 대부분 학살당하는 바람에 개국초기 존재감이 크지 않았던 그가 대타로 숭상의 대상이 됐을 뿐이라고 평가절하한다. 즉 후대에 이르러 명왕조가 개국을 설명할 때 숙청당한 인물들을 내세울 수 없었기에, 주원장을 따라다니며 공신 반열에 겨우 끼어든 그가 졸지에 장자방급이 됐다는 것이다. 학자들은 그가 개국초기 논공행상에서 3등급에 불과한 백伯에 봉해진 사실을 결정적인 증거로 제시한다. 그런가 하면 장강에서 펼쳐진 주원장 대 진우량 전투에서 주원장이 고전을 면치 못한 정황에 비춰 유기가 결론내린 정세판단 또한 지어낸 이야기일 가능성이 높다고 말한다.

"장사성은 큰 뜻이 없고 오직 자기 땅만 지키려 할 뿐입니다. 위험한 적은 진우량인데, 그는 큰 배와 정병을 보유한 채 상류에 있는 데다 야심도 큽니다. 때문에 군사적으로 반드시 주도권을 잡아 먼저 진우량에게 힘을 집중해야 합니다. 상류가 평정되면 장사성은 고립되니 단번에 제압할 수 있습니다. 그다음에 북으로 중원을 취하면 왕업을 이룰 수 있습니다."

주원장은 이 판단에 따랐고, 이후 사세는 모두 유기가 예측한 대로 진행됐다. 유기가 진영에서 마련한 전략은 명나라가 천하를 석권하는 중대한 디딤돌이 됐다.

중국 역사상 최고 성군으로 꼽히는 당 태종 이세민은 황제가 된 후 자신을 따라 고생한 사람들을 포상하면서 흔히 방두房杜로 일컬어지는 방현령房玄齡과 두여회杜如晦를 일등공신으로 책봉했다. 그러자 태종의 숙부인 이신통李神通은 이 같은 조치에 크게 반발하며 태종에게 따지듯이 물었다.

"고조태종의 아버지 이연가 처음 군사를 일으켰을 대 저는 병사들을 이끌고 맨 먼저 장안으로 달려갔습니다. 그런데 방현령 등은 모두 붓이나 놀리는 서생임에도 일등공신이 됐습니다. 마음으로 승복하지 못하겠습니다."

태종은 이를 간단하게 정리한다.

"방현령 등은 전장에서 세운 공은 없지만, 전투가 벌어질 때마다 본영에서 책략을 세우고, 혼란을 평정한 후에는 나라를 다스리는 방책을 마련했소. 당연히 그 공은 첫 번째요."

강자아, 장자방을 스승으로 삼국시대 책략가들이 확립한 '유악지신' 상像이 후대에 이르러 흔들리지 않는 전범典範 예로부터 내려오는 모범이 됐음을 입증하는 대목이다. 후한 말 지방에서 할거하던 군웅들을 제압한 위무제에 이어, 수나라 말 혼란기를 평정한 당태종 또한 군사전략이 그 무엇보다 우선돼야 함을 잘 이해하고 있었음이 분명하다.

중국 문학이론서인 《문심조룡文心雕龍》[23]은 작가가 작품을 창작할 때 필요한 예술적 상상력을 논하면서 그 같은 창작활동을 수유제승垂帷制勝에 비유하고 있다. 영감을 떠올려 그 힘으로 문장을 창작한다는 말이다. 수유제승이란 《한서漢書》[24] '고조본기高祖本紀'에 나오는 것으로, 바로 '영중 장막 속에서 계책을 운용하여 천리 밖 승리를 결정짓는다'는 《사기》 이야기를 압축한 글귀이기도 하다. 유방이 장량을 평가한 말이 정치군사 방면을 넘어 널리 활용되고 있음을 잘 알려주는 사례다.

위·촉·오 세 나라에는 제각기 나라를 이끈 주인공과 그들을 뒷받침한 빼어난 인걸 '장량'들이 있었다. 비록 세밀한 기록은 전해지지 않지만 탁월한 전략적 안목을 지닌 그들이 있었기에 삼국은 지속되는 전투를 통해 국가 수립에 성공하고, 나아가 천하를 다투는 역량을 발휘하게 된다.

의리와 리더 유비_

송·원대에 이르러 도원결의라는 이야기가 널리 퍼진 이후, 협객이나 협사俠士를 자처하던 사람들에게 도원결의는 남아동맹男兒同盟의 이상으로 여겨졌다. 의리라는 가치가 주는 낭만성, 그리고 배려와 헌신이란 가치가 주는 고귀함이 얽혀 도원결의는 동양판 남아동맹의 결정체로 받아들여졌다. '복숭아밭에서 의형제를 맺는다'는 의미의 도원결의는 또한 문학적으로는 《연의》 전체를 지탱하는 키워드이기도 하다.

도원결의는 잘 알려져 있다시피 원래 허구다. 유비·관우·장비 세 사람이 침식을 같이하고 은애恩愛하는 정도가 마치 형제 같다는 기록을 바탕으로 후대인들이 형상화한 것이다. 그러나 이것은 특정인의 상상에 의해 창작된 것이 아니다.

야마구치 히사카즈는 다음과 같이 말한다.

"도원결의는 중국 근대 시민이 지닌 규범의식의 한 표현이다. 소설적 허구로서 사라져버리면 안 되는 확실한 역사적 진실을 포함하고 있다. 중국에서는 원래 이성異姓 양자는 종족의 순수성을 잃어버리는 것으로서 기피대상이었다. 그러나 근세에 들어서면서 이런 도덕적 규범은 서서히 구속력을 잃게 된다. 10명의 의사형제義社兄弟[25]를 기초로 송나라를 일으킨 태조 조광윤은 그 역사적 전형이고, 《연의》에 나오는 도원결의는 그 문학적 표현이다.”

도원결의가 탄생한 시대적 배경이 삼국시대가 아니라 유·관·장 3인의 결합을 새롭게 바라보기 시작한 송·원대라는 설명이다. 그러나 도원결의라는 실체가 없었을 뿐 유비가 도원결의로 상징되는 '의협적 결합'에 기초해 조조, 손권과 천하를 다툰 것은 사실이다. 천시天時가 이미 중원을 장악한 조조에게 있고, 지리地利를 장강의 험준함에 기댄 손권이 지녔다고 볼 때 그가 내세울 것은 인화人和밖에 없었다. 유·관·장 3인은 물론 제갈공명이 보여주는 활약상이 모두 여기에 의존하고 있는 셈이다.

조조와 손권도 신하들과 의협적 결합을 나누지 않은 건 아니지만(가령 허저의 충성이나 주유의 일편단심 따위) 유비 집단만큼 강렬하지 않기에 그들은 한층 도드라진다.

학자 진산陳山은 《중국무협사》에서 이렇게 말한다.

중국은 상층에 유儒 문화가, 민간에 협俠 문화가 내재돼 서로 충돌을 일으키는가 하면 상호 융화작용을 했다. 이 중 의협문화는 은혜를 입으면 반드시 갚고, 겉과 속이 일치하는 특징을 보인다.

기본적인 유교 소양을 갖추고 있었다고는 하나 실제로는 민간집 단적인 성격이 더 강했던 유비 무리는 진산이 말한 바를 그대로 옮겨놓은 듯한 공동체를 형성했다. 특히 유비가 관우·장비를 은애하거나 두 사람이 유비를 향해 바치는 충성은 진산이 통찰한 것과 정확히 일치한다.

전란 중 여러 차례 아내를 버린 유비는 "형제는 수족과 같고 처자는 옷과 같다"는 말까지 할 정도였다. 유비와 제갈량의 관계가 '수어지교水魚之交'라는 말로 불리는 것도 같은 맥락이다. 청나라 사학자 조익은 《이십이사차기二十二史箚記》[26]에서 "대개 조조는 권술權術로서 (부하들을) 부렸고, 유비는 그들과 성정性情으로서 관계를 맺었다"고 기술하고 있다.

《자치통감》에는 조비가 신하들에게 유비가 과연 관우의 죽음을 설욕하기 위해 오나라로 출병할 것인가를 묻는 대목이 등장한다. 대다수 사람들은 "촉한은 소국에 불과하고 대장은 오직 관우뿐이었는데 그가 죽자 군사들은 지리멸렬해졌고, 나라 안은 온통 두려움에 떨게 됐다"며 출병할 이유가 없다고 말했다.

그러나 유엽은 그렇지 않다고 했다.

"유비와 관우는 의리상 군신이지만 정으로 치면 부자와 같습니다. 관우가 죽었는데도 출병하여 복수전을 치르지 않으면 종시지분終始之分 생사와 화복을 같이 나누는 명분에 맞지 않습니다."

결과는 과연 유엽이 말한 대로였다.

유비가 오나라에 빼앗긴 형주를 탈환하려 한 데에는 익주만으로 천하를 다툴 수 없다는 현실적인 판단이 있었지만, 관우를 생각하는 마음도 그에 못지않았다는 게 일반적인 해석이다.

《연의》에는 유비가 형주에서 유표에게 의탁하고 있을 때 적로마的盧馬 덕분에 단계를 뛰어넘어 암살 위기를 모면하는 장면이 나온다. 그 후 적로마를 아끼게 된 유비에게 어느 날 서서徐庶가 묻는다.

"이 말이 적로마가 아닙니까?"

"그렇소."

"이 말은 눈물샘이 있는 흉마兇馬입니다. 반드시 그 주인을 해치고 맙니다."

"이미 겪어 보았소. 이 말은 오히려 나를 구했소."

"그렇다 하더라도 종국에는 반드시 주인을 해치고 맙니다."

"어떻게 하면 되겠소?"

"제게 방법이 하나 있습니다. 주공께서 미워하는 사람에게 이 말을 주었다가 그 사람이 변을 당하고 난 뒤 타시면 아무 이상이 없을 것입니다."

그러자 유비는 정색을 하고 되물었다.

"공이 내게 와서 처음 일러주는 일이 정도를 벗어나는 것이니 내 어찌 따르겠소."

서서가 이 말에 감복해 유비를 충심으로 섬기게 된 것은 불문가지. 원래 이 이야기는 백락伯樂이 쓴 《상마경相馬經 관상을 통해 좋은 말을 구별하는 법을 기술한 책》을 토대로 만들어낸 것이다. 《상마경》에는 말 중에서 이마의 흰 반점이 입을 지나 앞 이빨까지 연결돼 있는 것을 '유안楡鴈' 또는 '적로'라고도 하는데, 노비가 타면 객사하고 주인이 타면 목이 잘리는 형벌을 받게 되는 흉마로 알려져 있다. 《연의》는 《상마경》을 적절하게 이용해 유비가 그를 따르던 사람들과 '진정으로 은애하는 의리'로 묶여져 있음을 강조한다.

 여기에 더해 "중국에서는 군주에게 독단 전횡의 영웅성보다도 오히려 신하를 자유자재로 부릴 수 있는 관용, 즉 집단성이 요구됐다고 본다. 한나라 고조, 후한 광무제, 유비, 송 태조, 명 태조 등은 한결같이 이런 집단성을 발휘해 성공을 거두었다"고 말했다.

유비가 지닌 이런 리더십이 의협적 결합을 한층 공고하게 만들었다는 설명이다. 그랬기에 비록 세력은 위와 오에 비해 열세였을지 몰라도 종국에는 한 나라를 이룰 수 있었다는 말이다. 야마구치 히사카즈는 전목의 말을 빌려 유비가 '집단의 좋은 어른'이란 중국적 관념에 충실했기 때문에 수호전에 나오는 송강처럼 개인적인 영웅성은 부족했지만 변방의 패권을 장악할 수 있었다고 서술한다.

그래서 《정사》 '배잠전裵潛傳'과 《세설신어》 '식감識鑑' 편에서 배잠은 유비를 "중원에 있으면 소란을 피울 정도에 불과하지만, 변방으로 나간다면 한 지역은 장악할 수 있을 것"이라고 평한다. 유비 개인을 평가한 말이지만, 그 집단이 지닌 성격까지 잘 설명하는 말이다.

물론 기록에 나타나는 유비의 모습은 그저 집단성을 잘 발휘한 우두머리 정도로 보이진 않는다. 그는 사세가 불리해 쫓길 때에도 늘 기개를 잃지 않고 자신을 믿고 따르는 이들에게 변치 않는 신뢰를 보였다. 때문에 항상 세력이 궁하고 환경 또한 좋지 않았지만, 진영을 이탈하는 사람은 거의 없었다.

《한진춘추漢晉春秋》[27]의 저자 습착치習鑿齒는 "유비는 비록 엎어지고 자빠졌을 때 오히려 신의를 밝혔고, 형세가 곤핍해 사정이 위급한데도 오히려 말이 정도를 잃지 않았다. 그가 끝내 대업을 완성한 것은 마땅한 일이 아니겠는가" 하고 말했다.

원나라 사학자 호삼성胡三省은 나이가 들어가면서 더 확고해진 유비의 심정을 찬탄하면서 "유비는 호방한 기운이 쇠하지 않았기 때문에 천하를 삼등분하는 업적을 이룰 수 있었다"고 했다. 한나라 복파 장군 마원馬援이 일찍이 "장부가 뜻을 가지면 궁할수록 더욱 굳고, 늙으면 마땅히 더 씩씩해야 한다"라고 말한 것과 상통하는 대목이다.

진수는 《정사》에서 유비를 이렇게 평가했다.

선주는 도량이 넓고 의지가 강하며 마음이 너그러웠으며 인물을 알아보고 선비를 예우했다. 한 고조의 풍모를 지니고 있었으며 영웅의 그릇이었다. 그가 국가와 태자를 보좌하는 일을 제갈량에게 부탁하고 마음으로 의심이 없었던 것은 확실히 지극한 공심公心이자 고금을 통해 가장 훌륭한 모범이었다.

이 중에서도 국가와 2세를 제갈량에게 의심 없이 부탁했다는 것은 의義를 토대로 한 유비 개인과 그 집단의 특질을 잘 말해준다.

《연의》에는 위나라가 '말 세 마리가 나라를 위협할 것'이라는 전조前兆에 불안해하며 화근을 제거하느라 전전긍긍하지

만, 끝내 그것이 사마씨 삼부자를 가리키는 것인 줄은 눈치채지 못했다는 이야기가 있다.[28]

이 대목은 종종 도참圖讖이나 비기秘記에 휘둘렸던 역대 중국황제들을 풍자하는 이야기이기도 하다. 실례로 수나라 양제는 어느 방사로부터 "이李씨가 바야흐로 천자가 되리라는 예언이 있다"는 말을 듣고 우효위대장군인 이금재를 죽였을 뿐 아니라, 이씨 성을 지닌 측근을 모조리 제거한 바 있다.

당 태종 또한 무씨가 자기 자손을 죽일 것이라는 소문을 듣고 의심 가는 사람들을 찾아내 없앴지만, 무씨후일 측천무후가 자기 주변에서 시중들고 있음은 깨닫지 못했다.

반면 유비는 믿음으로써 감히 공명이 딴 맘을 먹지 못하도록 한다. 아니 오히려 그에게 은근히 '아들이 무능하면 스스로 황제위로 나갈 것'을 종용하면서 충성을 이끌어낸다. 일부 후인들은 그래서 이를 '무서운 포석'으로 여긴다. 명나라 문인 김성탄金聖嘆을 비롯한 상당수 사람은 유비를 '너그러움 속에 교활함을 갖춘' 사람으로 지목하고 있으며, 지금은 이 평가가 일반화돼 있다.

물론 《연의》에 등장하는 유·관·장 3인의 드라마틱한 이야기는 어디까지나 송·원대에 살던 사람들의 의식이 투영된 결과물이라는 사실을 잊어서는 안 된다.

2부_
좌절

노마연잔두 하는 법이니_

'노마연잔두駑馬戀棧豆'라는 말이 있다. 사마의의 일생을 다룬 《진서晉書》 '선제기宣帝紀'에 나오는 말이다. 직역하면 둔한 말이 마판에 있는 콩을 그리워한다는 뜻으로, 속뜻은 작은 일에 미련이 많아 큰일을 도모하지 못함을 일컫는다.

위나라 공신인 대사마 조진曹眞의 아들인 조상曹爽은 명제가 죽을 때 사마의와 함께 국가경영이란 대임을 맡았다. 새 황제 조방이 어린 아이였기 때문에 이른바 보정대신輔政大臣 어린 황제를 도와 정사를 총괄함에 임명된 것이다. 그는 젊은 데다 실력도 검증되지 않았지만, 성품이 중후한데다 아비가 명망이 높은 공신이었기 때문에 조씨 일가를 대표하는 인물로 발탁됐다.

일이 그냥 그런 식으로 흘러갔으면 진나라는 태어나지 못했을 것이다. 하지만 역사는 늘 소용돌이를 일으키기 마련이다. 그것이 특히 인간의 오만과 결합하면 더 거세다. 조상은 처음 아버지뻘인 사마의를 겸손하게 받들면서 조심스럽게 정무를 처리했다. 하지만 일 처리가 손에 익어지자 차츰 마음을 풀게 됐다. 측근들도 그를 부추겼다. 사마의를 거치지 말고 홀로 권력을 장악하라고 충동질했다. 결국 그는 사마의를 허울뿐인 태부太傅 자리로 올리고 자신은 대장군大將軍이 되어 권력을 독점했다.

사마의가 조상 일당과 다투는 게 위험하다고 판단해 집에서 근신하자 조상은 한층 교만해졌다. 감히 자신과 천하를 다툴 사람이 없다는 자신감에서였다. 그러나 한편으론 집에서 숨죽인 채 살고 있는 사마의가 마음에 걸렸다. 역전의 맹장인데다 노회老獪 경험이 많고 교활함하기 짝없는 그가 없어지지 않는 한 불안감을 깨끗이 씻어낼 수 없었기 때문이다. 조상은 그래서 형주 자사로 발령 난 심복 이승李勝을 이임인사차 사마의 집으로 보내 동태를 살피도록 한다.

사마의가 어떤 사람인지를 잘 일러주는 이 대목은 압권이어서 《정사》나《자치통감》 같은 공식 사서는 물론《연의》에도 상세하게 묘사돼 있다.

이승이 찾아오자 사마의는 부러 중병에 걸려 목숨이 얼마 남지 않은 사람처럼 행동한다. 죽을 먹다 옷섶에 줄줄 흘리는가 하면, 형주로 가는 이승에게 병주는 변경지방이니 잘 다스려야 한다는 등 말귀를 못 알아듣는 척한다. 이에 깜빡 속아 넘어간 이승은 "태부의 병환이 이처럼 깊을 줄은 몰랐다"고 위로한다.

그런 후 조상에게 "사마공은 간신히 숨만 붙이고 있는 시체와 다를 바 없다"며 "몸과 정신이 완전히 분리돼 있으니 더 이상 걱정 안

해도 될 것"이라고 전한다. 조상 일당은 이 말에 환호작약하며 다시는 사마의를 거들떠보지 않는다.

《오월춘추》에는 오자서伍子胥가 월왕 구천을 경계하라며 오왕에게 한 유명한 이야기가 전해진다. 오자서는 "무릇 호랑이가 자세를 낮추는 것은 장차 먹이를 가격키 위한 것"이라며 "꿩이 눈이 침침해지면 반드시 새 그물에 걸리는 법"이라고 했다.

사마의가 이승을 속인 것은 바로 조상을 낚아채기 위한 비세卑勢 자세를 낮춤였으나, 조상은 꿩처럼 눈이 침침했던지라 그 모략을 알지 못했다. 조상은 사마의라는 걸림돌이 사라지자(?) 늘 군사를 이끌고 성 밖에 나가 사냥을 즐겼다. 그러자 동향 선배인 대사농大司農 식량과 돈 등 재정을 관장하던 벼슬 환범桓範이 주의를 주었다.

"만기萬機 황제가 살피는 국가대사를 총람하고 금병禁兵 숙위군을 관장하는 사람은 성을 나가서는 안 됩니다. 만일 누군가가 성문을 걸어 잠근다면 어떻게 다시 안으로 돌아올 수 있겠습니까?"

조상이 크게 웃으며 말했다.

"누가 감히 그리한단 말이오?"

노마로 지목받는 조상의 그릇을 잘 일러주는 말이다. 환범이 화가 닥칠 것을 미리 예고했음에도 그는 방비를 세우기는커녕 걱정도 하지 않았다. 조상이 자신을 배제한 채 권력을 오로지 하는 것에 절치부심하던 사마의는 어느 날 조상이 황제를 데리고 사냥을 나가자 가병家兵들을 동원해 무기고를 점거하고 성문을 닫아걸었다. 성안에 남아 있는 병력도 모두 포섭했다. 이들은 대부분 수십년간 그를 따르던 무리들이었다. 그런 후 황태후가 내리는 조서 형식을 빌려 조상이 명제의 유지遺志를 어기고 권력을 전횡했다고 황제에게 일러바쳤다.

조상은 쿠데타가 일어났다는 소식을 듣고 놀랐다. 어찌할 바를 모르고 있는데 성에서 빠져나온 환범이 그에게 말했다. 천자를 모시고 허창으로 가는 동시에 사방에서 군사를 모아 사마의를 토벌해야 한다고 주장했다.

조상이 결단을 내리지 못하자 환범은 이렇게 재촉한다.

"이는 답이 뻔한 이야기인데 무엇을 망설이시오. 필부도 사람 하나를 인질로 하여 목숨을 구하려고 하는데, 하물며 경은 천자와 함께하며 천하를 호령할 수 있는데 누가 감히 이에 응하지 않겠소?"

이에 앞서 환범이 성을 빠져나갔다는 말을 듣고 사마의는 놀라 장제蔣濟에게 말했다.

"지낭智囊 꾀주머니, 지략이 풍부한 사람이 조상이 있는 곳으로 갔소."

그러자 장제가 장담하듯 대꾸했다.

"환범은 지략이 있는 사람이지만 '노마연잔두' 하는 법이니 조상은 필경 그의 계책을 받아들이지 않을 것이오."

결과는 장제가 말한 대로였다. 조상은 하루 종일 고민을 하다 선언한다.

"관직과 작위를 버리면 나는 아직 부가옹富家翁 돈 많은 늙은이이 될 수 있다."

환범은 이 말을 듣고 통곡하며 말했다.

"조진은 훌륭한 사람이었지만♣ 당신 형제들은 소나 돼지새끼에 불과하오. 내가 왜 당신들에게 연루돼 멸족당해야 한단 말이오."

♣ 조진은 누구인가?

《연의》독자들에게 조진은 아주 매력적인 인물이다. 매력적이라 함은 《연의》의 주인공인 제갈량을 한껏 띄우는 데 소도구(?)로 활용됐다는 점에서 그렇다. 붙었다 하면 제갈량에게 깨지는 그를 두고 많은 독자들은 측은함까지 느낀다.

하지만 《정사》에 등장하는 그는 대단한 인물이다. 비록 사마의처럼 법술을 능란하게 구사하진 못했지만 용맹과 의기가 태산처럼 중후했던 사람이다. 조조의 족자族子 집안 아이였던 그는 일찍이 호랑이에게 쫓기다 몸을 돌려 화살로 호랑이를 잡은 적이 있다. 이 일로 용맹함을 인정받아 영구지역 도적들을 토벌하고, 유비의 별장偏將 장수 직위을 무찌르는 공을 세운다.

하후연이 죽자 그를 대신해 서황 등을 지휘하여 유비 측 장수인 고상을 격파했으며, 장진 등이 모반했을 때는 비요를 거느리고 그들을 무찔렀다. 조비가 황제가 된 후 손권을 정벌할 때는 우저에 있던 오나라 군영을 쳐부쉈다.

제갈량이 북벌을 시작했을 때는 장합을 지휘하여 마속을 깨트렸으며, 패전한 제갈량이 다음부터는 진창으로 나올 것을 예측해 학소와 왕생으로 하여금 이곳을 지키게 했다. 이는 대단한 선견지명이었다. 조진은 그래서 대사마에 올라 특별한 대우를 받았다. 또한 개인적으로는 어려운 이들을 돕고 선비들을 존중하는 삶을 살았다.

그가 죽었을 때 위나라 명제 조예는 이렇게 말했다.

"대사마는 충성과 절개를 보였으며 이조二朝 무제와 문제를 도왔다. 안으로는 종실의 총애에 기대지 않았으며, 밖으로는 선비들에게 오만하지 않았다. 존귀함과 겸허함을 함께 갖춘 덕망있는 신하라고 할 수 있다."

《연의》 이야기는 과장된 것이다.

환범은 사태가 어떻게 돌아갈지 확실하게 알고 있었다. 권력을 노리는 쿠데타가 일어났는데, 그것을 진압하지 않는다면 남은 일은 쿠데타군에게 사로잡혀 죽는 것뿐이다. 조상은 그럼에도 진압책 대신 항복을 선택했다. 퍼뜩 보면 이해가 가지 않는 행동이다. 황제를 끼고 군권을 쥔 자라면 누구라도 환범이 말한 계책을 쓰지 않을 리 없다. 그런데도 조상은 그렇게 하지 않았다.

그 이유는 바로 '노마연잔두'에 있다. 군대를 이끌고 성 밖으로 나간 사람은 조상과 그 수하 장졸들이다. 성안에는 가족과 친인척, 그리고 조상이 친애하던 첩들이 고스란히 남아 있었다.

만약 사마의와 일전을 불사하겠다고 하면 그들을 모조리 포기해야 했다. 사마의가 인질들을 살려둘 까닭이 없기 때문이다. 아니 살려두더라도 그들을 철저히 이용하다, 수틀리면 모조리 죽일 게 뻔했다. 조상으로서는 번민에 빠질 수밖에 없었다.

조상은 본시 귀한 집에서 태어난 안방도령이다. 전장에서 쓰라림을 맛본 사람이 아니다. 흔히 대大를 위해 소小를 희생한다고 하지만, 그에게 가족과 애첩은 작은 게 아니라 무겁고도 큰 것이었다. 당연히 그로서는 가족을 선택할 수밖에 없었다. 게다가 사마의는 계속 사신을 보내 자신은 단지 조상의 병권兵權만 회수하려는 것일 뿐 다른 뜻은 없노라고 말한다. 나약한 조상의 마음과 처지를 한눈에 파악한 승부수였다.

거기에 귀가 솔깃해진 조상은 장제가 말한 대로 노마연잔두 할 수밖에 없는 운명이었다. 만약 그가 권력이 지닌 본성을 잘 알고 있던 '잡초' 출신이었다면 이야기는 달라진다. 기꺼이 쿠데타에 응수했을 것이다. 비록 군사적 기량은 달릴지 모르나, 조상은 황제를 업고 있는데다 대장군 권력을 지니고 있었다. 명분을 쥐고 있었기에 사마의를 반란군으로 몰아칠 수 있었다. 거기다 환범의 말대로 각처에 파발을 보내 식량과 군대를 모은다면, 아무리 사마의가 노련하다 하더라도 호락호락 승패가 갈라질 분위기가 아니었다.

하지만 장제 같은 이가 보기에 조상은 노둔한 말에 불과했다. 가족의 안위를 위해 천하패권을 버리다니….

이렇게 보면 조상은 원소와 비슷한 구석이 많다. 조조가 군사를 이끌고 동쪽 정벌에 나섰을 때 모사 전풍田豊은 원소에게 "이때 조조 뒤를 치면 일거에 천하를 평정할 수 있을 것"이라고 말한다. 그런데 원소는 뜻밖에 아들이 병이 났다며 이 건의를 받아들이지 않았다. 사랑하는 아들이 드러누워 마음이 심란한 판에 다른 일을 돌아볼 겨를이 없다는 게 그 이유였다. 그러자 전풍은 지팡이로 땅을 치며 탄식했다.

"슬프다. 난우지시難遇之時 절호의 기회를 만나고도 어린애 병을 이유로 실기하니 애석하기 그지없다. 일이 끝났도다."

《연의》는 저수沮授와 전풍의 사례를 들어 원소의 우유부단함을 질책하는 장면을 몇 차례나 내보인다. 실제로 원소는 그랬다. 그리고 조상 또한 그 뒤를 충실히 따랐다. 가족이 몰살당할 위험에 빠져 있다면 작은 일이 아니겠지만, 사마의에게 두 손을 든 건 어리석기 짝 없는 선택이었다.

사마의는 정변에 성공하자 얼마 지나지 않아, 조상이 총애하던 환관 장당張當이 조상 일당과 짜고 반역을 꾀했다는 이유를 만들어 냈다. 그런 후 조상과 그 형제는 물론 그들을 따르던 하안, 등양, 정밀, 필궤, 이승, 환범 등을 모조리 죽이면서 그 3족까지 멸한다. 한마디로 씨도 남기지 않았다.

　　쿠데타가 시작된 날로부터 대량 살육이 일어나기까지 걸린 시간은 정확하게 12일이었다. 속전속결로 진행된 당시 살육으로 이름깨나 얻고 있던 선비 숫자가 절반으로 줄었다고 하니, 그 유례없는 잔혹함을 짐작할 만하다.

　　전국시대 위나라 공자公子 왕족 모牟가 진나라 응후應侯 범저에게 한 유명한 말이 있다.

　　"무릇 존귀해지면 부富는 찾지 않아도 저절로 오고, 부유해지면 양육梁肉 맛있는 음식은 찾지 않아도 저절로 오고, 양육을 즐기면 교사驕奢 교만하고 사치함는 찾지 않아도 저절로 오고, 교사하게 되면 죽거나 망명하게 되는 법이오. 고금을 둘러볼 때 이 때문에 실패한 자가 부지기수요."

　　오래전 조상의 실패를 꿰뚫어 본 듯하다. '노마연잔두'로 요약되는 조상은 이 때문에 권력을 잡고자 하는 야심가들 사이에 오래도록 '반면교사反面教師 나쁜 면을 가르쳐 주는 선생'로 남아 있다. '위급존망지추危急存亡之秋 사느냐 죽느냐 하는 위급한 시기. 출사표에 등장하는 글귀를 타개하는 방책은 먼저 대국大局을 냉정하게 관찰하는 것'이라는 교훈이다.

　　조상의 실패는 많은 뒷이야기를 남겼다. 이 중에서도 특히 세인들이 애석해하는 건 환범과 장제의 죽음이다. 환범은 결과를 예측했으나 조상이 쿠데타 진압 결심을 접는 바람에 졸지에 목 없는 귀신이 되고 말았다. 지금 그 마음을 헤아릴 순 없지만, 환범이 가장 원통해했으리라는 건 누구나 공감하는 바다.

　　장제는 쿠데타군 사자로 조상에게 가서 '병권만 내놓으면 죽지는 않을 것'이라고 설득했다. 물론 사마의가 조상을 유인하려고 그렇게 시킨 때문이긴 하지만, 그는 실제로 사마의가 조상을 죽이지는 않을 것이라고 믿었다. 그러나 결과는 참혹한 멸족이었다. 장제는 자신의 말이 신의를 잃었다고 생각했다. 그래서 우울증에 걸려 죽었다.

조식은 왜 실패했나_

걸출한 문인으로 지금도 동양 지식인들로부터 추앙받는 조조의 셋째 아들 조식曹植. 그가 남긴 글 중에 '낙신부洛神賦'29라는 게 있다. 그가 귀신인 낙수洛水의 여신을 흠모하는 글인데, 멀리서 바라볼 뿐 이룰 수 없는 이상理想을 절절하게 표현한 서정운문으로 잘 알려져 있다.

그 속뜻은 형 조비에게 배척당해 능력을 발휘하지 못하는 신세를 비유적으로 표현한 것이나, 민간에는 조비의 첫 번째 부인 견후甄侯를 사모해 '이룰 수 없는 사랑'을 읊은 것으로 유명하다.

'낙신부'가 얼마나 유명한고 하니 당나라 때 단성식段成式이란 사람이 지은 《유양잡조酉陽雜俎》30에 이런 이야기가 전한다.

서진西晉시대 유백옥이란 이가 자나 깨나 낙신부를 낭독하면서 글에 등장하는 아름다운 여신을 흠모했다. 그는 아내 앞에서도 늘 이 글을 들먹이며 "당신이 이 정도만 되면 당장 죽어도 한이 없겠다"고 말하곤 했다.
이 말에 시달린 나머지 아내는 더 이상 참지 못하고 하루는 "서방님은 어째서 이토록 물귀신만 찾고 나를 업신여기는 것입니까? 나도 죽으면 물귀신이 되지 말라는 법이 있습니까?"

그리고는 그날 밤 정말 강물에 뛰어들어 목숨을 끊었다. 죽은 지 7일째 되는 날 그녀는 남편의 꿈에 나타나 이렇게 말했다.

"서방님은 물귀신을 사랑하시죠? 나도 이제 사랑해주실 거죠?"

놀라서 깬 유백옥은 다시는 죽을 때까지 강을 건너지 않겠다고 다짐했다.

황당한 이야기지만, 이 글은 낙신부가 그만큼 사람들의 마음을 사로잡았음을 증명한다. 야사野史에 따르면 원래 원소의 둘째 며느리였던 견후는 조조와 조비, 조식 부자 세 사람이 동시에 좋아했던 여자로 알려져 있다. 조조는 원소를 깨뜨리고 업성에 들어간 후 미인으로 소문난 견후를 찾다가 부하들로부터 오관중랑장五官中郎將 조비[31]이 먼저 채갔다(?)는 이야기를 듣는다. 그러자 조조는 "이번 전쟁은 그놈 좋은 일만 시켰다"고 중얼거린다.

야사를 인정한다면 조식은 그렇게 조조 가문에 나타난 견후를 처음 본 순간 사랑에 빠진 것으로 추정된다. 하지만 이미 형이 차지한 여자를 대놓고 좋아할 수는 없었을 터, '낙신부' 신화는 이를 토대로 점점 그 성가를 높이게 된다.

당나라 배형裴鉶이 지은 《전기傳奇》[32]에는 이런 구절이 있다.

거문고를 잘 타던 소광이라는 사람이 있었다. 어느 날 낙숫가에서 연주를 하던 중 갑자기 낙수에 모습을 드러낸 미인을 만나게 됐다. 소광이 누구냐고 묻자 여인은 진사왕陳思王 조식이 부를 지어 예찬한 견후라고 답했다. 그녀는 자신이 진사왕을 흠모했기 때문에 위문제조비가 화를 내며 죽였다고 하면서, 후일 낙숫가에서 우연히 진사왕을 만나게 돼 그 사실을 설명했더니, 그가 크게 감동해 지은 것이 '낙신부'라고 말했다.

견후가 죽은 이유는 조비의 애정이 식은 탓이지만 《전기》는 견후와 조식, 두 사람 사이에 처절하고도 질긴 인연이 있었음을 '귀신과 인간의 만남'이란 소재를 이용해 강조한다.

조식은 어릴 적부터 재주가 출중해 아비인 위무 조조로부터 아낌없는 사랑을 받았다. 당시 학문으로 이름 높았던 정이丁廙는 조비와 조식이 후계자 자리를 놓고 각축을 벌일 때 조조에게 이렇게 말했다.

"임치후조식의 총명과 지혜로움은 현인에 가깝습니다. 넓은 학문과 깊은 식견으로 문장이 더없이 뛰어난지라 지금 천하의 현재賢才들이 모두 그를 위해 기꺼이 죽기를 원합니다. 이는 실로 하늘이 위대한 위나라에 복을 내려주는 것입니다."

사람들을 사로잡았던 그의 출중함이 주변 인사들에게 어떻게 받아들여졌는지를 압축한 대목이다.

남조시대 송나라 문인 사령운謝靈運은 조식을 두고 "천하의 재주가 한 섬이라고 하자. 조식이 여덟 말을 혼자 갖고 있고, 내가 한 말을 가지고 있으며, 다른 사람들이 나머지 한 말을 갖고 있다"고 했다.

조식이 구사한 '천하문장'을 이처럼 강렬하게 묘사한 글도 찾기 힘들다.

《시품詩品》[33]의 저자 종영鍾嶸 또한 단언했다.

"조식은 비유컨대 마치 인륜을 말할 때 주공이나 공자 같은 존재다."

명나라 사람 호응린胡應麟도 조식을 대단히 높게 평가한다.

"고금의 재주 있는 자들은 모두 어렸을 때 지혜로웠으나 성공한 사람은 드물다. 대성한 사람은 반드시 어릴 때부터 총명한 사람이 아니었다. 이 두 가지를 겸비한 사람은 오직 진사왕 조식이 있을 뿐이다."

명나라 때 발간된 《표경嫖經》에는 기방妓房 기생들이 있는 술집을 찾는 사람들에게 충고하는 이런 구절도 전해진다.

잠시 동안은 자건子建으로 불리지만, 하루라도 등통鄧通[34]이 없을 수는 없다.

뭔고 하니 아무리 재주가 뛰어난 풍류문인이라도 돈이 없으면 단 하루라도 기방에 올 수 없다는 말이다. 자건은 조식의 자字이며, 등통은 재물을 상징하는 인물이다. 이미 조식은 후대에 이르러 풍류와 문인을 상징하는 대명사로 자리 잡았던 것이다.

이렇듯 찬연한 명성을 지녔건만 조식은 호응린의 찬사에도 불구하고, 역사에서는 실패한 인물이다. 왜 그는 실패했을까? '조식 실패기'를 더듬어 보면 삼국지 전편을 뒷받침하는 '당대 환경'과 그가 지녔던 '개인적 한계'가 오롯이 손에 잡힌다.

그 또한 위대한 문인이었던 조조는 조식을 사랑한 나머지 '장자 상속'이란 전통을 깨고 그에게 왕위를 물려주고자 한다. 신하들이 반대한 것은 당연지사. 장자를 제치고 왕위를 딴 아들에게 넘길 경우 분란이 생기게 된다는 이유에서였다.

《정사》 '최염전崔琰傳'에는 이런 이야기가 전해진다.

오관중랑장조비이 당연히 정통을 계승해야 한다. 나는 죽음으로써 이를 지키겠다.

최염이 누군가. 그의 형이 조식의 장인이다. 그런 그가 결연한 태도로 조비를 지지한 것이다. 조조는 당연히 그의 태도에 깊은 감명을 받을 수밖에 없었다.

중신 가후賈詡도 그랬다. 조조는 일찍이 가후에게 후계구도에 대해 물은 적이 있다. 대답을 하지 않던 가후는 조조가 답을 재촉하니 원본초원소와 유경승유표의 일을 생각하느라 즉답을 못했다고 말한다. 조조는 웃으며 "그러면 후계는 정해졌구면"이라고 말한다.

원소와 유표는 장자를 제치고 사랑하는 아들을 후계자로 내세운 탓에 당대에 이미 실패의 길로 들어선 바 있다. 가후의 이야기는 앞선 사례를 들어 조조를 깨우치고자 한 것이다.

하지만 기록이란 승자의 것이기에 조식의 실패를 '전통 고수' 때문이라고 단정 짓긴 어렵다.

통상 《연의》를 읽는 독자들은 '자두연두기煮豆燃豆萁'를 비롯해 조식이 남긴 글을 보면서 두 가지 생각을 하게 된다. 하나는 정말 '빼어난 문인'이라는 것이고, 또 하나는 '원래 나약한 문사文士'가 아닌가 하는 것이다.

지금처럼 직업적인 문인이 있는 시대였다면 모를까. 당시는 문文·사史·철哲을 아우르는 것이 지식인이었고, 지식인은 거기다 관료와 군사를 부리는 지휘관 역량까지 지녀야 했다. 조식 또한 스스로 "난리 중에 태어나 군대에서 자랐다"고 말한 바 있다. 따라서 왕부王府에서 뼈가 굵은 조식이 한낱 음풍농월吟風弄月만 일삼는 문인이었을 것이라는 건 잘못된 추측이다.

그는 문제 조비와 명제 조예로부터 견제를 받게 되자 양대兩代 문제·명제시기에 걸쳐 절절한 편지를 보내 자신을 중용해 줄 것을 부탁한다. 잠재적인 황권경쟁자였기에 이 소망은 이뤄지지 않았지만, 조식은 서한문을 통해 자신이 지닌 치국지도治國之道 나라를 다스리는 방법를 역설했다. 조식의 편지를 보면 그가 선대와 당대 정치에 정통해 있으며, 그 허실까지 잘 짚고 있었음을 알 수 있다.

심복 양수楊修에게 보낸 글 또한 그가 문사文辭 글에 빠져 지낸 사람일 것이라는 선입견을 단번에 깨부순다.

나는 비록 덕은 없지만, 제후로서 백성들에게 은혜를 베풀고 불후의 공을 세우길 원하오. 어찌 헛되이 글로 공적을 삼고 사부辭賦로 군자가 되려 하겠소?

이렇게 볼 때 조식은 장자승계라는 원칙과 조비의 견제 등에 밀려 낙마했음이 분명해진다. 조비가 자신을 따르던 오질吳質에게 '조조의 후계자가 될 꾀'를 계속 구하는 것이나, 실제로 조예가 황제에 즉위할 즈음에도 조식에 대한 평판이 사라지지 않았던 점을 종합하면 더욱 그렇다.

그러나 사가 노간勞幹은 조금 다른 시각을 전한다.

조인이 번성에서 관우에게 포위당했을 때 조조는 조식으로 하여금 군대를 이끌고 조인을 구원토록 했다. 조식이 출병하려 하자 조비가 그를 불러 술을 잔뜩 먹였다. 조조가 불렀을 때 조식은 이미 인사불성이었다. 조조는 후회하며 그를 면직시켰다. 송별연을 생각하면 음모가 있었다고 할 수 있다. 그러나 조식이 술을 좋아하지 않았다면 어떻게 술에 취하게 하겠는가? 문필가적 기질이 그를 실패로 몰아넣었다고 하는 게 맞는 말일 것이다.

조식은 일찍이 대문장가로 성장하면서 공융孔融, 양수 등과 친했다. 이 중 양수는 재사才士 중의 재사로, 《연의》 독자들에게는 석학 채옹의 글인 '황견유부 외손제구'를 풀이한 사람이자 '계륵' 일화를 남긴 주인공으로 유명하다.♣

양수는 민첩한 재주가 하늘을 찔렀기에 조식이 조비와 후계자 경쟁을 벌일 때 그를 도와 많은 아이디어를 냈다. 위왕 조조가 두 아들을 시험하고자 미리 수문장에게 통과시키지 말라는 명을 내려놓고 둘을 내보냈을 때다. 조식은 왕명을 내세워 수문장의 목을 베고 궁

♣ 황견유부黃絹幼婦 외손제구外孫虀臼 / 계륵鷄肋 닭갈비

《삼국지》 마니아들에게 너무나도 잘 알려진 두 이야기는 《연의》에 그 전말이 상세하게 기록돼 있어 다들 《정사》가 그 출전인 것으로 알고 있으나, '계륵'은 《후한서》 '양수전'에 나오며, '황견유부 외손제구'는 《세설신어》 '첩오捷悟'편에 비슷한 이야기가 전해진다.

'황견유부 외손제구'는 파자破字 한자의 자획을 분합하여 맞추는 수수께끼다. 아비를 따라 죽은 효녀 조아曹娥의 묘비명을 지은 문장가 한단순을 두고 석학 채옹이 쓴 글이다. 풀이하면 절묘호사絕妙好辭 절묘하게 좋은 글가 된다. 즉 한단순의 묘비명이 그만큼 좋은 글이라는 뜻이다.

한중漢中 출병 도중 채옹의 딸 채염이 거주하던 남전에 들른 조조는 '조아의 비문'에 적혀 있는 채옹의 글을 보았다. 그 의미를 알기 위해 한동안 노력했으나 알 수 없었는데, 양수가 그 비문을 해석했다.

"황견이란 누런 누에고치 옷감을 뜻하므로 곧 색실絲色이니, 두 자를 합치면 절絕이요, 유부는 어린 소녀로 곧 젊은 여인少女을 말함이니, 두 자를 합치면 묘妙가 됩니다. 외손은 딸의 자식으로 두 자를 합치면 호好가 되고, 제구虀臼 즉 절구통은 곧 매운 것辛을 담는 것이니受, 두 자를 합치면 사辭가 되어 모두 합치면 '절묘호사絕妙好辭'가 만들어집니다."

'계륵'은 한중정벌이 뜻대로 풀리지 않아 고민하던 조조의 심중을 상징했던 말로, 먹자니 먹을 게 없고 버리자니 아까운 것을 일컫는다.

조조가 한중정벌에 애를 먹고 있던 시점이었다. 마침 밥상에 닭국이 올라와 국에 들어 있는 닭갈비를 한참 바라보는데, 부하가 장막에 들어오며 저녁 암호를 묻는다. 조조는 입에서 나오는 대로 '계륵'이라고 말했다. '닭갈비'라는 암호가 전군에 전달되자 양수는 서둘러 철군 준비를 한다. 주위에서 이유를 물으니 양수는 "닭갈비란 먹자니 먹을 것이 없고, 버리자니 아까운 것이니, 곧 철군 명령이 떨어질 것이오"라고 답했다.

하지만 조조는 양수가 미리 철군을 준비한다는 말을 듣고 군심을 교란시켰다 하여 그를 죽여 버린다. 조조는 그런 후 양수가 예언(?)한대로 한중에 대한 미련을 버리고 철군한다.

문을 통과했다. 과감한 면모를 보여주라는 양수의 조언이었다.

하지만 양수는 조조의 눈에 나 비참한 최후를 맞는다. 사가 이중천易中天은 양수를 "눈치가 빠르고 추측에 능했지, 상대의 깊숙한 속마음을 정확하게 꿰뚫어보진 못했다"고 평한다. 빼어난 재주를 지닌 건 맞는데, 고수에게 수數를 들키는 수준인데다 상대를 움직일만한 진정성을 갖추지 못했다는 말이다. 이런 양수와 얽혀 있던 조식이 조조의 마음에서 멀어진 것은 불문가지.

공융 또한 건안문단建安文壇을 빛낸 칠자七子[35] 중 한 사람이었으나 양수처럼 개죽음을 당했다. 공융은 오만하고 방달한 성격의 소유자였다. 그는 특히 예형과 더불어 엄숙한 예교주의에 맞서 이른 바 반체제 성향을 지니고 있는 것으로 의심받았다. 《후한서後漢書》[36] '공융전'에는 공융이 이런 어이없는(?) 발언을 한 것으로 기록돼 있다.

아비가 자식에게 무슨 친애를 갖는가. 말하자면 자식은 아비가 가진 정욕의 발로에 지나지 않는다. 자식과 어미의 관계는 예를 들어 물건이 그릇 가운데 들어 있었던 것과 같다. 그릇 밖으로 나오면 별개다.

이 구절은 공융이 조조에게 처형당할 때 다른 사람들이 그를 탄핵했던 글 속에 들어 있다.

그런가 하면 공융은 "자리에는 늘 손님이 가득하고, 술잔은 늘 차 있으니 내 근심할 것이 없노라!" 하고 자신했다. 조조가 금주령을 내렸을 때는 "사람에게는 맛 좋은 술을 즐길 덕이 있다"고 응수했다.

공융과 양수를 조식과 연결하면 조식 또한 이들이 지녔던 약점을 공유하고 있었다는 게 옳은 분석이다. '애주愛酒와 방달' 그리고 '경박한 재주'가 그것이다. 가슴에 품은 뜻이 아무리 크고, 이를 뒷받침할만한 기량을 갖추고 있었다 하더라도 살벌한 전란기에 풍류를 즐기면서 오연傲然 태도가 거만함하게 살았다는 건 그만큼 자기관리가 약했다는 말과 다름없다. 더구나 상대는 문무文武를 함께 갖췄다는 조비가 아니던가?

조식은 위가 한을 대신한 후 왕으로 봉해졌지만, 사실상 유폐나 다름없는 생활을 하다 41세에 병사했다. 이 기간에도 그는 줄곧 술에 빠져 불우한 처지를 달랬다. 그를 의심한 조비는 계속 임지를 바꾸게 했으며, 감국監國이란 벼슬을 두어 그를 감시하는 일을 게을리하지 않았다. 거기다 조식에게는 늙고 병든 시종과 병사만 붙여 주었을 뿐이다.

스스로 지닌 역량을 자신했건만 조식에겐 형과 조카로부터 계속 배척당한 상심이 가득했다. 여기에 야사까지 곁들인다면 견후가 안겨준 애상哀傷도 단단히 한몫했으리라.

원래 문필가 기질이 강한 조식은 처음부터 술을 좋아했다. 때문에 글과 술로 얽힌 공양孔楊 공융과 양수의 무리를 뛰어넘을 수 없었다. 여기에 '낙신부'로 대변되는 애상과 상심은 자신의 처지를 더욱 비관하게 만들었으리라! 이런 과정에서 드러난 약점이 '장차 권력을 넘볼 가능성이 있다'는 숙명과 겹쳐지면서 그는 역사 속으로 사라진다.

제갈공을 위하여_

제갈근諸葛謹이 오나라 대장군으로 있을 때 동생 제갈량은 촉한의 승상이었다. 또 제갈근의 두 아들 제갈융諸葛融과 제갈각諸葛恪은 모두 병마를 총괄하고 있었다. 사촌 동생 제갈탄諸葛誕은 위나라에서 명성을 떨쳤다. 배송지주에는 이런 말이 있다.

한 가문에 있는 자가 세 나라에서 각각 대표적인 지위를 얻은 것을 천하 사람들은 영예라 평가했다.

'조정에 출사出仕해 능력과 인품을 인정받는 것이 유일한 성공'이라는 당대 기준에서 본다면 제갈씨 만한 가문은 없었던 셈이다. 특히 일가붙이가 상대 진영의 핵심으로 있는 데도 불구하고, 세 사람이 모두 크게 등용됐다는 것은 기이한 일이기도 하다.

《세설신어》 '품조_{品藻}'편에는 조금 더 자세한 설명이 있다.

제갈근과 그의 동생인 량, 그리고 종제인 탄은 나란히 성대한 이름이 있었으니 각자 다른 나라에서 벼슬을 했다. 이때 사람들은 '촉은 그중 용龍을 얻었고, 오는 그중 범虎을 얻었으며, 위는 그중 개狗를 얻었다'고 말했다.

제갈량이 용이라는 건 모두가 인정하는 바였다. 형인 근 또한 의심 많기로 유명했던 손권이 믿고 병권을 맡긴 데서 알 수 있듯이 '상하를 아우르는 덕망'과 '지혜로운 성실'을 겸비하고 있었다. 그러나 두 사람이 세인들에게 잘 알려져 있고, 영예로운 일생을 마친 데 반해 제갈탄은 그렇지 못했다. 그는 생전에 위나라에서 하후현夏侯玄과 이름을 나란히 할 정도로 높은 명망을 지니고 있었지만, 역도로 몰려 참혹한 죽음을 당했다. 그랬기에 그는 종종 역사에서 실패자로 기록된다.

하지만 그는 결코 제갈량과 제갈근에 뒤지지 않는 역량을 지니고 있었다. 때문에 그를 개에 비유한 건 다소 격이 맞지 않다는 생각이 든다. 물론 여기서 말하는 개는 용과 범에 상대되는 개념이지, 개처럼 하찮다는 뜻이 아니다. 용과 범이 워낙 큰 인물이고 출중했기에 상대적으로 비참한 최후를 맞은 그가 낮게 평가되고 있는 게 아닌가 싶다.

《제갈량 평전》을 쓴 여명협余明俠도 같은 의견을 내놓는다.

"제갈량 형제를 용과 호랑이에 비유한 것은 적절하다. 하지만 제갈탄을 개에 비유한 것은 지나치게 폄훼한 것이다. 제갈탄은 관직생활이 청렴했고 위나라에 벼슬하면서 충절을 다했기 때문이다. 후에 사마씨가 조정을 손아귀에 넣고 위나라를 없애려는 데 반대하다 피살됐다. 그의 행동은 아름답고 용감했으니 성패로써 영웅을 논해서는 안 될 듯하다.”

정동대장군征東大將軍 오나라를 방어하던 군사령관으로 회남에 주둔하고 있던 제갈탄은 당시 정권을 쥐고 있던 사마씨와 화합하지 못했다. 황제위를 찬탈할 욕심을 품고 있던 사마씨는 위나라에 충성하는 그가 변방에서 강력한 군대를 거느리고 있는 것이 두려웠다. 그래서 허울뿐인 벼슬을 구실로 조정으로 불러들였다. 제갈탄은 이것이 자신을 겨냥한 포석인줄 알았다. 그래서 회남의 병사들을 모아 대대적인 반란을 일으켰다. 물론 명분은 찬탈 움직임을 보이는 사마씨를 벌해 위나라 조정을 되살리자는 것이었다.

그가 어떤 사람인지를 알려주는 유명한 사건은 이때 생겨났다. 《정사》에 기록된 내용을 보자.

성이 포위당해 군민軍民들이 굶주리자 제갈탄은 단독으로 말을 타고 부하들을 인솔하여 소성문을 뚫고 나갔다. 사마씨 측 병사들은 이를 맞아 공격하여 제갈탄을 죽이고, 그 머리를 수도로 보냈으며 삼족을 멸했다. 제갈탄 수하에 있던 수백명은 투항하지 않았으므로 참수당할 처지에 놓였다. 그들은 모두 ‘제갈공을 위해 죽으니 여한이 없다’고 말했다.

한두 사람도 아니고 수백명이나 되는 무리가 모두 목을 내놓고 "그를 위해 죽으니 여한이 없다"고 말하는 대목은 놀랍다 못해 섬뜩하다. 동양사를 통틀어 부하들로부터 이만큼 맹목적인 충성을 받은 사람은 아마 없지 않나 싶다. 진수도 "제갈탄이 인심을 얻은 것이 이와 같았다"고 적고 있다.

유례를 찾기 힘든 이 장면에 또 다른 설명이 없겠는가. 배송지주를 들여다보자.

깃발 아래 선 수백명의 병사들은 가슴 앞으로 손을 묶이고 열을 지어 한 사람씩 참수됐다. 한 사람이 참수될 때마다 항복시키려 했지만, 결국은 변함없이 모두 죽었다.

의義를 지키겠다는 결기가 물씬 풍긴다. 제갈탄은 이 일로 종종 전한 초기 사람 전횡田橫과 비교된다. 전횡은 진나라에 멸망당한 제나라 왕 전씨의 일족으로, 천하가 어지러워지자 자립해 한때 제나라 왕이 됐다. 하지만 항우를 물리치고 천하를 통일한 한고조가 반역을 염려해 그를 부르자 "한 때 같은 왕이었던 그에게 머리를 조아리는 게 수치스럽다"며 자살하고 말았다. 전횡이란 이름이 역사적으로 유명해진 것은 그를 따르던 무리 500명이 섬으로 도망했다가 주군이 죽었다는 사실을 알고 전원 목숨을 끊었기 때문이다.

《여씨춘추呂氏春秋》[37] '상덕上德'편에도 묵가의 거물인 맹승이 양성군陽城君이 맡긴 성을 지키기 위해 죽었으며, 그의 제자 서약 및 183명이 맹승이 강조한 '약속의 소중함'을 지키기 위해 전원 전사했다는 이야기가 전해진다.

하지만 이런 경우도 제갈탄의 사례와 비교하면 가볍다는 생각이 든다. 전횡을 따르는 무리가 자진해서 집단 자살을 하고, 서약과 183명이 목숨을 바친 것은 보기 드문 일이지만, 앞선 동료가 연신 목이 달아나는 데도 한 사람도 동요를 일으키지 않은 것에 비하면 아무래도 '죽음에 이르는 밀도'가 떨어지는 게 사실이다.

제갈탄은 원래 하후현, 등양 등과 지극히 친했는데 이 두 사람은 사마씨에 의해 죽임을 당했다. 그래서 그는 자신을 의심하는 조정의 눈길을 매우 두려워했다. 수백명 의사義士 이야기는 여기서 출발한다. 그는 만일의 사태공격을 받거나 반란을 일으키는 경우에 대비해 지니고 있던 가산을 기울여 사람들에게 은혜를 베풀었다.

배송지가 "제갈탄은 상을 주는 데 지나친 점이 많았다. 심지어 죽을죄를 지은 사람도 제도를 허물어가면서까지 살려주었다"고 지적할 정도였다. 그만큼 확실하게 자기 사람을 만드는 데 골몰했다는 말이다.

여기서 자기 사람이란 여하한 경우에도 배신을 하지 않을 이들을 일컫는 말이다. 게다가 양주에서 유렵遊獵 사냥을 업으로 삼고 다님하는 무리 수천명도 사사死士 죽음을 각오한 사람로 삼아 후하게 대우했다.

하지만 세상에 넘치고 넘치는 게 반복무쌍反覆無雙 배신하기를 밥 먹듯 함한 사람들이다. 동서고금을 막론하고 달면 삼키고 쓰면 뱉는 이들이 우글우글한 것이 인간 사회다. 그런 만큼 단순히 후하게 대접하고 은혜를 베풀었다는 것만으로 사람의 목숨까지 살 순 없다.

제갈탄은 처음 이부랑吏部郎 관리 임용을 맡은 자리에 있을 때 누가 사람을 추천하면 그 말을 기록해 두었다가 일처리 하는 것을 비교해 득실을 공개적으로 따졌다. 모든 관리들이 추천하는 인물에 대해 신중하지 않을 수 없었다. 이 일화가 예시하는 것은 부하들로부터 충성을 이끌어낼 때 그만의 용의주도함이 강렬하게 작용했다는 것이다.

'제도를 허물어가며 사람을 살렸다'는 구절도 새롭게 볼 필요가 있다. 배송지는 제갈탄을 다소 못마땅한 시선으로 바라보지만, 당시 위나라 형벌은 가혹하기 그지없었다. 사소한 잘못도 죽을죄에 해당됐으니 법을 어겼다 하더라도 억울해 하는 사람이 많았다. 특히 재물이나 연줄이 없는 이들이 겪는 고통은 극심했다.

제갈탄은 미래를 염두에 두고 이런 점을 잘 살폈다. 덕분에 곤경에 빠졌다가 광명(?)을 찾은 이가 한둘이 아니었다. 목숨 걸고 아랫사람들을 챙긴다는 소문이 퍼지자 명성은 더 높아졌다. 당연히 사람들이 따르지 않을 리 없었다. 그는 이렇게 확보한 이들을 가산까지 탈탈 털어 대우했다. 그를 따르던 무리가 "목을 내놓을지언정 항복하지 않겠다. 제갈공을 따라 죽으니 여한이 없다"고 말한 것은 그래서 필연적인 귀결이었다.

당나라 사람 육우陸羽는 자신을 평가한 《자전自傳》에서 이렇게 말한다.

남과 한번 신뢰를 맺으면 빙설이 깔린 천릿길이라 하더라도, 호랑이와 시랑豺狼 승냥이와 이리이 길을 막아서더라도 신의를 배신하는 일이 없었다.

흡사 제갈탄을 따르던 무리가 하고 싶은 말을 대신하는 듯하다.

사마씨 정권이 워낙 공고했기에 제갈탄은 거병에 실패했다. 그렇지만 제갈탄의 생애를 두고 후인들은 '제갈 가문이었기에…'라는 말을 쓰곤 한다. 용에 비견되는 량과 범으로 호칭되는 근에 버금가는 캐릭터를 지니고 있었다는 설명이다. 위나라 제갈문諸葛門은 그래서 촉한과 오에 뒤지지 않는 당당한 자태를 뽐낸다.

죽음 앞에 선 그들_

명나라 사람 손분孫蕡[38]은 절명시絶命詩로 유명하다. 극한의 슬픔을 느끼게 하는 그의 시는 고금의 학자들이 왕왕 인용하는 명구다.

북소리는 다급하고 서산마루에 해는 떨어지는데
황천길엔 묵을 곳이 없으니 오늘은 누구 집에서 묵어갈까!

망나니가 휘두르는 칼날을 바라보며 처량하고 고적한 황천길로 홀로 떠나야 하는 애달픔을 생생한 어조로 그려내고 있다.

죽음 앞엔 장사가 없다. 한껏 호기를 부리며 살다가도 막상 죽음을 맞게 되면 그럴 수 없이 약해지는 게 인간이다. 이지적인 생존기질로 똘똘 뭉친 조조도 장생불로설을 제대로 믿지는 않았으나, '감시, 방방, 정년 같은 사람을 등용해 방술을 물어 시행하곤 했다'는 구절이 사서에 등장하는 것을 보면 생명 연장에 대한 집착을 버리지 않았던 것으로 보인다.

《연의》에서 조조를 한껏 희롱하는 술사로 나오는 좌자左慈는 조조가 공식적으로 초청한 방사方士 16명 중 한 사람이라는 기록이 《박물지博物志》[39]에 있다. 조조는 특히 오곡을 먹지 않음으로써 생명을 늘이는 방법에 대해 상당한 관심을 쏟았던 것으로 전해진다. 일순간에 목숨이 오가는 전장을 단 한번도 위축됨 없이 제집 안마당 거닐 듯했던 조조도 이러했을진대 다른 범인들이야 따로 설명할 필요가 있을까.

그래서 죽음 앞에 당당한 이에게는 절로 고개가 숙여진다. 송나라 재상 문천상文天祥은 송을 침공한 원나라에 맞서다 포로로 잡혀 3년간 구금생활을 했다. 갖은 방법으로 항복을 권유하는 홀필렬忽必烈 쿠빌라이에게 "예로부터 사람으로 태어나 죽지 않는 자 누가 있었던가? 일편단심을 남겨 청사靑史를 비추리라!" 하고 응수했다. 남아의 장렬함이 온몸을 전율케 한다.

남조 유송劉宋 유유가 세운 송나라의 명사였던 왕욱은 조정으로부터 의심을 사 사약을 받게 됐다. 사약을 담은 칙서가 도착한 날 강주에 있던 왕욱은 손님과 바둑을 두고 있었는데, 칙서를 보고도 태연했다. 이윽고 공방이 끝나자 왕욱은 천천히 말했다.

"사약을 받았소이다. 그러나 이 술은 권할 수 없소이다."

그리고는 약을 마시고 숨을 거두었다. 무심하고 단정한 태도 속에 잘 갈무리된 자존심이 눈시울을 붉히게 한다.

관우가 손권에게 잡혔을 때다. 손권은 웅호지장熊虎之將 곰과 호랑이처럼 용맹한 장수으로 불리던 관우를 설득해 자기 사람으로 만들고 싶어했다. 그래서 관우에게 은근히 항복을 권유한다. 그러자 관우는 코웃음을 치면서 "나는 죽는 것을 고향으로 돌아가는 것처럼 여긴다"며 제의를 일축한다. 범인들은 언감생심 흉내도 못 낼 기상이다.

《연의》에 나오는 이 이야기는 기록으로 전해지진 않는다. 다만 《촉기蜀記》라는 책에 손권이 측근들에게 관우를 살려두어 조조에게 대항케 하려는 뜻을 밝히자 신하들이 극력 반대했다는 구절이 있다. 배송지는 이를 두고 당시 지형과 정황을 살펴볼 때 관우를 살리려는 의논은 있을 수 없었다고 못 박고 있다.

물론 평소 태도로 미루어 관우는 설령 손권이 직접 항복을 권유했다 하더라도, 눈 한번 깜짝하지 않았을 게 분명하다.《정사》에는 손권이 포로로 잡은 관우를 임저에서 처형한 내용만 담담하게 실려 있다.

그렇지만 이런 기상이 소설에만 있는 것은 아니다. 위나라 명사로 이름 높았던 하후현은 자신과 어울렸던 조상이 사마사에게 주살당한 뒤 모반죄에 얽혀 죽음을 당하게 된다.《자치통감》에 따르면 옥에 갇힌 그는 취조관인 종육에게 말한다.

"나에게 무슨 죄가 있단 말이오. 경이 내 대신 공사供辭 죄인이 죄를 진술한 글를 쓰면 될 것 아니오."

친분이 깊던 종육에게 항변 아닌 항변을 한 셈이다. 종육은 끝내 그를 굴복시키지 못한 채 대신해 공사를 썼다. 그런 후 눈물을 흘리면서[40] 공사를 하후현에게 보여주자 그는 단지 고개를 끄덕거릴 뿐이었다. 하후현은 동시東市 처형장로 끌려갈 때 얼굴색 하나 변하지 않고 행동거지가 태연자약했다고 한다.

《정사》에는 기록이 조금 더 있다.

하후현은 도량이 크고 세상을 구하려는 뜻을 품었던 인물이었다. 동시에서 참형을 당하면서도 안색을 바꾸지 않고 아무 일도 없었다는 듯 행동했다. 이때 그의 나이 마흔여섯이었다.

당나라 때 저작인 《몽구蒙求》[41]에는 97번째 이야기 주제로 '태초일월太初日月'이란 구절이 등장한다. 태초는 하후현의 자字로, 이 말은 곧 하후현이 해와 달을 품고 있는 듯한 기상을 지녔다는 말이다.

《어림語林》[42]에는 "하후현이 기둥에 기대어 글을 쓰고 있었는데 마침 큰 비가 오면서 벼락이 쳐 기둥이 부서졌다. 빈객과 좌우 사람들이 혼비백산했지만 하후현은 옷이 그을렸음에도 안색도 바꾸지 않은 채 종전 그대로 글씨를 썼다"는 기록이 보인다. 담 크기가 한 말은 족히 넘지 않았나 싶다.

하후현은 젊은 시절 황문시랑黃門侍郎[43]으로 근무할 때 대궐에서 황후의 아우 모증毛曾과 같이 앉았는데 이를 부끄러워했다고 한다. 모증은 명제가 지극히 사랑하던 모황후의 동생이다. 황제의 총애를 한몸에 받던 권세가였다. 그러나 사람들이 다들 부러워하는 그를 하후현은 비루하다고 여겼다. 누이 잘 만난 벼락출세한 '졸부' 정도로 여겼다. 그래서 모증과 한자리에 있다는 사실 자체를 부끄러워한 것이다.

이 일로 하후현은 명제로부터 미움을 받았다. 황문시랑이란 중책에서 낮은 벼슬로 좌천까지 당했다. 하지만 세상 사람들은 하후현이 젊어서부터 부귀와 권세를 두려워하지 않는 품격을 지니고 있었다고 평가한다. 그런 사람이 죽음 앞에서 속된 모습을 보일 리 없는 것이다.

이탁오는 명저 《분서焚書》에서 관우나 하후현과 같은 죽음을 '다섯 가지 훌륭한 죽음' 중 세 번째에 해당된다며 "굴복하지 않고 죽는 것은 의롭다. 이들의 죽음은 열렬한 장부의 죽음이요, 비범한 것"이라고 강조한다. 다만 남에게 제압당한 한이 있을 것이라고 말한다.

하후현이 담량으로 죽음에 임했다면 사마부는 절조로 죽음을 마무리한 것으로 유명하다. 당시로써는 기록적인 93살까지 산 그는 이런 유언을 남겼다.

위나라 정사貞士 맑고 곧은 선비 사마부는 자字는 숙달로 이윤 및 주공만 못했고, 관중과 유하혜춘추시대 노나라 현자만도 못했다. 다만 입신행도立身行道 뜻을 세워 걸어온 길만은 시종여일했다. 죽은 후 염할 때 응당 평소에 입던 옷을 입히고 관도 소박한 것을 쓰도록 하라.

평범한 말 같지만 이 속엔 깊은 뜻이 담겨 있다. 사마부는 다름 아닌 사마의의 친동생이다. 성정이 충신忠愼 충성스럽고 신중함하여 형이 권력을 잡았을 때 늘 겸손했으며, 후에 사마씨 가문이 제위를 찬탈하려고 모의를 할 때도 거기에 참여하지 않았다. 권력가 집안사람임에도 전혀 그런 행세를 하지 않았다는 말이다.

그는 끝까지 위나라에 충성을 바치려 했으나, 위나라가 진나라로 바뀌는 도도한 흐름을 막을 길이 없었다. 그렇지만 한번도 권력에 빌붙는 자세를 보이지 않았으며, 죽음에 이르러서도 곧은 위나라 선비라고 자신을 표현했다.

원래 집안사람이라 하더라도 이럴 경우 '왕따'를 당하기 십상이다. 하지만 경제景帝 사마사와 문제文帝 사마소는 그가 일족 중에서 크게 존숭받고 있었기 때문에 감히 핍박하지 못했다. 또 사마염은 황제로 즉위한 후 그를 더 융숭하게 대접했다.

원래 중국에서는 오래전부터 생을 임시 숙소로, 죽음을 본래 거처로 보는 관념이 있었다. 《회남자》는 삶을 도道의 가택假宅으로, 죽음을 도의 본택本宅으로 표현하고 있다. 《열자列子》[44] '천서天瑞'편에는 "죽음은 득교得儌 사물이 각기 돌아갈 곳을 얻음를 뜻한다. 옛날에는 사인死人을 귀인돌아간 사람이라고 불렀다. '사인'을 '귀인'이라고 부른 것은 곧 생인生人 산 사람을 행인行人 길가는 사람으로 부른 셈이다"는 구절이 있다.

후인들에게도 이 관념은 그대로 전달된다. 도연명은 《잡시雜詩》에서 "집이란 나그네가 머무는 임시 숙소이니, 나는 마땅히 떠나야 할 나그네와 같아라"라고 노래했다.

하지만 범인들에게 이처럼 '미련 없이 생을 훌훌 털고 마칠 것'을 요구하는 건 사실 무리다. 용기와 절조로 삶을 마감했다는 건 빛나는 훈장이지만, 장삼이사張三李四 평범한 사람들가 이를 그대로 따라 하기란 말처럼 쉽지 않다. 굳이 조조를 예로 들지 않더라도 영웅들의 풍모를 잣대로 다른 사람들을 무조건 비난하는 것은 그래서 온당치 않다는 생각이 든다.

나이 마흔일곱에 병사한 마초馬超가 죽음을 앞두고 황제 유선에게 보낸 편지는 영걸조차도 그렇게 하기가 쉽지 않음을 잘 보여준다. 이 편지에는 공명을 이루지 못하고 일찍 세상을 떠나게 된 것을 원망하는 '비통함'이 가득 차 있다.

집안사람 200여명은 조조에게 주살돼 전멸하다시피 했습니다. 오직 사촌 동생 마대馬岱만이 있을 뿐입니다. 쇠락한 집안 제사를 이을 사람이니 폐하께 간절히 부탁드립니다.

편지는 강인羌人 중국 서북쪽에 살던 용맹한 민족들에게 천신 같은 장수로 우러름을 받던 마초도 결국 범부에 지나지 않았음을 잘 보여준다. 그렇기에 일세를 흔들던 여포呂布가 조조에게 목숨을 구걸하고, 관우에게 사로잡힌 우금于禁이 살기 위해 항복을 한 행위도 '도덕과 절의'라는 시대의 꺼풀을 벗겨 내면 오히려 자연스럽게 여겨진다.

위문제 조비는 방덕龐德처럼 전장에서 죽지 않고 관우에게 항복했다가 살아 돌아온 우금을 증오했다. 그래서 아버지 조조 묘에 방덕이 관우와 군건하게 맞설 때 우금이 목숨을 애걸하는 그림을 그려 놓고, 우금을 묘지에 참배하도록 했다.

우금은 당연히 부끄러울 수밖에 없었다. 참담한 마음이 병이 되어 죽고 말았다. 후세 사가들은 이에 대해 우금을 칭찬할 순 없지만 그림을 통해 그를 압박한 조비의 처사가 지나치게 용렬했다며 우금을 거든다. 인정으로 따지자면 이게 맞는 말이다.

삼국시대가 끝나고 그 시대를 배경으로 하는 사서나 민간 전승물이 속속 등장하면서 죽음 앞에서 의연하지 못했던 이들은 가혹할 정도로 필주筆誅 허물이나 죄를 글로써 꾸짖음에 시달렸다. 이 같은 필주는 《연의》가 완성된 모습을 드러낸 원나라 때 그 절정에 달했다.

심지어 대시인 소동파蘇東坡는 조조가 죽을 때 자신을 섬기던 시비들에게 남긴 유언을 놓고 혀를 쯧쯧 차며 말했다.

"죽기에 앞서 하염없이 훌쩍거리며 아녀자들에게 미련을 못 버린 채 향을 나눠주며 짚신을 삼아 팔라고 하니 도대체 뭘 하자는 것인가?"

후인들이 조조의 인간미를 엿볼 수 있는 대목이라고 칭송하는 이 유언이 대시인이 보기에는 한마디로 용렬한 짓거리라는 것이다.

진晉나라 시인 육기陸機는 조조를 기리는 제문에서 이에 대해 "자잘한 생각을 규방閨房 아녀자들이 거처하던 곳에 남겨 유언이 세세했던 것은 유감"이라고 점잖게 말했다. 영웅으로 불리던 조조였지만 죽음 앞에서 자신을 따르던 여인들을 한번쯤 관대한 시선으로 바라본 정도라는 설명이다. 그렇지만 이 대목에서도 '모름지기 영웅이란 그런 자잘한 자취도 남겨선 안 된다'는 요구가 도사리고 있다.

삼국시대를 수놓은 주인공들은 아직도 역사라는 큰 짐에서 벗어나지 못하고 있는 듯하다. 특히 목숨에 애착을 가졌던 이들은 더 그렇다. 이제 한번쯤 그들을 이해하는 시선으로 바라보는 건 어떨까?

물론 이런 경우에도 반복무쌍의 대명사로 일컬어지는 여포는 예외로 하는 게 옳겠다.

만약 시랑 같은 인간으로 알려진 여포를 복권시킨다면 후인들을 이끌 감계鑑戒 교훈이 될 만한 본보기가 사라지게 된다. 여인들에게 애틋한 정을 남긴 조조나 지략과 무용을 인정받았지만 단지 죽음 앞에서 위축되고만 우금 정도로 그치는 게 좋지 않을까.

슬픈 양자_

유비의 양자로 활약한 유봉劉封의 원래 이름은 나후 구씨, 구봉寇封이다. 유비는 형주 유표에게 몸을 맡기고 있을 때 번성에 살던 유필을 방문한 자리에서 생질인 그를 처음 만났다. 유비는 구봉을 보자마자 빼어난 자태에 홀딱 반해 유씨 성을 하사한 뒤 양자로 삼았다.

《연의》에는 뒷날 어지러운 일이 생길 것을 우려한 관우가 유비에게 이를 말리자 "내가 저를 지성으로 대한다면 무슨 일이 있겠는가"라고 대답하는 장면이 나온다. 관우가 말한 어지러운 일이란 곧 후계문제다. 유비 사후 양자와 친자 간에 분쟁이라도 생긴다면 곤란하지 않겠느냐는 말이다.

《연의》에는 유비가 아두유선를 낳은 뒤 유봉을 양자로 맞아들인 것으로 되어 있다. 그래서 독자들은 관우가 미래를 걱정하는 데 대해 '그럴 수도 있겠구나' 하는 느낌을 가진다. 하지만 실제로 아두는 유봉을 양자로 맞아들인 후 태어났다. 나이가 들도록 아들이 없었던 유비 심중에는 유봉을 후계자로 삼을 만하다는 생각도 있었으리라. 그러나 아두가 태어나는 바람에 '양자 입양'은 비극으로 막을 내린다.

《정사》는 유봉을 용맹하고 기력이 뛰어난 장수로 기록하고 있다. 그는 유비 진영에 몸을 담은 이래 별로 패한 적이 없다. 유비가 서천으로 진입할 때 제갈량·장비와 함께 장강을 거슬러 서쪽으로 올라가며 가는 곳마다 승리를 거뒀다. 그런가 하면 필요한 전투에 수시로 투입돼 곤란을 타개하는 데 앞장섰다.

《연의》에는 유비와 조조가 대치한 한중 싸움에서 그 유명한 '자식론'이 등장한다.

유비가 유봉을 선봉으로 내세워 조조를 압박하자 조조는 "너는 항상 수양아들을 내세우는구나. 만약 이 자리에 내 아들 황수아曹彰가 있었다면 네 아들놈 멱을 땄을 텐데"라며 분을 이기지 못한다. 유봉이 용맹한 기상을 지녔음을 반증하는 대목이다.

한중 전투 이후 유봉은 맹달孟達과 함께 위나라 공략의 거점인 상용을 지키게 된다. 그가 나락으로 빠지는 시점은 여기서부터다. 상용은 형주와 가깝기에 형주를 지키던 관우는 위와 오로부터 협공을 당하자 유봉에게 구원을 요청한다.

유봉이 군사를 일으키려 하자 맹달은 이런 유봉을 말린다. "숙부라고는 하나 관우는 예전부터 당신을 고깝게 생각했다. 섣불리 나섰다간 오히려 상용을 잃을지도 모른다"고 꼬드겼다. 유봉은 결국 관우의 요청을 외면했고, 꼭 이 때문만은 아니지만 아무튼 관우는 패장이 되어 목숨을 잃는다.

유봉과 한배를 타고 있었으나 맹달은 스타일이 유봉과 많이 달랐다. 상용을 지키면서 사사건건 의견충돌을 일으키다 위나라에 항복한 후 한솥밥을 먹던 유봉을 공격했다. 유봉은 전투에서 패해 패잔병들을 이끌고 수도인 성도로 돌아갔다.

처음 유비는 관우가 죽었다는 소식을 듣고 구원에 나서지 않은 유봉에게 깊은 원한을 가지게 됐다. 그래서 유봉이 돌아오자 맹달이 위나라로 도주하고 관우가 궁지에 빠진 것을 구해내지 못한 죄를 물어 그를 죽였다.

《연의》에는 이 과정이 드라마틱하게 그려져 있다. 여기에는 유비가 대의를 위해 유봉을 죽인 것으로 돼 있다. 숙부인 관우를 구하지도 못했고, 지키던 성도 위나라에 빼앗겼기 때문이다. 그러나 이 어투는 《연의》가 소설로써 골격을 갖춰가던 시절 민간에서 만들어 낸, 의義를 존중한 감정의 결과물이다.

후대 학자들은 이구동성으로 《연의》에 담긴 내용이 역사적 사실과는 다르다고 말한다. 유비가 관우를 구하지 못한 데 대해 유봉에게 책임을 물은 것은 사실이나, 유봉이 죽임을 당한 이유는 따로 있다는 것이다.

전말은 이렇다. 유봉은 자태도 빼어났지만 성격이 강맹強猛 굳세고 사나움했다. 제갈량은 유비가 죽는다면 이 같은 성격의 유봉을 제어하기가 어렵다고 우려했다. 양자라고는 하지만 어엿한 왕유비는 당시 한중왕이었다의 아들이 아닌가?

그래서 유비가 유봉에게 죄를 묻자 의부義父와 의자義子를 조정하기는커녕 유비에게 이참에 그를 제거하라고 권한다. 유비가 살아있는 동안에 아들 문제를 똑바로 처리하여 후계자로 책봉된 아두가 왕위를 계승하는데 분쟁이 생기지 않도록 하겠다는 것이었다. 이는 당대 사람들도 다 알고 있는 일이었다.

때문에 맹달은 위나라에 투항한 뒤 편지를 보내 유봉을 회유했다.

지혜가 귀한 것은 화를 면할 수 있기 때문이고, 고명한 식견이 존중받는 것은 사태를 통찰함이 있기 때문이오. 지금 아두가 후계자로 세워진 뒤 식견 있는 사람들은 당신에게서 두려움을 느끼고 있소. 한중왕유비의 측근들은 반드시 한중왕에게 당신을 참소할 것이오. 화가 장차 이르게 될 것임을 알면서 그곳에 머무는 것은 지혜가 아니오!

유봉은 이 같은 도발에 따르지 않았다. 아마도 그 마음속에는 유비와 오랜 기간 동고동락한 의리가 똬리를 틀고 있었음이 틀림없다. 유봉은 자살을 명받자 비로소 "맹달의 말을 듣지 않은 것이 한스럽구나" 하고 탄식했다.

청나라 사학자 전진굉은 이에 대해 이렇게 말했다.

"관우를 구하지 못한 죄로 유봉을 꾸짖는 것은 좋다. 하지만 만약 장래에 유봉을 제어하는 것이 어렵게 될 것을 우려하여 그를 죽였다면 그것은 실없이 죽인 것이 된다. 심하도다. 신한申韓이 사람을 해害함이여!"

신한이란 법가 사상가인 신불해申不害와 한비韓非를 말한다. 즉 전

후 사정이나 개인 처지를 전혀 고려하지 않고 특정한 목적을 위해 사람을 엄혹하게 사지로 몰아넣었다는 뜻이다.

유봉은 무용이 뛰어나 군공軍功이 발군이었고, 감언甘言에 귀 기울이지 않고 시종 유비에게 충성하려고 했다는 게 정설이다. 학자들의 분석을 종합하면 그가 직면한 비극은 바로 유비의 양자였기 때문이다. 그렇지 않다면 그가 그렇게 일찍 죽었을 리 없다. 한 사람의 장수가 아쉬운 촉한에서 그만한 재능을 지닌 사람을 실없이 없앨 이유가 없는 것이다.

제갈량은 군주권 확립을 위해 필요하다면 비정한 수단에 호소하는 것도 사양하지 않았다. 입촉入蜀 이후 형벌을 엄하게 적용하자 참모들은 그에게 '약법삼장約法三章'으로 천하를 다스렸던 한고조를 상기시키며 어진 정치를 펼 것을 권했다. 하지만 그는 촉을 다스렸던 유언·유장 부자가 '신상필벌信賞必罰'을 소홀히 한 나머지 종국에는 기반을 강탈당했다며, '되는 일도 없고, 안 되는 일도 없는' 문화를 없애기 위해서는 엄정함이 필수적이라고 맞선다.

그는 유비가 죽은 후 양자와 친자 구도가 갈등을 일으키는 것을 원치 않았다. 아무리 자신이 실권을 쥐고 있더라도 강맹한 유봉이 신분을 내세우며 브레이크를 걸 경우, 국정이 순탄하게 흘러가기를 기대하기란 어려웠다. 그랬기에 비정하기는 해도 그에게는 유봉을 미리 제거하는 게 옳은 방향이었다. 법가주의자인 공명에게 종종 따라붙는 마키아벨리스트Machiavellist란 말은 그저 생긴 게 아니다.

한신이 괴통蒯通의 말을 듣지 않아 미앙궁未央宮에서 화를 당했듯,

유봉은 맹달의 말을 흘려들어 자신을 패망으로 몰아넣었다. 그러나 그가 만약 맹달의 말대로 위나라에 항복했다면 유비가 거두어 보살핀 정을 배신한 '역사적 패륜아'로 낙인 찍혔으리라.

유비는 유봉이 자살했다는 전갈을 듣고 눈물을 흘렸다고 한다. 이 눈물은 보기에 따라 여러 가지 해석이 가능하다. '그래도 고락을 같이한 아들이었는데…'라는 마음에서 우러난 것일 수도 있고, 양아들을 죽인 자신을 비판할 주변을 의식한 제스처일 수도 있다.

중국사가 심백준이 "유비가 유선을 위해 유봉을 죽인 것은 당시 촉한 사람이라면 다 아는 일"이라고 말하고 있음을 상기하면, 여기에는 '피는 물보다 진하다'는 동양적 전통이 잘 묻어난다. 그런가 하면 항상 인의仁義를 내세웠지만 언제나 판단은 정치적일 수밖에 없었던 유비의 고단한 처지도 잘 읽혀진다고 볼 수 있다.

위연과 양의, 그 혹독한 대립_

조직에는 대립하는 사람들이 있기 마련이다. 개성이 다르고 뜻이 맞지 않으면 조정자도 골머리를 앓게 된다. 법가에 기반을 둔 신상필벌 원칙에 의거, 촉한의 조야朝野 정부와 민간를 새롭게 바꾼 제갈공명도 예외일 수는 없었다.

대군을 이끌고 위나라 정벌에 나섰던 공명은 항상 위연魏延을 선봉으로 내세웠으며, 양의楊儀를 군수행정 책임자로 데리고 다녔다.

위연은 장사長沙에서 유비 진영에 합류한 이래 뛰어난 무용과 지략으로 북벌군 진영에서 제 몫을 톡톡히 해냈다.

유비가 출정을 할 때면 군영軍營에는 늘 이런 이야기가 돌았다고 한다.

모사에는 법정이 있고, 무장에는 위연이 있다.

공명은 인간적으로 위연을 신뢰하지 않았지만 그 용맹을 높이 평가하면서 수족처럼 여겼다.

양의는 계획을 짜서 부대를 편성하고 군량미를 계산하는 데 탁월한 능력을 발휘했으며, 일처리가 매끄러워 공명으로부터 전폭적인 아낌을 받았다. 그가 처음 유비를 만났을 때 유비는 양의가 군사와 국정에 대해 치밀한 방책을 지니고 있음을 발견하곤 그를 매우 우대했다.

촉군 진영의 대들보인 두 사람은 그러나 사사건건 대립했다. 위연은 군수참모에 불과한 양의가 촉한의 대장인 자신을 업신여긴다며 번번이 잡아먹을 듯 양의를 비난했다. 양의는 양의대로 위연을 칼 든 무사로 평가절하하면서 자신의 재략을 존중하지 않는 데 대해 불만을 품고 이를 갈았다. 두 사람에게 의지하고 있던 공명은 항상 두 사람이 사이좋게 지내지 못하는 것을 한스러워하면서 어느 한쪽으로 치우쳐 다른 한쪽을 버리는 일을 하지 못했다.

《정사》 촉서 '비의전費禕傳'에는 이런 이야기가 실려 있다.

건흥 8년서기 230년에 비의는 사마 벼슬로 자리를 옮겼다. 이때 군사 위연과 장사 양의는 늘 서로 미워하여 한자리에 앉을 때마다 논쟁을 벌였다. 어떤 때는 위연이 칼을 들고 양의를 죽이려 해 양의가 얼굴 가득 눈물을 흘렸다. 비의가 두 사람 사이에 앉아 옳고 그름을 깨우쳐 주었다.

내용은 비의가 가운데서 조정자 역할을 훌륭하게 수행한 것을 강조한 것이지만, 이 기록은 위연과 양의 간의 반목이 얼마나 심했는지 여실히 전한다.

죽을 때까지 대립관계를 청산 못한 두 사람에게서 공통적으로 발견되는 것은 오만과 시기다. 위연은 사졸을 잘 양성하고 뭇 사람들을 뛰어넘는 용맹을 지니고 있었으나 성격이 오만하기 그지없었다. 특히 자신을 따르지 않는 사람들을 늘 비난했기 때문에 당시 촉한 사람들은 대부분 그를 꺼렸다.

위연은 심지어 '자오곡子午谷을 통한 전격전'을 공명이 받아들이지 않자 공명을 공공연히 겁쟁이라고 비난하면서 자신의 재능이 십분 발휘되지 않음을 한탄했다. '자오곡을 통한 전격전'은 후대에까지 많은 논란을 불러일으키고 있는 기습작전이다. 공명은 '육출기산六出祈山 여섯 번 기산으로 나감'이란 말이 웅변하듯, 위나라 공략에 나설 때 늘 정면승부를 지향했다. 평원으로 나가 진영을 마주한 채 상대와 전면전을 벌였다는 말이다.

 주장한 기습작전은 진령산맥의 오른쪽 협곡인 자오곡을 따라 위나라 서부지역 중심지인 장안長安을 단번에 우려빼자는 전격전이었다. 자오곡은 서촉에서 중원으로 나가기 위해 꼭 거쳐야 하는 3가지 길 가운데 하나로, 서촉지방과 중원을 막고 있는 진령산맥 3로路 중 가장 오른쪽에 있는 길이다. 이 작전은 위연이 그저 호기에 차 한 소리가 아니다. 일찍이 한나라 명장 한신이 이 길을 따라 삼진三秦[45]을 평정한 선례가 있다.

하지만 공명은 이 계책이 좋기는 하나 위험성이 너무 크다고 판단했다. 《연의》에는 공명이 "위나라에는 사람이 없는 줄 아는가? 만약 매복 병력이 있다면 우리 군사는 전멸할 것"이라고 말하는 대목이 나온다. 한신의 선례가 있기에 오히려 더 위험할 수도 있다는 판단이었다.

사마의가 공명을 일컬어 다모소결多謀少決 꾀하는 바는 많으나 결단력이 부족함이라고 한 것에 비춰보면 위연의 주장에 힘이 실린다. 어차피 약소국인 촉한이 대국인 위나라를 이기기 위해서는 허를 찌르는 기습작전이 불가피한데 공명은 그 점을 고려하지 않았다는 뜻이다.

왕치진王輜塵도 《제갈무후 평전》에서 비슷한 시각을 전한다. 그는 공명이 자오곡 전격전을 쓰지 않은 것은 모험을 두려워했기 때문이라고 분석한다.

하지만 공명이 북벌에 나서기 전 몰래 손을 잡고 위나라 배후를 치기로 했던 맹달이 사마의에게 공격당해 죽는 사건이 발생했다. 게다가 위나라 조정을 이간시키려던 반간계反間計 위황제와 장수들을 이간시킬 계책도 실패했다. 믿을 구석이 모두 사라진 국면에서 공명은 쉽사리 모험을 택할 수 없었다. 기습전이 실패할 경우 군대 사기는 물론 북벌 구도 전체가 흔들릴 수 있는 상황이었다. 때문에 왕치진과 달리 공명을 옹호하는 학자들도 많다.

하지만 무장인 위연은 일거에 승패를 결정짓지 않으면 북벌은 가망이 없다고 생각했다. 그랬기에 전격전을 계속 주장하면서 이 계책을 받아들이지 않는 공명을 겁쟁이라고 비난했던 것이다. 공명은 위연이 이런 말을 지껄이고 다니고 있음을 잘 알고 있었다. 그가 필요한 사람이었기에 책임추궁을 하지 않았을 뿐이다.

양의 또한 북벌군 진영에서 자신과 견줄 만한 사람이 없다고 여겼다. 묵묵히 일하는 다른 사람들이 공을 세우는 일이 생기면 시기와 질투를 그치지 않았다. 그래서 공명은 양의가 가진 실력에도 불구하고 그를 후계자로 삼는 것을 포기했다.

촉한 사람 양희는 《계한보신찬季漢輔臣贊 촉한의 신하들을 찬탄한 글》에서 이렇게 썼다.

양위공양의, 위공은 양의의 字은 마음이 좁았다. 한가할 때는 법도를 따랐지만, 위급한 때에는 사람을 상하게 했다.

길고 긴 대립이 두 사람에게 준 상처는 깊었다. 공명은 오장원五丈原에서 숨지기 전 군대 철수를 비롯한 뒤처리를 양의에게 맡겼다. 공명이 죽고 철수가 시작되자 위연은 선봉대장인 자신이 일개 군수참모의 명을 받아 일을 하는 것은 부당하다며 휘하 병사들을 이끌고 양의를 공격했다.

하지만 이런 행위가 공명의 유지遺志 죽을 때 남긴 명령에 반하는 것이라는 사실이 알려지자 병사들이 이탈했다. 고립된 위연은 결국 양의가 보낸 추격병에 의해 주살 당했다.

《연의》는 이 대목을 공명이 마대에게 밀계密計를 담은 금낭을 맡겨 위연을 참하는 것으로 묘사하고 있다. 놀라운 반전이 눈길을 사로잡는 장면이다.

촉한의 대장으로 한 시대를 풍미했던 위연은 이처럼 어이없이 죽었다. 게다가 양의는 조정에 보고를 하면서 위연이 군대를 이끌고 위나라에 투항하려 한다고 모함했다. 사후 누명이 벗겨지긴 했지만 그로서는 억울하기 짝없는 일이었다.

양의는 위연의 머리가 도착하자 발로 밟아 지근대면서 "이 보잘것없는 놈아! 또 나쁜 짓을 하겠느냐?"며 분풀이를 한 뒤 위연의 삼족을 멸했다. 그가 평소 위연에게 품고 있던 한이 얼마나 컸는지를 짐작하게 하는 대목이다. 그런 한편 이 구절에 이르면 양의가 개인적인 한에 집착한 '작은 인간'이란 생각을 지우기 어렵다.

위연을 제거하고 군대 철수를 성공적으로 마무리 지은 양의는 그 공로로 보아 당연히 자신이 공명의 후계자가 될 것으로 생각했다. 그렇지만 생전에 공명이 안배한 대로 조정의 대소사는 장완이 맡게 됐다. 양의는 장완에게 밀려 벼슬은 높지만 실권은 없는 한직에 임명됐다. 그러자 양의는 불평과 불만을 그치지 않았다. 장완은 애당초 양의보다 출사出仕 벼슬길에 나서는 일가 늦었을 뿐 아니라, 한때 그보다 아랫자리에 있었기 때문에 양의가 느끼는 박탈감은 더했다.

그러다 주변 사람들에게 "이럴 줄 알았으면 그때 차라리 군대를 이끌고 위나라에 투항하는 것이 좋을 뻔 했다"는 극언까지 서슴지 않았다. 결국 이 말이 조정으로 흘러들어 가고, 이 말을 반역으로 간주한 조정은 그를 서민으로 내쫓았다. 그러나 양의는 유배지에 이르러서도 반성하는 빛이 없었다. 그는 또다시 상소문을 올려 자신을 홀대한 조정을 격렬하게 비방하다 체포당할 처지에 놓이자 마침내 자살했다.

비의가 예전에 오나라에 갔을 때다. 위연과 양의가 불목한다는 사실은 이즈음 오나라에도 널리 알려져 있었다. 손권은 술에 취해 비의에게 이렇게 말했다.

"양의와 위연은 천박한 소인들이오. 비록 계명구도鷄鳴狗盜의 능력은 있으나 일단 뜻을 이루면 기쁜 나머지 틀림없이 자신의 본분을 잊을 것이오. 그들을 임용한 지 오래돼 그 세력을 얕보기 어려운 만큼 만약 제갈량이 없다면 큰 화란이 생길 것이오. 그대들은 어리석게도 이런 일에 대비해야 함을 모르고 있소."

《연의》는 이런 시각을 바탕으로 위연이 반골反骨 반란을 일으킬 골상을 지닌 인물임을 강조한다. 공명이 장사에서 투항한 위연을 처음 보고 반란을 일으킬 상이라고 말하는 것은 위연의 미래를 염두에 둔 문학적 복선이다.

시대는 인걸을 낳고 인걸은 공명을 이룬다고 했다. 그러나 인걸로 평가받은 두 사람은 '개인적인 원한'에 사로잡힌 나머지 비극적인 결말을 맞았다. 게다가 그 비극을 후손들에게까지 안기는 우를 범했다.

《회남자》 '인간훈人間訓'에 등장하는 유명한 이야기는 두 사람을 지칭해 말하는 듯하다.

화는 그 사람 자신이 만들어내는 것이요. 복도 그 자신이 만들어내는 것이다. 화와 복은 문門을 같이하고, 이利와 해害는 이웃이 된다.

그래서 가뜩이나 약소국인 촉한의 국력을 한 단계 떨어뜨린 그들에 대해 진수는 다른 수식어가 필요 없는 멋진 평론을 붙여놓았다.

그들이 초래한 재앙과 허물은 그들 자신으로부터 나오지 않은 것이 없었다.

재능과 야망의 종말_

재능이 과인過人 남보다 뛰어남한 사람은 대체로 말년이 좋지 않다. 재능에 뿌리를 둔 과신과 독선 때문에 주변으로부터 질시와 경계를 받기 때문이다.

오나라 제갈근의 아들인 제갈각諸葛恪과 위나라 종요鍾繇의 아들인 종회鍾會는 어릴 때부터 재지才智와 총명이 남달라 기대를 한몸에 모았지만, 오만과 독선이 지나쳐 종국에는 패가망신했다.

그들이 살아간 여정은 마치 불꽃이 활활 타오르는 듯했다. 다들 그 화려함을 우러르며 경탄해 마지않았다. 그러나 그 불꽃은 한순간에 잿더미로 변하고 만다.

제갈각이 어렸을 적 이야기다. 아버지 제갈근은 얼굴이 당나귀처럼 길었다. 손권은 신하들이 대거 모인 자리에서 당나귀 한 마리를 끌고 들어와 그 얼굴에 봉투를 붙이고 제갈자유라고 쓰도록 했다. 자유子瑜는 제갈근의 자字다.

당나귀가 졸지에 제갈근으로 바뀌자 좌중은 이를 두고 깔깔대고 웃었다. 그러자 아버지를 따라 그 자리에 왔던 제갈각이 무릎을 꿇고 손권에게 부탁했다.

"붓으로 두 글자만 더하도록 해주십시오!"

손권은 허락하고 붓을 주었다. 제갈각은 글자 뒤에 '지려之驢'란 글을 덧붙였다. 제갈자유란 당나귀가 단박에 제갈자유네 당나귀로 바뀐 것이다.

《연의》에는 이를 본 신하들이 제갈각의 비범함에 모두 깜짝 놀랐다고 되어 있으며, 《정사》에는 그걸 본 사람들이 총명을 칭찬하며 즐겁게 웃었다고 돼 있다.

촉한에서 사신이 와 신하들이 모두 모이게 됐는데, 손권이 사자에게 이렇게 말했다.

"제갈각은 말타기를 매우 좋아한다. 돌아가서 승상제갈량에게 말해 좋은 말을 보내오도록 하라."

그러자 제갈각은 즉시 무릎을 꿇고 감사인사를 올렸다. 손권은 "아직 말이 도착하지도 않았는데 무얼 그리 감사하게 생각하느냐?"라고 물었다.

제갈각이 답했다.

"촉한은 폐하의 마구간입니다. 오늘 은혜로운 지시를 내렸으므로 말은 반드시 도착할 것입니다. 어찌 감사드리지 않겠습니까?"

제갈각은 논변할 때 임기응변이 능해 상대할 자가 없었다. 손권은 그래서 그를 특히 총애했다. 아비 제갈근에게는 이렇게 말할 정도였다.

"남전藍田에서 미옥美玉이 나온다는 말이 정말 거짓이 아니오!"

이 말은 역시 명문가에서 훌륭한 인물이 나온다는 뜻이다. 제갈근을 신뢰하는 마음이 컸기에 그 아들의 재주가 더 도드라져 보였다는 말이다.

종회는 형 종육과 아버지가 낮잠 자는 틈을 타 약주를 훔쳐 먹었다. 아버지 종요는 이때 깨어 있었지만 잠든 척하고 이를 지켜보았다. 종육은 배례拜禮 절하는 것한 후에 마셨으나, 종회는 마시면서도 배례하지 않았다. 나중에 아버지가 "왜 배례했느냐?"고 묻자 종육은 "술을 마시는 건 그 자체로 예가 되기 때문에 감히 배례하지 않을 수 없었습니다"라고 했다. 종요는 또 종회에게 "너는 왜 배례하지 않았으냐?"고 물었다, 그러자 종회는 "훔치는 것은 원래 예가 아니기 때문에 배례하지 않았습니다"라고 했다.

종회가 남긴 다음 에피소드는 《연의》에는 제갈각의 것으로 돼 있는데, 《세설신어》에는 종회 형제로 기록돼 있다.

이 기록에 따르면 종육·종회 형제는 어릴 때부터 명성이 남달랐다. 13살 때 위문제 조비가 소문을 듣고 둘을 불렀다. 대궐에서 황제를 본 종육이 얼굴에 땀을 흘리자 조비는 "왜 땀을 흘리느냐?"고 물었다. 종육은 "두렵고 황송하여 그렇습니다"라고 답했다. 조비가 다시 종회에게 "너는 왜 땀을 흘리지 않느냐?"고 물었다. 종회는 "두렵고 떨려서 감히 땀이 나지 않습니다"라고 했다.

원문 답변은 '전전황황戰戰惶惶 한출여장汗出如漿' '전전율율戰戰慄慄

한불감출汗不敢出'로 한번쯤 음미해 볼만한 글귀다.

아무리 어릴 때부터 유교적 소양을 갖추도록 교육받았다고는 하나, 10대에 이런 기지를 발휘했다는 건 타고난 총명을 갖다 대지 않고선 설명할 길이 없다. 두 사람은 이후 주변의 기대를 모으며 승승장구한다.

하지만 지나친 자신감은 자신의 처지와 분수를 쉽게 망각하게 한다. 아니 오히려 더 외곬으로 치닫게 만든다. 제갈각은 손권 사후 정권을 한 손에 쥐고 동오를 쥐락펴락했다. 처음에는 위나라를 물리친 공로로 대중적인 인기까지 얻었으나, 오만과 독선이 점점 심해져 무리하게 위나라를 정벌하려다 실패한다.

이 일로 여론이 악화되자 그는 권력기반이 흔들릴 것을 우려해, '전쟁 패배 책임론'을 제기하는 이들을 주살하거나 한직으로 내쫓는다. 이 과정에서 어림군御林軍 궁성수비와 황제호위를 맡던 군대 지휘권을 박탈당한 손준孫峻[46]의 반격을 받아 목숨을 잃고 멸문지화까지 당한다.

일찍이 승상 육손은 그에게 이렇게 말했다.

"내 앞의 사람은 반드시 섬기는 자세로 함께 승진하고, 내 밑의 사람은 부축하여 발탁하도록 하오. 지금 그대를 보면 기세와 의지가 강해 능상멸하凌上蔑下 위를 거스르고 아래를 우습게 봄하니 이는 안정과 공덕을 세우는 기본이 아니오."

중국사가 왕영평王永平은 제갈각이 무리하게 북벌에 나선 데 대해 "그는 강동 사대부들 사이에 상당한 명망을 지니고 있었으나, 군사적 능력을 인정받지 못해 정권을 유지하는 데 불안해했다. 북벌은 자신의 지위를 공고히 하기 위한 수단이었다”고 해석한다. 이 말대로라면 보다 튼실한 권력을 갖기 위한 욕심이 오히려 자신을 수렁으로 몰아넣은 셈이다.

종회는 사마씨가 정권을 위협하던 관구검을 없애는 데 일등 공을 세웠을 뿐 아니라, 전투 후 황제의 명령을 어기고 대군을 수도로 진입케 함으로써 사마소가 진공晉公으로 자립하는 데 이바지했다. 대국을 주도하는 능력에다 탁월한 군사적 재능까지 갖춰 위나라 사람들은 “설사 제갈량이 다시 살아난다 하더라도 종회를 따르진 못하리라”며 그를 높게 평가했다.

사마씨 쿠데타가 성공한 후 생명에 위협을 느껴 촉한에 투항한 하후패는 강유에게 이런 말을 한 적이 있다.

“종회는 비록 나이는 어리지만 종국에는 오와 촉의 근심거리가 될 것입니다.”

이 예언(?)은 후일 종회가 대군을 거느리고 촉한을 침공함으로써 현실이 됐다.

명성과 더불어 야심까지 커지자 종회는 자립스스로 나라의 주인이 되는 것을 생각하게 된다. 대군을 이끌고 성공리에 촉한에 진입한 그는 득의양양하여 촉한에서 기업基業 새롭게 정권을 수립하는 일을 일으킬 것을 모색하게 된다. 거짓 투항한 강유 또한 이런 그를 꼬드긴다. 종회는 이때 자신을 따르려 하지 않는 장수 수십명을 구덩이에 파묻어 죽이려다 역습을 당해 비참한 최후를 맞고 만다.

그는 사마소가 자신을 의심하는 것을 보고 독립하기로 마음을 굳혔을 때 측근들에게 이렇게 소리쳤다고 한다.

"일이 성공하면 천하를 얻을 것이고, 실패하더라도 촉한을 지킬 수는 있을 것이오. 나는 회남에서 군사에 참여한 이래 계획을 세워 실책을 범한 적이 없소. 이는 사해가 다 아는 일이오."

결과는 자신의 바람과는 너무 다른 것이었다. 형인 종육은 일이 이렇게 될 것을 미리 알았던 것일까? 그는 예전에 사마소에게 은밀히 동생을 비판한 적이 있다.

"종회는 내심 권모술수를 품고 있어서 사단을 일으키지 않는다고 보장할 수 없습니다. 그에게 한 지역을 통째로 맡기면 안 됩니다."

당시 종회와 비슷한 명망을 지니고 있던 배수裵秀 또한 종회를 매섭게 평가했다.

"마치 무기고를 보는 것 같다. 온통 창과 칼만 보인다."

위나라 명사 부하傅嘏는 처음 사마소가 대장군이 됐을 때 종회가 그 공을 믿고 늘 자부하자 따끔한 말을 던진 적이 있다.

"그대는 뜻이 재간보다 더 크니 실로 공을 이루기가 어렵소. 어찌하여 근신하지 않는 것이오?"

제갈각과 종회의 일생을 살펴보면 과인한 재능이 과신과 독선으로 이어지고, 그리하여 결국 침몰하고 마는 재사才士의 전형이 나온다.

《노자老子》에는 이런 말이 있다.

하늘의 그물은 성기고 성기지만天網恢恢, 그 성김에도 불구하고 조금도 빠트리는 게 없다疎而不漏.

일본학자 시바 로쿠로우斯波六郎는 《중국문학 속의 고독감》이란 책에서 이를 변용해 "사람의 그물은 조밀하고 조밀하지만人網細細, 그 조밀함에도 불구하고 반드시 빠트리는 게 있기 마련密而必漏"이라고 말한다.

제갈각과 종회는 과인한 재능이 모든 것을 해결해줄 것으로 기대했다. 하지만 그들이 가지고 있던 것은 '사람의 그물'이었다. 비록 치밀하게 짠 듯했으되 예기치 않은 결과까지 감당할 순 없었다.

그렇지만 제갈각과 종회는 설령 최후가 비참해짐을 알았다 하더라도 안분지족安分知足 편안한 마음으로 제 분수를 지키며 만족함의 길로 나서지는 않았을 것 같다. 그들의 뜨거운 야망이 필부로 사는 것을 용납할 리 만무했다는 것이 대체적인 견해다.

남조 양나라 사람 배자야는 "범인을 능가하는 재능이 있는 자는 반드시 하늘을 찌르는 포부를 가지려 한다"고 말한다. 종회와 같은 시대를 살았던 완적은 일찍이 세태를 비판하며 이렇게 말했다.

"영웅이 없으니 보잘것없는 것들이 명성을 얻는구나!"

이에 앞서 한나라 가의賈誼 또한 이렇게 소리쳤다.

"난새와 봉황이 숨으니 올빼미가 활개를 치는구나!"

제갈각과 종회가 지녔던 포부도 이와 비슷했으리라. 그들은 자신의 재능을 더듬으며 다른 사람들을 보잘것없다고 생각했다. 그리고는 곧 멸망으로 치달았다.

3부_
기사
奇事

식감, 관상, 점술 그 오묘함에 대하여_

사람을 제대로 알아보려면 어떻게 해야 할까? 집단이나 조직의 흥망성쇠를 결정하는 일이 사람에게 달렸기에, 동서고금을 막론하고 이 문제로 골머리를 앓지 않은 리더는 별로 없다. 수많은 인물과 사건으로 요동쳤던 거대제국 중국에서는 더 그랬다. 그래서 고래로 '사람을 제대로 판단하는 일'은 중국 지식인 사회에 부여된 숙명처럼 여겨졌다.

흔히 인물 감식법이라면 관상술을 먼저 떠올린다. 관상학에서 말하는 상인술相人術은 인간이 지닌 용모나 골격을 통해 그 사람의 부귀와 현달顯達 출세을 점치는 것이다. 즉 특정인이 지닌 구체적 현상인상, 골상 등을 실마리로 하여 그 성격과 심정을 판단하는 한편, 나아가 그 요수夭數 수명의 길고 짧음와 화복禍福을 예측함으로써 흉함을 피하고 길함을 택하는 법술이다. 하지만 이 방법은 용모와 골격, 요수와 화복이라는 말에서 짐작되듯 다소 미신적인 성격을 지닌다.

반면 지인知人이나 식인識人으로도 일컬어지는 식감識鑑법은 특정인의 몸짓과 언행을 통해 그 사람의 성격과 덕성을 읽어내는 방법이다. 학문적으로는 성격학性格學 Characterology이라고 이름 붙일 수 있겠다. 물론 양자가 엄격하게 구분되는 것은 아니지만, 방사方士들이 관상술에 깊숙이 경도돼 있던 데 반해 지식인들은 주로 식감법을 인물 품평방법으로 활용했다.

《정사》에 열전이 실려 있는 위나라 사람 유소는 선구적인 저작 《인물지人物志》에서 성품, 기질, 정감, 취향, 지식, 능력을 비롯해 평소 언행과 생활태도를 종합적으로 분석하면 그 사람을 제대로 알게 된다고 강조한다.

그는 책머리에 "무릇 성현이 아름답게 여기는 것 가운데 총명함보다 더한 것이 없으며, 총명함이 귀하게 여겨지는 건 인물을 잘 식별할 때"라고 적어 놓았다. 그 시절 지식인들이 인물 식별을 얼마나 중요하게 여겼는지를 잘 말해준다.

과거가 없던 한대漢代에는 인재 추천제도가 중요한 관리 등용문이었다. 여기서 인재란 덕행을 지닌 사람을 말한다. 그런데 덕행이란 사실 매우 모호한 기준이어서 일반적으로 지방 관원이 덕행이 있는 자를 파악하기 위해서는 관내 호족이나 명사들이 하는 '인물 품평'에 의존할 수밖에 없었다. 그래서 후한 이래 지식인들 사이에 점차 지역 인물들을 품평하는 사회풍조가 생겨났다.

허소許劭와 허정 형제는 여남에서 모두 이름이 높았고, 그 지역 인사들이 지닌 재덕才德을 논하기 좋아했다. 이들은 품급을 몇 개로 나

뉘 매월 초하루月旦마다 새로운 품평을 했는데, 세인들은 이를 월단
평이라고 했다.

허소는 일찍이 청년 조조를 보고 "그대는 치세에는 유능한 신하
가 될 것이고, 난세에는 간웅이 될 것"이라고 예언했다.[47] 이 말은 조
조의 특질을 단 한마디로 요약했다는 점에서, 후인들에게 '너도 그
렇게 될 수 있다'며 야망을 부추겼다는 점에서 지금까지 명언(?)으로
평가받는다.

실제로 일본 명치유신 때 악랄한 상술로 이름을 떨쳤던 이와자
키 미따로岩崎彌太郎는 젊었을 때부터 조조를 본받아 '난세의 간웅'이
되는 게 꿈이라고 말하곤 했다. 그는 서남전쟁, 청일전쟁, 러일전쟁
을 거치면서 정부 비호 아래 운수·유통부분을 독점, 재벌 미쯔비시
三菱를 만든 사람이다. 자본주의적 관점에서 보자면 그는 '난세의 간
웅'이라 할 만하다.

후한 말 교현僑玄은 조조에게 "천하는 장차 혼란에 빠질 것인데,
이를 안정시키는 일은 아마도 그대에게 달려 있는 듯하다"고 말했
다. 교현이 누구인가? 강직함과 엄정함으로 이름을 떨쳤던 조정 고
관高官 출신이다. 그는 강도가 들어 아들을 인질로 삼고 협상을 요구
하자, 자식 목숨이 아까워 국법을 어길 수는 없다며 강도를 잡아 죽
였다. 그 과정에 아이가 죽은 것은 물론이다.

교현의 평가는 결국 정확하게 맞아떨어졌다. 재미있는 것은 교현
이 무명의 조조에게 이런 찬사를 보냈기 때문에 조조는 젊을 때부
터 큰 명성을 얻을 수 있었다는 것이다. 조조는 이런 은공을 잊지 못
해 훗날 교현의 묘를 찾아 친히 제문을 지어 올리며 그를 추모했다.

후한 말을 거쳐 난세로 일컬어지는 삼국시대가 시작되자, 재능 있는 인물을 발굴하고 추천하는 일은 한층 비중이 높아졌다. 위나라에선 조조에게 미움을 받아 처형당한 최염崔琰이 이 같은 식감분야에서 으뜸이었다.

최염이 사마랑과 교분을 나눌 때 막 성년이 된 동생 사마의를 보곤 그에게 말했다.

"당신의 동생은 총명하고 결단력이 있어, 아마 당신이 따라갈 수 없을 것입니다."

사마랑은 그렇지 않다고 생각했지만 최염은 늘 그렇게 주장했다. 결과는 과연 최염이 말한 대로였다.

최염의 집안 동생인 최림은 처음 대수롭지 않은 존재로 여겨졌다. 하지만 최염은 "대기만성형이니 반드시 성공할 것"이라고 말했다.

손례와 노육이 처음 군부軍府에 들어왔을 때도 최염은 이렇게 말했다.

"손례는 성글고 강인하여 결단에 능하고, 노육은 사리에 밝고 끊임없이 연마하니 모두 삼공三公의 재능을 가진 인물이다."

후에 최림과 손례, 노육은 모두 관직이 삼공에 이르렀다.

유표에게 몸을 의지하고 있던 유비가 성공에 이른 계기는 이른바 '수어지교水魚之交'를 이루고 나서부터다. 《연의》는 이를 멋들어지게 각색해 '삼고초려'로 완성해 놓았다. 그런데 《연의》에는 유비가 제갈공명을 초빙하기 전 사마휘를 만난 이야기가 나온다. 사마휘는 유비가 "주변에 인물은 많은데 시운時運을 제대로 못 만나 고생하고 있다"는 말을 하자 "제대로 된 인물을 구해야지" 하며 면박을 준 뒤 복룡제갈량과 봉추방통를 추천한다.

《자치통감》에는 유비가 형주에 있을 때 사마휘를 방문해 현사賢士 지혜로운 선비를 추천해 줄 것을 요구하자, 시무時務 속세의 정치를 아는 이 중에 복룡과 봉추가 있다고 말하는 대목이 실려 있다.

유표에게 몸을 의지하고 있던 객장이라고는 하나, 유비가 상당한 명성을 떨치며 영웅반열에 올라 있던 사람임을 감안하면 시골에 살던 무명을 소개한다는 건 위험천만한 일이 아닐 수 없었다. 그럼에도 사마휘는 거리낌 없이 두 사람을 추천한다. 이는 그가 복룡, 봉추가 지닌 실력을 정확하게 간파하고 있었다는 말이다. 사마휘는 그래서 허소와 어금버금하는 인물감식가로 평가받는다.

당시 세속에서는 비슷한 재능을 지닌 사람들을 한 무리로 엮어 품평하는 경우가 많았다. 일찍이 후한 말 청의지사淸義之士들이 사대부들로부터 존경받을 때 진번과 두무, 유숙은 3군君으로 일컬어졌다. 군은 '일세의 종사宗士 근본을 세운 스승'란 뜻이다. 그런가 하면 준俊, 고顧, 급及, 주廚로 불리는 부류도 있었다. 준은 영걸을, 고는 덕으로 타인을 인도하는 사람을, 급은 다른 이를 인도해 종사를 추종토록 하는 사람을, 주는 능히 재물을 풀어 타인을 구한 이들을 말한다.

한나라 초기에 편찬된 《회남자》에는 지혜가 만인을 넘어서는 자를 영英, 천인을 넘어서는 자를 준俊, 백인을 넘어서는 자를 호豪, 십인을 넘어서는 자를 걸傑로 부른다는 대목이 실려 있다.

이 기풍은 삼국시대에 이르러 절정에 달한다. 사총四聰이니 칠자

七子니 팔달八達이니 하는 말들이 그것이다. 손권은 황제 자리에 오르자 손등을 황태자로 세우고 제갈각과 장휴, 고담, 진표, 사경, 범신 등으로 그를 보좌하도록 했다.

호종이 이들을 칭송하면서 말했다.

"재주가 특히 뛰어나 무리 중에서도 으뜸은 제갈각이며, 시기를 정확히 읽고 사물의 깊은 뜻을 통달한 자는 고담이다. 웅변이 뛰어나고 말로써 문제를 푸는 이는 사경이며, 학문을 연마해 미세한 것까지 아는 자는 범신이다."

그러자 양도라는 이가 이 말을 듣고 즉각 반박했다.

"제갈각은 재주는 많으나 허술하고, 고담은 명쾌하나 심술궂고, 사경은 분별을 잘하나 실속이 없으며, 범신은 깊이가 있으나 좁고 막혀 있다."

《자치통감》에 등장하는 이 대목은 읽는 이들을 후련하게 한다. 장점에 가려져 있던 단점을 속속들이 지적하고 있기 때문이다. 양도는 이 때문에 네 사람으로부터 미움을 샀다. 하지만 후에 이들이 모두 실패하자 양도가 지적한 바가 정확했음이 드러났다.

인물 감식에 관한 한 위나라 허윤許允이 남긴 이야기도 무시할 수 없다. 《세설신어》 '현원賢媛'편에 나오는 이 이야기는 색다른 시사점을 던진다. 허윤은 관리 인사를 책임진 이부랑이 됐을 때 고향 사람을 많이 등용했다. 위명제가 이 소식을 듣고 그를 잡아들이게 했다. 명제가 엄하게 문초했더니 허윤이 대답했다.

"(공자도) 네가 아는 사람을 쓰라고 했습니다. 신의 고향 사람들은 신이 잘 아는 사람들입니다. 폐하께서는 신이 추천한 사람이 그 직분에 합당한지 여부를 조사하시길 바랍니다. 만약 그렇지 않다면 신이 죄를 받겠습니다."

명제가 조사했더니 모두 그 관직에 합당한 인물이었으므로 이내 허윤을 석방했다.

공자를 들먹이긴 했으나 여기에는 역사적 연원이 있다. 《국어國語》[48]에 나오는 춘추시대 진晉나라 사람 기해祁奚가 그 주인공이다. 기해는 나이가 들어 중군위中軍尉 군대 내 상벌과 형률을 총괄하던 직책를 사직하고 고향으로 돌아가고자 했다. 당시 진나라 군주이던 도공悼公이 누가 뒤를 이을 만하냐고 묻자, 기해는 자식인 기오를 추천하면서 이렇게 말했다.

"신하의 결점을 아는 것으로 군주만한 이가 없고, 자식의 결점을 아는 것으로 그 아비만한 사람이 없다고 했습니다. 기오는 어려서 가르침을 잘 따르고, 커서는 박문강기博聞强記 지식이 넓고 기억력이 뛰어남한데다 그 태도는 도의가 아니면 뜻을 바꾸지 않을 만큼 바릅니다. 만일 기오로 하여금 군국대사를 처리하게 하면 저를 뛰어넘는 바가 있을 것입니다."

진 도공이 기오를 중군위로 삼은 것은 불문가지. 덕분에 도공의 뒤를 이은 평공의 치세가 끝날 때까지 진나라 군대 내에는 어떤 잘못된 일도 발생하지 않았다.

기해와 허윤을 잇는 공통분모는 후한 말 사도벼슬을 한 순상荀爽이 원광이란 이를 만났을 때도 등장한다. 원광이 순상의 고향인 영천땅 인사들을 물어보자, 순상은 계속 집안 형들을 들먹였다. 원광이 저명인사가 겨우 친족뿐이냐고 비웃자 순상은 기해를 인용하며 재주 있는 친족을 우선시하는 건 당연지사라고 당당하게 대꾸한다.

물론 지연地緣과 혈연血緣이 개입된 이런 행위는 아무나 할 수 있는 게 아니다. 지공무사至公無私 지극히 공정하여 사사로움이 없음한 사람이 아니면 절대로 써서는 안 되는 방법이다. 《춘추좌전》에는 기해가 자식인 기오를 추천하기 전에 원수인 해호解狐를 먼저 추천했다는 기록이 있다. 그런데 해호가 갑자기 죽는 바람에 다시 기오를 기용토록 했다는 것이다. 그래서 후인들은 기해를 일러 아들을 추천했음에도 불편부당不偏不黨 어느 한쪽에 치우치거나 당파를 만들지 않음했다고 말한다.

동진의 장군 사현謝玄은 그 유명한 비수대전肥水大戰에서 북방왕조인 전진前秦을 격퇴시킨 인물이다. 치초郗超는 사현과 사이가 좋지 않았는데 전투를 앞두고 사현이 적임자인지를 놓고 조정에서 의논이 분분하자 이렇게 말했다.

"옛날에 그와 함께 일했는데 비록 미천한 사람일지라도 자신의 임무를 완수토록 하는 것을 보았습니다. 틀림없이 공훈을 세울 수 있을 것입니다."

나중에 사현이 전쟁을 승리로 이끌자 사람들은 치초의 선견지명에 감탄하면서, 그가 애증으로 사람을 평가하지 않는 것을 높이 샀다. 치초의 행위는 '원수와 자식'이란 고정관념을 벗어던진 기해의 추천과 일맥상통한다.

《정관정요》에 보면 당나라 태종은 항상 신하들에게 "어질고 재능 있는 사람을 천거할 때는 안으로는 친척을 피하지 않고, 밖으로는 원수를 피하지 않는다"고 강조했다. 선인들이 쌓아놓은 '지공무사'한 추천법을 체득한 발언이다.

식감법이긴 하지만 동진의 권력가였던 환온桓溫에 관한 이야기는 조금 기이하다. 환온이 촉을 정벌하려 할 때 사람들은 촉을 점거하고 있던 이세李勢 정권의 뿌리가 깊은 데다, 그들이 험난한 삼협三峽을 끼고 있었기 때문에 쉽게 격파할 수 없을 것이라고 생각했다. 하지만 유담이란 이는 '그는 틀림없이 촉을 격파할 수 있을 것'이라고 장담했다. 이유를 물었더니 유담은 "그가 도박하는 것을 봤더니, 이길 수 없으면 덤벼들지 않더군요!"라고 답했다. 개인적인 특질을 잘 관찰한 결과다. 유담이 말한 대로 환온은 촉 정벌에 성공한다.

식감이란 원래 다른 사람을 파악한다는 뜻이지만, 현자賢者 중에는 자신을 잘 관찰한 이들도 많았다. 진晉나라 혜강嵇康은 자신을 벼슬자리에 추천한 친구 산도에게 "나는 성격이 고집스럽고 남을 미워하는 마음이 있는 데다, 경솔하게 직언을 내뱉으며 무슨 일만 있으면 즉시 내 생각을 발설하니 관직을 맡아서는 안 된다"고 말했다.

명나라 학자 당견唐甄은 역저 《잠서潛書》[49]에서 이렇게 썼다.

제자인 왕문원이 일찍이 나에게 물었다. '선생님께서 재상이 될 수 있겠습니까?' 나는 할 수 없다고 답했다. '나는 도량이 좁아 인내하지 못하고, 성격이 편벽되어 용서하지 못하고, 결단이 늦어 일을 맡기에 부족하다.'

둘 다 겸손을 깔고 있긴 하나, 자신을 냉철하게 돌아보고 있다는 느낌을 준다.

위나라 말엽 조상이 천하를 오로지 하자 참모들인 하안, 등양, 정밀 등도 덩달아 권신權臣 세력 있는 신하으로 군림했다. 권력에 집착한 이들은 조상을 업고 계속 그 같은 권세를 누릴 수 있을지 궁금했다.

인물을 잘 분별했던 부하傅嘏는 이때 조상의 동생 조희에게 충고를 던진다.

"하안은 겉으로는 조용하나 속으로는 조급하여 섬교호리纖巧好利 정교한 수단으로 명리만을 추구함만을 쫓을 뿐 근본을 돌아보지 않는 사람이오. 나는 그가 반드시 당신 형제들을 미혹하여 어진 사람을 내쫓고 조정을 황폐하게 만들 것으로 보오."

인물 전체를 완벽하게 조명한 지적이 아닐 수 없다. 실제로 하안 등이 권력을 쥐고 아첨하는 무리만 등용하자 위나라 조정은 곧 피폐해지고 만다.

앞선 이야기가 유학자들이 즐기던 인물 감식법이라면 주건평朱健平은 관상술을 활용해 운명을 예측한 것으로 유명했다. 위문제 조비가 오관중랑장 벼슬을 하고 있을 때 주건평을 불러 수명을 물었다.

"장군의 수명은 여든 살인데, 마흔에 재난이 있을 것이니 조심하시기 바랍니다."

과연 조비는 마흔에 죽으면서 주건평을 떠올리고는 긴 탄식을 쏟아낸다.

골상을 위주로 하는 관상술은 이전 시대에도 종종 등장한다. 나아감과 물러남을 잘 지켜 '현명한 사대부'의 전형으로 일컬어지는 춘추시대 월나라 사람 범려范蠡는 함께 일하던 문종에게 월왕 구천句踐을 품평하면서 "월왕의 관상은 목이 길고 까마귀 주둥이장경오훼 長頸烏喙♣를 지녀서 어려움은 함께할 수 있지만, 영화를 함께 누릴 수는 없소. 그대는 어찌 구천을 떠나려 하지 않소?"

범려는 그렇게 화를 피했지만, 문종은 남아 있다가 죽음을 명받

♣ **장경오훼**長頸烏喙, **낭고지상**狼顧之像, **치목호물**鴟目虎吻

관상용어인 장경오훼와 낭고지상, 치목호물은 마음을 터놓고 사귈 수 없는 '위험한 사람'을 가리킬 때 왕왕 인용된다. 낭고란 이리가 몸을 틀지 않고도 뒤를 돌아봄을 말하는 것으로, 낭고의 상이란 그런 관상을 지닌 사람을 일컫는 것이다. 속뜻은 끊임없이 주변을 경계하고 의심을 품는 사람을 말한다.

《진서晉書》'선제기宣帝紀'가 출전인데, 위무 조조가 선제인 사마의를 품평한 데서 널리 알려진 말이다. 선제가 낭고상이라는 소문을 듣고 (위무가) 이를 확인하고자 했다. 선제를 불러 고개를 돌려보게 했는데, 얼굴이 똑바로 뒤를 향하면서도 몸을 움직이지 않았다. 이에 태자조비에게 "사마의는 다른 사람의 신하가 될 사람이 아니다"라고 했다.

《진서》 저자는 선제를 이렇게 총평했다.

"마음으로 꺼리는 바가 있어도, 밖으로는 너그러웠고 시기심이 많고 임기응변에 능했다. 의심이 많고 잔인했던 행적을 보면 낭고라는 말에 부합되는 점이 있는 것 같다."

치목호물은 한나라 황제위를 찬탈한 왕망王莽이 그런 상을 지녔다는 데서 알려진 이야기다. 전한과 후한 사이 단명왕조인 신新을 개창했던 왕망은 입이 크고 턱이 짧으며 툭 튀어나온 눈에 붉은빛이 감돌았다고 한다. 어떤 이가 이를 두고 치목호물의 얼굴이라고 했다가 살해됐다고 한다. 왕망은 또한 사마의처럼 겉은 너그러웠지만 속은 음험했던 대표적인 인물로 꼽힌다.

는다. 이는 《사기》와 《오월춘추吳越春秋》에 나오는 고사로, 관상의 중
요성을 설명하는 이야기다.

《위료자 병법》으로 유명한 위료尉繚는 진왕 정후일 진시황제가 됨을 두
고 "코가 우뚝하고 눈이 길며 가슴 부위가 튀어나오고 승냥이 소리
를 내니, 은혜를 아는 마음이 적고 이리 같은 심장을 지녔다. 어려운
처지일 때는 남에게 굴복하지만 뜻을 이루고 나면 남을 얕볼 것이
다"고 말하곤 그에게서 도망치려 했다.

당초 진왕은 위료가 천하통일에 대한 계책을 유세하자, 깊이 감
복한 나머지 의복이나 음식을 자신과 동등하게 할 정도로 그를 우
대했다. 하지만 위료는 '불안한 미래'를 예견하고 그를 떠나려 했다.

신묘한 점술로 일세를 풍미했던 위나라 관로管輅가
하안과 등양 무리를 평가한 것은 《연의》에도 그대로 실려 있다.

관로는 미래를 물어보는 하안과 등양에게 말했다.

"당신들의 자리는 산처럼 무겁고 위세도 크지만 은덕을 생각하
는 이가 적고, 위세를 두려워하는 사람이 많으므로 일찌감치 자신
을 낮추지 않으면 반드시 실패할 것입니다."

두 사람은 웃으며 그런 이야기는 노생老生 늙은이들이 늘 하는 말이
라고 했다.

그러자 관로는 의미심장한 한 마디를 던진다.

"늙은이 눈에는 더 이상 살지 못할 자가 보입니다"

관로가 집으로 돌아와 두 사람을 만난 이야기를 전했더니, 숙부
가 "그 사람들이 어떤 사람들인데 그렇게 함부로 말을 했느냐"라며

관로를 크게 꾸짖었다. 당대의 권력자들 앞에서 그런 거침없는 소리를 해댔으니 후환이 두렵다는 것이었다. 관로는 꾸지람을 듣고도 태연한 어조로 숙부에게 "두 사람 관상을 보니 죽은 사람과 다름없습니다"라고 답했다.

그 열흘 후 사마의가 정변을 일으키자 하안과 등양 등은 관로의 예측대로 목 없는 귀신이 되고 말았다.

관로는 관상술은 물론 점술에도 일가견을 지니고 있었다. 《연의》에 나오는 관로의 점술은 백발백중이어서 독자들을 한껏 사로잡는다. 물론 소설인 《연의》에 있는 이야기라고 해서 다 지어낸 건 아니다. 내용을 완전히 믿기는 어렵지만 《관로별전管輅別傳》과 같은 책에는 그가 행한 점술이 상세하게 실려 있다.

동진시대에는 곽박郭璞이란 점술가가 관로의 명성을 이어가고 있었다. 묏자리를 점칠 줄 알았던 동진 명제明帝는 곽박이 다른 사람을 위해 묏자리를 봐주었다는 소문을 듣고 신분을 숨긴 채 평복차림으로 그 사람을 찾았다.

미리 묏자리를 둘러본 명제가 주인에게 물었다.

"어찌하여 용의 뿔 자리에 묘를 썼소? 이렇게 하면 틀림없이 가문이 멸족하는 화를 당할 것이오."

무덤 자리 보는 책으로 이름난 《청오자상총서青烏子相塚書》에 따르면 용의 뿔 자리에 시신을 매장하면 자손들이 갑자기 부귀해지지만, 결국에는 멸문지화를 당한다고 돼 있다.

그러자 주인이 답했다.

"곽선생은 '묏자리가 용의 귀 자리라서 3년이 지나지 않아 틀림없이 천자를 이르게 할 수 있을 것이오'라고 했습니다."

명제가 다시 물었다.

"천자가 나온다는 말이오?"

주인이 말했다.

"천자가 나온다는 게 아니라, 천자의 방문을 받을 수 있다는 말입니다."

명제가 직접 주인을 찾았기에 곽박의 예언은 대번에 현실이 됐다.

삼국통일의 주춧돌을 쌓은 것으로 평가받는 진晉나라 양호羊祜는 어떤 점술가가 부친의 묘를 보고 나서 "틀림없이 천명을 받은 군주가 나올 것"이라고 말하자 이를 두려워한 나머지 묘 뒷부분을 파 지세를 훼손했다. 그러자 그 술사는 "그래도 틀림없이 팔 부러진 삼공이 나올 것"이라고 했다. 얼마 후 양호는 말에서 떨어져 팔이 부러졌으며, 벼슬은 과연 삼공에 이르렀다.

관상술과 점술에 두루 달통한 촉한 사람 장유張裕는 늘 거울을 들고 자기 얼굴을 볼 때마다 곧 죽게 될 것을 알고는 거울을 던져 깨지 않은 적이 없었다고 한다. 과연 그는 유비를 비웃는 실언을 자주하는 바람에 괘씸죄에 걸려 일찍 죽고 말았다.

장유는 죽기 전 어떤 이에게 "경자년서기 220년에 천하가 조대朝代 왕조를 바꾸어 유씨의 국운이 다할 것이오. 주공유비께서는 익주를 얻고 나서 9년 후쯤 그것을 잃게 될 것"이라고 말했다. 전자는 촉한이 위나라에 망함을, 후자는 유비가 죽는다는 걸 예언한 것이다. 이후 사세는 모두 장유가 점친대로 됐다.

그러나 당대에도 이들에 대한 평가는 엇갈렸다. 위군 태수를 지낸 종육은 관로가 점을 쳐 그의 태어난 날과 죽을 날을 뽑아내는 것을 보고는 경악해 "당신은 사람을 놀라게 하는 재주를 가지고 있습니다. 그러나 죽음은 하늘에 달려 있는 것이지 당신 손에 달린 건 아닙니다" 하곤 다시는 점을 보지 않았다.

곽박이 안함을 만났을 때다. 곽박은 그를 위해 점을 쳐주려고 했다. 그러자 종육을 빼닮은 듯한 안함이 말했다.

"수명은 하늘에 달려 있고, 지위는 사람에게 달려 있소. 자신을 수양했지만 하늘이 허락해주지 않는 것은 운명이며, 도를 지켰으나 남이 알아주지 않는 것은 타고난 것이오. 저절로 타고난 운명이 있는 법이니 굳이 수고스럽게 점을 칠 필요가 없소."

명나라 창업공신 유기劉基가 남긴 글은 좀 더 본질적이다. 그는 '사마계주가 점을 논하다司馬季主論卜'라는 글에서 진秦나라 동릉후 소평이 벼슬을 잃은 뒤 계주를 찾아간 일화를 소개한다. 벼슬을 잃고 실의에 차 있던 소평은 계주를 찾아 미래를 점쳐줄 것을 요구한다.

계주는 담담하게 답했다.

"시초蓍草 점치는 데 쓰는 풀는 마른 풀일 뿐이고, 거북 등껍데기역시 점을 치는 도구도 마른 뼈다귀에 지나지 않습니다. 만물 중에서 사람만이 영험한데, 왜 자신을 믿지 않고 사물을 믿는 것입니까?"

저주받은 환관들_

오대십국 시절 남당南唐사람 정문보가 쓴 《강남여재江南餘載》란 책
에 이런 구절이 있다.

서지훈徐知訓이 선주宣州를 다스릴 때 가렴주구苛斂誅求 세금을 가혹하게 거둬들
이고 무리하게 재물을 빼앗음하면서 잔혹하게 굴자, 백성들이 몹시 고통스러워
했다. 한번은 그가 조정에 들어가 천자에게 인사하고 연회에 참석했는
데 어떤 광대가 푸른 옷과 큰 가면으로 흥을 돋우는 게 마치 귀신 같았
다. 서지훈의 측근이 누구냐고 묻자 광대가 답하길, '나는 선주의 토지신
입니다. 내 주인이 천자를 뵈러 조정에 들어왔는데 땅껍질까지 벗겨 왔기
때문에 (토지신인 나까지) 여기에 오게 된 것입니다'고 했다.

탐관오리를 비판하는 블랙유머 중 이 이야기를 능가하는 건 아직
보지 못했다. 처음에는 한없이 실소하다 종국에는 가슴이 뻐근해짐

을 느낀다. 가렴주구가 그만큼 심했다는 말이다.

당나라 문장가 백거이가 지은 시詩 중에 '매탄옹賣炭翁'이라는 게 있다. '숯 파는 늙은이'라는 뜻인데, 여기에는 고생해서 구운 숯을 황제 명령이라고 하면서 겨우 명주 반 장만 주고 빼앗아 가는 환관들의 횡포가 생생하게 그려져 있다.

숯 파는 노인

종남산 나무 베어 숯을 굽는다

(중략)

가엾게도 입은 것은 홑옷 뿐이나

숯 값 싸다 걱정하며 춥기만을 바라네

(중략)

펄럭펄럭 말 타고 오는 저 두 사람 누구인가

누런 옷 환관, 흰 옷 시종일세

두루마리 내밀면서 어명이라 고함치고

숯 수레 돌려 북쪽으로 끌고가네

(중략)

반 필 명주 열줄 능라를

소머리에 묶어서 숯 값이라 보냈다네

홑옷만 입은 채 밑바닥 삶을 사는 노인이 죽도록 구워낸 숯 한 수레를 통째로 뺏어간다. 숯구이가 생소해 이 시를 읽는 독자들은 그 정황이 퍼뜩 피부에 안 와 닿을지 모르지만, 당시 사람들에게 이런 도둑질은 참혹한 것이었다. 남당 관리 서지훈이 땅껍질을 벗겨가는 것과 조금도 다를 바 없었다. 그리고 구중궁궐에 산다던 환관이 실제로는 백성들의 피를 빨기 위해 온 천하를 횡행했음도 이 시는 잘 보여준다.

중국 신문학의 방향을 제시한 것으로 유명한 주작인周作人은 중국과 일본 문명을 비교하면서 일본 역사가 중국보다 뛰어난 점은 환관제도가 존재하지 않았던 것이라고 말하고 있다. 선진문물을 받아들이는 데 적극적이었던 일본인들도 끝내 환관제도만은 거부했다는 말이다.

물론 환관제도는 이미 소멸된 시스템이다. 따라서 이 시대에 그 득실을 따지는 건 무용할 듯싶다. 하지만 과연 그럴까? 역사에 등장하는 환관은 곧 영인佞人 아첨배, 간신奸臣, 호가호위狐假虎威와 통한다. 군주를 장악한 뒤 권력을 좌지우지하면서 국가를 나락에 빠뜨린 그들은 지금도 다른 '모습'으로 살아 숨 쉬고 있다. 때문에 군주를 끼고 온갖 악행을 일삼던 그들을 살피는 건 절대로 무익한 일이 아니다.

사학자 전목錢穆은 "역사적 사건은 멀리 과거로부터 현재를 뚫고 곧바로 장래에 도달하는 것"이라고 했다. 역사가 지닌 통시성通時性을 잘 일컫는 이 구절은 지금도 다른 방식으로 작동하는 '가렴주구와 국정농단'을 고발한다.

한국인들이 환관에 대해 갖는 부정적인 인식은 '거세去勢당한 사람들'이란 선입견 때문이기도 하지만, 《연의》가 널리 알린 '그들의 횡포'가 큰 몫을 차지한다. 십상시十常侍란 별칭으로 더 유명한 후한 말 환관들의 전횡이 '군주를 모시는 환관이란 원래 나쁜 사람들'이라는 인식을 깊게 심어 놓았기 때문이다.

《연의》에는 장양, 단규, 봉서, 건석, 조충, 정광, 하운, 곽승, 조절, 후람이라는 10명의 우두머리 내시가 등장한다. 10명이 작당해 백성들을 못살게 굴면서 권력을 독점했기에 사람들은 그들을 십상시라 불렀다. 암제暗帝 어리석은 황제로 일컬어지는 후한 영제는 십상시에 휘둘리다 말년에 가장 나이 많은 장양을 아버지로 불렀다고 한다. 《연의》의 작자는 이를 두고 '이런 기막힌 꼴이 생겨났으니 어찌 나라가 망하지 않고 배기겠는가!'라고 탄식한다.

《자치통감》에는 황제가 항상 "장상시장양은 나의 부친이고, 조상시조충는 나의 모친"이라고 말했다고 한다. 환관들이 하는 말이라면 '팥으로 메주를 쑨다'고 해도 믿을 정도가 아니면 도대체 할 수 없는 말이다. 덕분에 환관들은 사는 집을 궁실처럼 꾸미고 호사스런 생활을 만끽했다. 한번은 황제가 망루에 오르려고 하자 혹여 자신들이 살던 집을 볼까봐 두려워 천자는 높은 곳에 오르지 않는 법이니 높은 곳에 오르면 백성들이 흩어지게 된다는, 터무니없는 공갈까지 칠 정도였다.

후람과 단규는 제음군에 수많은 전답과 재산을 가지고 있었는데, 하인들과 빈객들도 이들의 세력을 믿고 온갖 악행을 저질러 백성을 침범하고 나그네를 약탈했으니 그 죄를 이루 다 열거하기 힘들 정도였다.

후한 말 정치상황을 기록한 사서 중 아무거나 펼치더라도 이런 구절은 쉽게 찾을 수 있다.

《후한서後漢書》[50] 저자인 범엽范曄은 환관들을 이렇게 비난한다.

"손으론 왕의 작위를 거머쥐고, 입으론 하늘의 법을 머금어 그들의 뜻에 따라 모든 형벌과 상이 결정됐다. 그들의 거동은 신하를 바꾸고, 호흡은 서리와 이슬을 바꾸었다. 황제의 명을 왜곡해 삼족이 영예를 누렸으며, 기분 내키는 대로 종실을 멸했다. 이 때문에 한나라 기강은 크게 어지러워졌다."

한나라 순제 때 조정에서는 여덟 사람의 어사御使를 전국 각지에 파견해 순찰토록 했다. 임무는 지방관리 부패를 살피는 것이었다. 이 중 장강이란 이는 수도 낙양을 나서자마자 큰 구덩이를 판 뒤 수레를 던져 넣고 말았다.[51] 의아해하는 부하들에게 그가 말했다.

"승냥이와 이리가 길을 막고 섰는데, 어찌 여우와 살쾡이를 따지고 있을 것인가?"

승냥이와 이리 같은 환관들이 조정을 농탕질 치고 있는데, 피라미 같은 지방 관리를 잡아 뭐하겠느냐는 뜻이다.

십상시를 수식하는 단어는 음험, 교활, 잔혹, 사치, 횡포 등이다. 긍정적인 뜻을 담은 단어가 하나도 없을 정도다. 과연 환관은 예외 없이 십상시였을까? 사람 사는 곳에 선인善人이 없을 수 없듯이, 환관 가운데도 충절과 분수를 지킨 이들은 있었다. 하지만 그 수는 많지 않았다. 대부분은 독 오른 승냥이들이었다.

원래 후한은 환관들이 설치던 대표적인 왕조였다. 유생들은 청류

淸流로 자처하며 그들을 탁류濁流라고 불렀다. 이 과정에서 중국판 사화士禍인 당고지화黨錮之禍가 발생한다. 즉 청류를 자처하던 유학자들이 황제 곁에 붙어 정권을 요리하던 환관들을 제거하려다 오히려 역습을 당한 사건이다. 미욱한 황제가 환관들의 꼬드김에 넘어가 황제 체제를 조롱한다는 죄를 물어 유생들을 대대적으로 숙청한 것이다. 두 차례에 걸친 당고지화로 죄 없이 죽은 사람만 수천명이 됐다고 하니 그 피해가 얼마나 컸는지 짐작이 간다.

그랬기에 후한 말 십상시가 음모를 꾸미며 대장군 하진何進을 죽이자, 분노한 부장副將들은 군사들을 이끌고 궁궐을 쑥대밭으로 만든다. 이 과정에서 수염 없는 사람이 환관으로 오인돼 죽은 경우가 많았다고 한다.

동탁 사후 황제권이 곤두박질쳤을 때 조조와 원소는 중원 지배권을 놓고 관도官渡에서 격돌한다. 원소는 전투에 앞서 명분을 조성하기 위해 사방에 조조를 토벌하는 격문을 띄웠다. 건안문단建安文壇[52]의 기린아 진림陳琳이 쓴 이 격문은 그 강렬한 어조 때문에 지금도 인구에 회자된다. 《연의》에는 조조가 격문 내용에 놀라 두통이 씻은 듯 나았다는 표현이 들어 있을 정도다.

이 격문에는 조조를 일러 '췌엄贅閹의 유추遺醜'라고 부르는 글귀가 나온다. 여기서 췌는 사마귀나 혹처럼 쓸데없는 것을 말하며, 엄은 환관을 지칭한다. 췌엄은 그래서 환관 양아들을 빗댄 말이 된다. 또 유추는 추한 것을 이어간다는 뜻이기에, 이 글귀는 '환관 양자의 더러운 자취를 잇는다' 쯤으로 풀이할 수 있다.

조조의 아비 조숭曹嵩이 환관의 양자로 들어간 것에 빗대 조조를 비하하고 있는 것이다. 즉 조조가 '환관 양자가 남긴 더러운 자취를 이어가는 사람'이라는 말이다. 상대를 모욕할 때 이만큼 극단적인 표현을 한 것은 유례를 찾기 힘들다. 환관에 대한 세간의 평가가 정말 나빴다는 말이다.

십상시뿐이 아니다. 촉한을 유린한 황호黃皓나 동오를 쑥밭으로 만들었던 잠혼岑昏은 십상시를 승계한 '빼어난(?)' 환관들이다. 아첨으로 몸을 일으켜 세운 두 사람은 조정을 농락하다 종국에는 나라를 기울게 만든다.

세월이 흘러 환관에 의한 암흑정치가 재연된 명나라 때에는 이런 이야기도 전해진다. 애자라는 사람이 농장에 양 두 마리를 길렀다. 그중 숫양 한 마리가 싸움을 좋아해 매번 낯선 사람을 보기만 하면 쫓아가 들이받았다. 왕래하던 문하생들이 이를 심히 걱정해 애자에게 청했다.

"선생님 숫양이 너무 사납습니다. 불알을 발라 그 성질을 누그러뜨려 주십시오."

거세를 하면 온순해질 것이라는 부탁이었다.

그러자 애자가 말했다.

"오늘날 양기 없는 놈들이 더 사납다는 것을 그대들은 모르는가?"

육작陸灼이란 사람이 쓴 '목양牧羊'에 나오는 구절로, 불알 없는 환관들이 설치는 정도를 풍자한 글이다.

하지만 환관들이 온갖 악행을 일삼고, 청류로 자처하던 유학자들을 계속 몰아친 데는 그럴 만한 이유가 있었다. 첫째는 환관들을 정치적으로 활용한 명나라 영락제 정도를 제외하곤, 주인인 황제들이 대부분 암군暗君 어리석은 군주이었다는 사실이다. 죽을 때까지 한실漢室 부흥을 부르짖던 제갈량은 항상 "일찍이 선제先帝 유비 폐하는 말을 할 때마다 환령桓靈 후한 말기 황제인 환제와 영제 시대의 암울함을 탄식하지 않은 적이 없었다"고 말하곤 했다.

　　　　　통상 《연의》를 읽는 독자들은 영제가 몸을 사리지 않고 간언을 올리는 충신들을 수시로 죽이는 장면을 볼 때마다 의분義憤 불의에 대해 일으키는 분노을 참지 못한다. 환관들에게 눈과 귀를 장악당한 환제와 영제는 실제로 그랬다. 그래서 《연의》는 이런 장면을 부각시켜 한나라가 망하고 군웅이 할거할 수밖에 없었음을 강력하게 암시한다.

　환령 두 황제는 또한 단순히 간신들만 싸고돈 게 아니다. 제후로 있다가 환제의 뒤를 이은 영제는 매번 '환제가 집안을 일으켜 세우지 못했음을 한탄했다'고 했다. 이게 무슨 말인고 하니 환제가 재물을 많이 모으지 못한 것을 아쉬워했다는 이야기다. 영제는 그래서 매관매직을 공개적으로 행했는데 무슨 자리는 얼마, 무슨 자리는 또 얼마 하는 식으로 돈을 거둬들였다.

　《후한서》에 따르면 최고 관직인 삼공에 임명되는 자는 예전禮錢 공식 뇌물으로 천만냥을 바치도록 돼 있었다. 즉 임명하기 전에 사자를 보내 뇌물을 독촉하는데, 이 사자가 오면 임명 대상자는 공손히 맞아 그에게 후한 뇌물을 주는 한편 예전까지 냈던 것이다. 황제가 재산 챙기기에 열중하니 조정 기강이 바로 설 리 없었다. 수족인 환관들도 덩달아 사복을 채우는데 열중했다.

환관들을 제어할 방법은 있었다. 십상시 중 한 명인 태복 후람이 사치와 교만을 일삼다 전횡을 한 사실이 드러나 영제로부터 질책을 받자 자살하고 만 사례는 이를 뒷받침한다. 황제가 총애를 거두기만 하면 아무리 막강한 권한을 지닌 환관일지라도 일거에 정리할 수 있었다는 말이다.

그럼에도 전횡이 그치지 않았던 것은 환령 두 사람을 비롯한 어리석은 황제들이 끝내 수족들이 안겨주는 달콤함을 내치지 못한 채, 그들이 쳐놓은 그물에서 허우적거렸다는 데 있다.

환관들이 설친 두 번째 이유는 청나라 학자 황종희黃宗羲가 명저 《명이대방록明夷待訪錄》[53]에서 지적한 '군주의 과도한 사치와 여자욕심' 때문이라고 할 수 있다.

궁실을 거대하게 지어놓으면 여궁들로 채우지 않을 수 없고, 여궁들이 많아지면 환관을 시켜 그들을 지키지 않을 수 없게 된다. 이것이 바로 환관들이 독약이나 맹수처럼 구는 이유다. 나는 군주가 된 자는 부인을 세 명으로 제한해야 한다고 생각한다. 그렇게 되면 환관으로 심부름하는 자는 수십 명에 불과해도 충분할 것이다.

같은 청나라 사람 고염무顧炎武 또한 "궁중에 비빈과 궁녀들이 너무 많아 환관이 득세하지 않을 수 없다. 환관 발호를 막을 유일한 방도는 군주가 여색을 멀리하는 길뿐"이라고 주장한다.

사학자 전목은 "역사상 환관이 권력을 좌지우지한 것은 황실의 사치와 정비례했다. 후한, 당나라, 명나라가 그랬다. 그러나 전한과 송대 황실은 절제가 있었고, 남조南朝 황실은 왕조체제를 제대로 갖추지 못했기 때문에 환관들이 설칠 수 없었다"고 지적한다.

그러나 여색을 멀리해야 한다는 바람은 결코 이뤄질 수 없었다. 황실을 번성시키기 위해서는 군주가 그 핏줄을 많이 두어야 한다는 묵시적 합의가 군신 간에 존재했고, 황제들이 이를 빌미로 개인적인 욕심을 채우려 했기 때문이다.

당나라 현종 때 황궁에 기거하던 궁녀 수는 무려 8천명이나 됐다. 명나라가 망할 때는 9천명에 이르렀다. 당나라 시인 백거이白居易는 현종의 초대를 받아 장안 궁궐에 들렀을 때 '장한가長恨歌'를 통해 이렇게 노래했다.

후궁은 삼천의 궁녀로 넘쳐나고
그들을 총애하는 건 한 사람에게 달렸네

삼천이란 수는 궁녀가 우글거리는 걸 상징적으로 표현한 것이지만, 백거이가 궁녀 수가 8천명이라는 걸 제대로 알았다면 시 구절은 분명 달라졌을 게다.

그래서 황종희는 다음과 같이 탄식했다.

"후세에 천하를 지배하는 자가 자신의 자손에게서 나오지 않을까 두려워 벌벌 떠는 것은 돈 많은 세속 늙은이의 속 좁은 생각이다.

그러므로 요임금과 순임금은 자손이 있어도 오히려 왕위를 전하지 않았다. 송나라 휘종은 아들이 적지 않았지만 이들은 금나라 사람들이 소금에 절인 육포를 만드는데 재료가 됐을 뿐이다.”

환관들이 기승을 부린 세 번째 이유는 정쟁政爭이 심했다는 점이다. 한 제국은 그 뒤를 이어받은 제국들이 다 그러했듯 상공업이 독자적으로 발전하는 것을 허용하지 않았다. 민간이 재부財富를 축적하면 그것이 곧 국가체제를 위협할 수 있다는 사실을 본능적으로 간파했기 때문이다.

주원장이 명나라를 건국했을 때 강남의 대상大商 심만삼沈萬三은 거금을 출연해 도성 성벽을 쌓고 군사들을 포상·위로했다. 하지만 그는 이 때문에 죽을 뻔했다. 주원장이 “이 강산이 누구 것인데, 제 깐 놈이 생색을 내려 하느냐?”며 불같이 화를 냈기 때문이다. 심만삼은 겨우 목숨은 건졌으나 운남으로 유배를 당하고 만다. 황제가 화를 낸 직접적인 이유는 ‘일개 상인에게 나라가 휘둘리는 꼴을 보기 싫다!’는 것이었으나, 그 이면에는 민간을 경계하는 ‘제국의 본능’이 있었다고 보는 게 옳다.

따라서 황제체제는 오로지 자신에게 순종하는 관원들만 우대하는 한편 다른 업종을 극도로 폄하했다. 사농공상士農工商이란 단어가 고착화된 연유가 바로 여기에 있다. 이런 상황에서 정신노동자들은 경전을 읽고 관리가 되는 길을 인생의 최고 목적으로 삼지 않을 수 없었다.

‘학습하여 뛰어나면 벼슬길에 나아간다’는 학이우즉사學而優則仕

나, '옛것을 배워 관직에 나아간다'는 학고입궁學古入宮은 바로 이런 현상을 가리키는 성어다. 거기다 출사出仕에 성공하기만 하면 나머지는 만사 오케이였다. 승관발재升官發財 벼슬이 오르면 재산도 늘어난다란 말은 그저 생긴 게 아니었다.

하지만 당시 정부 내에는 관리 자리가 그리 많지 않았다. 그러다 보니 오로지 출사만을 목표로 살아가는 유생들 사이에 자리를 놓고 다툼이 벌어졌다. 또 추천제를 통해 관리임용이 이뤄지다 보니 피추천자가 추천자를 중심으로 파당을 형성하고, 이것이 정쟁을 부추기는 요인으로 작용했다.

송나라 구양수歐陽修가 '붕당론朋黨論'에서 "소인과 소인은 그들의 이익이 같다는 이유로 무리를 이루게 되는데, 이는 자연의 이치"라고 말한 것처럼 이런저런 연고로 만들어진 무리는 파벌 혹은 파당으로 확대되면서 한정된 자리를 차지하려는 경쟁에 불을 지폈다. 이는 결국 환관들이 "자리나 탐하는 네놈들이 무슨 청류냐?"라고 비아냥거리면서 유생들을 공격하는 구실이 됐다.

조선조를 휩쓴 사화가 일어난 배경과 흡사하다. 사학자 노간勞榦은 이를 두고 이렇게 말한다.

"후한의 환관들이 유생들을 공격하면서 그들을 당인黨人이라고 불렀는데, 근거가 조금도 없는 것은 아니었다."

그 결과 환관 권력은 한층 공고해지면서 악행 또한 더해지게 됐다.

역사를 기록하는 이는 사관史官으로 불리던 유학자들이다. 유교이념에 충실한 이들은 거세당한 내시를 정상적인 인간으로 취급하지 않았다. 부모에게 물려받은 신성한 육체를 훼손한 죄인이 아니냐는 관점에서다. 그래서 황제들이 어둡고 욕심이 많았으며, 사대부들 간에 정쟁이 심했다는 근본 원인을 인정하면서도 곧잘 환관 자체에 비난을 집중했다. 때문에 환관이 저지른 것이라면 작은 잘못도 부풀려지기 일쑤였다.

환관들이 저지르던 악행을 황제 면전에서 대놓고 지적하는 사람들은 있었다. 그러나 당고지화가 한 번 나라를 휩쓸고 지나가자 목숨을 던지고 국가를 바로잡겠다는 '의로운 선비'는 잘 나타나지 않았다. 후폭풍이 아무리 크다 해도 유학 이념에 충실한 선비라면 '환관들이 설치는' 폐습을 바로 잡아야 할 터인데, 오히려 권력자들에게 아부하거나 그들의 전횡을 못 본 체 하는 게 주류가 됐다.

삼국시대는 특히 더 그랬다. 동오의 명신名臣으로 꼽히는 설종薛綜은 설영薛瑩이란 아들을 두었다. 그는 아비의 후광을 입고 손호孫皓가 황제로 있을 때 국가 주요 정무를 맡아 처리한 사람이다. 이때는 바로 내시 잠혼이 온갖 악행을 저지르던 시절이었다.

진수는 그래서 《정사》에 다음과 같이 적었다.

설영이 부친의 사업을 계승한 것에 이르면 확실히 선친의 풍모가 있었다. 그러나 잔혹하고 포악한 조정에서 여러 차례에 걸쳐 높은 지위에 오른 것은 군자들이 의심하는 바다.

촉한의 강유姜維는 황호가 주도해 자신의 군권을 염우에게 주려는 움직임이 있다는 소식을 듣고 분함을 참지 못해 황제 유선을 만나 황호를 처단할 것을 요구한다. 하지만 그런 그도 황호가 나뭇가지나 잎이 뿌리에 의지하는 것처럼 황제에게 들러붙어 있음을 보고 두려워한 나머지 입을 닫은 채 다시 한중 전선으로 도망치다시피 하고 만다.

극정郤正은 촉한이 망한 후에도 유선을 끝까지 보좌했던 충성스런 신하다. 진나라로 잡혀간 유선을 수종하면서 유선이 군주로서의 기상을 잃지 않도록 옆에서 도왔다. 그러나 그 또한 황호가 기세등등하게 설칠 때 그와 척이 지는 것을 두려워 입을 닫았다고 한다.

금나라 사람 유기가 편찬한 《귀잠지歸潛志》에는 '할 말을 하지 못하는' 이런 풍조를 꼬집는 구절이 있다.

신하들은 아첨하는 풍조에 매달려 백성들이 겪는 질곡을 숨겼다. 일을 처리할 때도 명백하게 가부를 표시하지 않고 낮은 목소리로 느릿느릿 말하면서 서로 미뤘다. 이를 양상체養相體라고 한다. 사람도 쉽게 다룰 수 있는 사람만 썼으며, 누군가가 일을 일으키는 것을 겁냈다. 이를 공생사恐生事라고 한다.

양상체와 공생사라는 생경한 단어가 무기력했던 사대부들을 꾸짖는 듯하다. 환관에게 씌워진 불명예를 무조건 그들의 잘못으로 돌리는 건 부당하다.

만두와 칠종칠금_

만두饅頭는 어디에서 유래했을까? 여러 가지 설이 있지만 제갈량의 남만南蠻[54] 정벌이 그 시초라는 설이 가장 유력하다. 한·중·일 삼국에서는 모두 이때부터 만두가 시작된 것으로 여긴다. 칠종칠금七縱七擒이란 고사로 유명한 제갈량의 남만정벌은 이야기가 하도 현란해 《연의》에서도 백미라 할 만하다.

공명은 출사표에 다음과 같이 적었다.

5월, 노수를 건너 깊숙이 불모의 땅으로 들어가다.

이 기록을 토대로 《연의》는 환상과 기담을 씨줄과 날줄로 엮어 남만정벌을 흡사 《서유기西遊記》[55]인양 꾸민다. 공명과 한나라 군대에 대항하는 만족蠻族은 흡사 파푸아뉴기니 원시부족을 연상케 한다. 그들은 맨발로 산발한 채 칼을 휘두르며 코끼리 고기를 식용으로 하는가 하면, 등갑 옷을 입고 독극물을 잘 쓴다. 문명화된 한나라 군사와 극명하게 대비된다. 그래서 만족을 묘사한 《연의》 이야기는 그들이 실제로 그랬다기보다 중원 사람들이 남방지역을 상상하는 이미지를 총동원한 것이다.

공명은 남만정벌을 마치고 돌아오던 길에 노수瀘水를 건너게 된다. 그러나 강을 둘러싼 검은 기운 때문에 먼저 도강하던 병사들이 피를 흘리고 죽자 깜짝 놀란다.《연의》는 원주민들의 입을 빌려 이렇게 말한다. '남만 전쟁에서 죽은 양측 장병들의 시체를 대부분 노수에 버렸는데, 그때부터 검은 기운이 감돌기 시작했다'는 것이다. 원혼들이 잠들지 못하고 강을 배회한다는 이야기였다.

이어지는 설명은 듣는 사람들의 간담을 서늘하게 한다. 노수를 무사히 건너려면 사람 49명의 목과 여러 짐승을 바쳐야 한다는 말이었다. 하지만 오과국 사람들을 멸종시키다시피 한 공명은 차마 더는 살생을 할 수 없다고 판단, 고기와 밀가루로 사람 머리 형상의 만두를 빚게 해 원혼들에게 제사를 지낸다. 눈물을 뿌리며 애끓는 심정으로 제사를 올리자 비로소 검은 기운이 사라진다.

이때를 만두의 시작이라고 한다면 만두는 바로 활인活人의식을 통해 생긴 음식이라고 할 수 있다.

《연의》를 장식하는 만두 이야기는 공명의 남만정벌을 완벽하게 마무리하는 편장編章이다. 남만정벌을 완수한 공명에게 훌륭한 이미지를 씌우는 이야기이자, 그의 인품을 극대화시킨 것이라는 게 학자들의 분석이다. 공명은 이 장면을 통해 '신기묘산神技妙算'[56]을 지닌 장수이자 죽은 전우를 챙기는 '너무나 인간적인 위인'으로 자리 잡는다.

그리고 이런 '신기묘산과 자애로움'은 칠종칠금에서 극대화된다. 《정사》 배송지주는 《한진춘추》를 인용해 이렇게 전한다.

제갈량이 일곱 번 사로잡아 일곱 번째 풀어주려고 하자 남만왕 맹획孟獲은 깊이 심복하여 '승상 전하는 하늘의 위엄을 받은 분입니다. 남만에 사는 것들은 두 번 다시 배반하지 않을 것입니다'라고 했다.

《한진춘추》를 어느 정도 믿을 수 있을지는 의문이지만, 칠종칠금이 회자되기 시작한 건 이때부터다. 《연의》는 간략하기 그지없는 이 구절을 완벽한 장편소설로 꾸며 놓았다.

사실 칠종칠금은 공명이 정벌에 나설 때 마속이 건의한 계책에서 기본적인 윤곽이 잡힌다. 마속은 이렇게 말했다.

"남쪽은 험난하고 지리가 먼 데 의지해 오랫동안 복종하지 않았습니다. 비록 오늘 그들을 무찌른다 하더라도 내일이면 또 반기를 들 것입니다. 지금 공은 국력을 기울여 북벌을 준비하고 있습니다. 그들이 나라 안에 군사적 공백이 생기는 걸 안다면 가만히 있을 리 만무합니다. 무릇 마음을 굽히게 하는 것은 상책이라 하고, 무기로 싸우는 것을 하책이라 합니다. 원컨대 그들이 마음을 굽히도록 해야 합니다."

말하자면, '일곱 번 놓아주고 다시 일곱 번 사로잡는다'는 칠종칠금은 남만인들을 진심으로 굴복시키려는 계책이다. 이는 사천지방,

즉 촉한의 풍속과 역사를 다룬 《화양국지華陽國志》에도 비슷한 형태로 등장한다.

제갈량은 북쪽에 힘을 쏟고 있었으나 남중에서 걸핏하면 반란을 일으키니 더 이상 그들이 기만을 부리지 않게 해야 했다. 그래서 맹획을 풀어줘 그의 군대와 합류케 한 다음 다시 싸웠다. 무려 일곱 번 포로로 잡아 일곱 번이나 풀어주니 맹획 등이 마음으로 복종했다.

칠종칠금을 거꾸로 한 칠로칠사七擄七赦라는 말이 조금 다르긴 하나 뜻은 그대로 통한다.

하지만 고증에 따르면 남만정벌이 있기는 있었으나 칠종칠금과 같은 이야기는 없었다고 한다. 부정론자들은 《정사》에 칠종칠금을 언급한 구절이 없고, 심지어 반란을 주도한 맹획의 이름조차 나오지 않는 사실을 들어 칠종칠금은 허구라고 말한다.

청나라 때 편찬된 《통감집람通鑑集覽》[57]은 부정론자들이 말하는 결과에 동의한다.

제갈량은 오월에 노수를 건너 가을에 네 개 군을 평정하고 12월에 군을 돌렸다. 지금의 운남성 경내에서 싸운 것은 불과 4개월 남짓했다. 운남은 산천이 험해 행군에 어려움이 많았다. 상황이 이랬다면 칠종칠금은 지어낸 이야기가 분명하다.

의견은 아직도 분분하나, 여명협은 《제갈량 평전》에서 이를 잘 정리해 놓고 있다. 즉 맹획을 풀어주고 잡은 일은 믿을 만하되, 일곱 번은 과장됐다는 것이다. 그는 《화양국지》《한진춘추》《양양기襄陽記》 등에 기록이 보이고, 정확한 사료 취합으로 이름난 사마광도 《자치통감》에 이 대목을 의심 없이 삽입한 것을 볼 때 지어낸 이야기가 아니라고 한다. 다만 일곱 번이라는 횟수가 삽입된 것은 한나라 이후 일곱이란 숫자를 숭상하는 세태가 있었기 때문이라고 덧붙인다.

실제로 서한시대 매승梅乘이란 이가 '칠발七發'이란 빼어난 부賦를 지은 이래 일곱이란 숫자는 한나라 400년을 풍미하게 된다. '칠발'이 큰 인기를 끌자 뒤이어 '칠격七激' '칠변七辯' '칠석七釋' '칠계七啓' '칠정七征' '칠명七命'과 같은 모방작들이 속속 등장했다. 이 때문에 '부'라는 문학 형식 안에 '칠림七林'이란 세부 문체가 생길 정도였다.

《문심조룡文心雕龍》에 나오는 "고시古詩 가운데 뛰어난 작품들을 어떤 이들은 매승이 지은 것으로 간주했다"는 표현이나, 《문선文選》58 주注에 실린 "고시는 대개 그 작자를 알 수가 없다. 혹자들은 매승의 작품이라고 하나 확실치 않은 것 같다"는 구절은 매승이 얼마나 유명했는지를 뒷받침한다.

따라서 인과관계를 정확하게 측정키는 어려우나, 굳이 일곱이란 숫자를 써서 칠종칠금을 창작해 낸 토대가 있었음을 짐작할 수 있다.

칠종칠금이 과장된 것이라면 오과국 사람들을 전멸시키다시피 해서 얻은 전과도 있을 리 없다. 그렇다면 만두는 어떻게 된 것인가? 공명이 죽은 병사들에게 죄책감을 느끼지 않았다면 만두를 만들어 달랜 일도 없었던 일이 된다.

내막은 이렇다. 고대 부족 간 전쟁에서는 항시 적의 머리로 제사를 지냈는데, 남중지역에서 특히 이 풍습이 성행했다. 그러므로 매번 싸울 때마다 반드시 사람을 죽여 그 머리를 놓고 제사를 지냈다. 이렇게 해야만 적의 사술邪術을 타파해 전쟁에서 이길 수 있다고 생각했다.

공명은 무고한 사람을 마구 죽이고 싶지 않았지만, 그렇다고 이 제사를 폐지해 남만군을 상대하는 군대 사기를 떨어뜨릴 수도 없었다. 이렇게 해서 마침내 '양과 돼지고기를 섞고 밀가루 반죽으로 싸서 사람 머리처럼 만든 것'으로 제사를 지냈다. 밀가루로 만든 만두蠻頭 야만족의 머리는 뒤에 음이 바뀌어 만두饅頭가 됐다. 이렇게 보면 과정이야 어쨌든 만두가 활인음식이라는 건 분명해진다.[59]

중국인들은 애써 부인하지만 원래 칠종칠금 고사에는 중화의식이 잔뜩 배어 있다. 동이, 서융, 남만, 북적이라는 말에서도 알 수 있듯이 남만 사람들은 철저하게 야만족 취급을 당했다. 서융과 북적, 동이가 틈만 나면 중원을 침범하고 왕조를 세우기도 했으나 남만은 그런 역사도 없다. 중원문명을 받아들이는 데도 남만은 다른 지역에 비해 가장 늦었다. 맹획은 당시 부족 중심으로 생활하던 남만 사회를 이끌던 일종의 '연합왕'이었다. 그러나 그것이 남만이었기에 결코 진정한 왕으로 인정되지 않았다.

중국인들이 말하는 천하는 원래 중국과 사이四夷 네 군데 오랑캐, 즉 동이, 서융, 남만, 북적를 통칭하는 것이다. 중국이 그 중심에 있으므로 모든 것은 마땅히 중국에 귀의해야 하며 그래서 소수민족은 중화라는 거대한 빛 앞에서 뻣뻣할 수 없다는 게 중국인들이 지닌 역사의식이다.

창려선생으로 불리는 당나라 대문장가 한유韓愈는 '원인原人'이란 글에서 이렇게 말한다.

위에서 형상으로 이뤄진 것을 하늘이라 하고, 아래에서 형상으로 나타난 것을 땅이라 하며, 그 둘 사이에서 생명을 가지고 생겨난 것을 사람이라고 한다. 위에서 형상화된 해, 달, 별은 모두 하늘의 것이요, 아래서 형상화된 풀, 나무, 산, 냇물은 모두 땅의 것이다. 이 둘 사이에서 생명을 갖고 있는 오랑캐와 새, 짐승은 모두 사람의 것이다.

대시인 소동파는 "논하노니 오랑캐들은 중국의 정치로써 다스릴 수 없는 것"이라고 단언했다. 심지어 유가의 대표적 경전인 《논어論語》에는 "동이나 북적에 임금이 있다 해도 중국에 임금이 없는 것보다 못하다"는 구절까지 나온다.

중국인이 사람이라면 오랑캐는 짐승과 동격이란 말이다. 한유나 소식 등이 유달리 인종차별적인 시각을 가졌던 건 아니다. 당시 중국 지식인이라면 예외 없이 그런 사고를 지닐 수밖에 없었다.

청나라 말엽 영국 동인도회사가 통상을 요구했을 때 황제인 도광제道光帝는 다음과 같이 답했다고 한다. 불과 160여년 전 이야기다.

"…남쪽은 만蠻이며 동쪽은 이夷다. 서쪽은 융戎이고 북쪽은 적狄이다. 성인의 책에 확실히 이렇게 쓰여 있다. 이 전통은 옛날부터 지금까지 변하지 않았다. 전통은 변할 수 있는 것이 아니다.”

오랑캐와 대등하게 통상을 한다는 건 한마디로 말도 안 된다는 소리다.

칠종칠금 고사가 널리 읽히고, 민중들에 의해 찬양된 데는 이런 인식이 깊숙이 도사리고 있음을 부인할 수 없다. 다만 지금 사람들이 지닌 시각으로 당대를 평가하는 건 무리라는 반론도 있기는 하다. 후인들이 전설에 덧칠을 한 탓도 있겠지만, 운남성 보산현에는 아직도 제갈촌이란 마을이 있다고 한다. 더불어 곳곳에 제갈이라는 지명이 전해지는 것도 제갈량이 당시 이 땅을 마음으로 복속시켰음을 입증해 주는 것이라고 한다. 그래서 일부 학자들은 제갈량이 남중을 상대로 펼친 민족정책을 그가 처한 역사적 상황을 고려해 평가해야 한다고 말한다.

그렇지만 칠종칠금은 오늘에 이르러서도 중화의 힘을 미화하는 한편 소수민족들에게는 복속만이 살 길이라는 메시지를 던지는 강력한 도구로 활용되고 있다.

중국 정부는 지난 1987년 운남성 성도인 곤명시昆明市 북동쪽에 있는 곡정시 백석강가에 칠종칠금 고사를 나타내는 거대한 조각물을 세웠다. 높이 4미터, 길이 60미터의 이 대리석 조각에는 60여종의 새와 동물, 그리고 결맹의 잔을 들고 있는 공명과 맹획을 중심으로 한족과 소수민족 100여명이 부조되어 있다.

관작 일화와 관우_

중국에서 시작된 작위爵位는 공후백자남公侯伯子男이란 다섯 가지로 구분된다. 《사기》를 보면 주나라 왕실에 기여한 공로나 다스리는 영토 크기에 따라 경공이니, 진후니, 소백이니 하는 제후들이 나온다. 춘추시대 막바지에 이르면 힘을 키운 제후들이 공후백자남에 만족하지 않고 왕을 자처하기 시작한다.

오행五行 사상에 입각해 만든 5등작 제도는 그러나 진秦나라가 천하를 통일하면서 잘 쓰이지 않았다. 진대 이후로는 공이 있는 신하를 후侯로 봉하는 게 일반적이었다.

고래로 동양에서는 국가가 개인에게 관작官爵 벼슬과 작위을 하사하면 이것이 그 사람의 사회적 위상을 나타내는 것으로 굳어졌다. 관은 벼슬이고 작은 이른바 대우에 해당된다. 작위인 후侯를 줄 때는 개인 영지인 식읍食邑을 내리는 것이 관례였으며, 식읍을 주지 않을 경우는 관내후關內侯라고 불렀다.

《삼국지》의 주인공 관우는 조조에 의해 한수정후漢水亭侯 관내후라는 작위를 받았고, 이 단어는 이후 관우를 나타내는 보통명사로 발전했다. 여기서 정후亭은 한고조 유방이 정장亭長 출신이었다는 데서 알 수 있듯이 작은 고을을 말한다. 정후보다 큰 것으로는 향후鄕侯, 현후縣侯 등이 있다.

《연의》나 《정사》를 읽을 때 관작에 얽힌 이야기를 더듬어 보는 것은 무척 흥미롭다. 《연의》에서 유비는 삼고초려 당시 자신을 맞는 공명의 동자로부터 "누구시라고 여쭐까요?"라는 말을 듣고선 이렇게 말한다.

"한漢 좌장군左將軍 의성정후宜成亭侯 영領 예주목豫州牧 황숙皇叔 유비라고 아뢰어라."

좌장군은 황제로부터 받은 벼슬 이름이고, 의성정후는 작을 이야기한다. 영 예주목이란 명목상 벼슬인 예주의 목지사을 나타내는 것이고, 황숙은 황제의 아재비라는 말이다. 이런 복잡한 이름을 들먹이자 동자는 "그 많은 관작을 어떻게 외웁니까?"라고 맹랑한 소리를 지껄인다. 그러자 유비는 어이가 없는 듯 그러면 황숙 유비로 줄여서 말하라고 한다. 명성이 높은 영웅 유비가 초가에 살던 농부 제갈량을 몸소 찾은 사실을 극적으로 꾸미기 위해 만든 첫 장치다.

공명이 출사표를 올린 후 북벌을 떠날 때 가지고 있던 관작은 '평북대도독平北大都督 승상丞相 무향후武鄕侯 영 익주목益州牧 지내외사知內外事'란 길고도 거창한 이름이다. 여기서 평북대도독은 북벌군 총사령관이란 뜻이며 승상은 벼슬 직함, 무향후는 작을 말한다. 지내외사라는 말은 조정 일과 전선의 군무를 통할한다는 상징적인 뜻을 담고 있다. 후대 학자들은 18자로 이뤄진 공명의 출정 관작에서 북벌에 임하는 그와 촉한 사람들의 의지를 잘 읽을 수 있다고 말한다.

그러나 이런 관작은 관우 사후에 붙여진 이름에 비하면 새 발의 피다. 무신武神인 관우를 추모하기 위해 묘를 만드는 풍습은 수나라 때부터 시작돼 당나라 때 절정을 이뤘다. 관우묘는 공자를 모시는 문묘文廟에 대응해 무묘武廟로 불렸다. 북송 말부터 관우의 지위는 갈수록 높아져 후에서 공公으로, 공에서 왕王으로, 왕에서 황제皇帝로, 황제에서 성聖 혹은 천天으로까지 뛰어올랐다. 북송 휘종은 관우를 '우러름을 받는 신선'이란 뜻을 지닌 숭령진군崇寧眞君으로 봉했는가 하면 명나라 만력제는 관성제군關聖帝君이란 이름을 붙였다. 결국 황제를 능가할 정도로 높아진 그의 봉호封號는 공식적으로 모두 26자에 이르렀다.

충의신무령우인용위현호국보민정성수정립찬선덕관성대제

忠義神武靈佑人勇威顯護國保民精誠綏靖拉贊宣德關聖大帝

26자를 풀이해보자. 충의는 말 그대로 충성스럽고 의롭다는 뜻이다. 신무란 신 같은 무용武勇을 지녔다는 것이고, 영우인은 그 같은 충의신무를 지닌 혼령이 사람들을 돕는다는 뜻이다. 용위현호국보민은 신처럼 용맹한 자태로 나라를 지키고 백성을 보살핀다는 말이고, 정성수정립찬선덕 또한 마음을 기울여 백성들을 편안케 하고

덕을 베풀어 사람들을 인도한다는 말이다. 누가? 바로 관성대제 관우가!

어마어마한 이 이름이 뜻하는 바는 관우가 충성과 의리의 화신이자, 죽어서도 나라와 백성을 깊이 아끼는 불멸의 영웅이라는 점을 누누이 강조하는 것이다. 위인을 찬양할 때 붙이는 좋은 글자는 총동원된 셈이다.

원래 관우는 동시대를 살았던 사람에게는 단순히 용맹한 호신虎臣에 지나지 않았다. 이는 촉한 사람 양희가 쓴 '계한보신찬季漢輔臣贊 촉한 명신들을 찬양한 글'에서 잘 드러난다.

관우와 장비는 무용이 뛰어나며 몸을 바쳐 세상을 바르게 하고, 주상을 높이 받들었으며 기세가 호랑이처럼 장렬했다. 주상 곁을 지키며 전쟁터로 번개처럼 달려나가 대업을 도모했다. 한신韓信 전한시대 무장이나 경감耿龕 후한시대 무장과 공적을 비교하면 명성과 덕을 나란히 할 만하다. 그러나 사람들을 사귀거나 대함에 무례하거나 흉악했다. 그들의 얕았던 생각과 태도를 애도한다.

사람을 대할 때 무례했다는 건 관우를, 흉악했다는 건 장비를 말한다. 진수도 《정사》에서 관우를 "졸오卒伍 병사를 따뜻이 대하나 사대부에게는 교만했다"며 "실패한 것은 당연한 이치"라고 그리 좋은 평가를 내리지 않는다.

중국사가 황인우는 그런 결점을 보다 더 정확하게 지적한다.

"관우는 마음을 열고 은혜를 베풀면서 부하를 장악하지 못했고,

적정敵情 적군의 상황에 대한 판단 또한 겉치레 수준이었다. 또 입을 열어 사람을 욕하고 외교수완이 없어 양쪽에서 적을 만나는 우를 범했다. 그래서 마지막에 그의 부대는 싸우지도 못한 채 스스로 무너져 내렸다. 이런 기록은 표준이 되는 문헌에 나오는 것인데, 중국 민간에서 여전히 관우를 싸움신으로 받들고, 비밀결사들이 그를 맹주로 삼아 제사 지내는 것은 참으로 이해할 수 없는 일이다."

청나라 학자 왕부지王夫之는 《독통감론讀通鑑論》[60]에서 삼국시대 때 천하대세를 제대로 이해하고 있던 인물은 조조와 제갈량, 그리고 노숙뿐이었다며 유비가 관우로 하여금 형주를 지키게 했지만, 그는 천하대세를 이해하지 못했기에 결국 패망하고 말았다고 분석한다.

송 태조 조광윤은 한술 더 뜬다. 그는 일찍이 주나라 무왕과 성왕을 모신 사당에 들렀다가 회랑 양쪽에 그려진 역대 명장들의 화상畵像을 보고 말했다.

"공로와 업적에서 처음부터 끝까지 허물이 없어야 한다."

그가 이렇게 말한 후 반초와 진숙보 등 23명이 회랑에 새로 얼굴을 올린 대신, 관우와 장비 등 22명은 밀려났다. 성공을 필생의 대의로 삼았던 그에게 관우는 허물 많은 장수에 불과했던 것이다.

임진왜란 직후 명나라 신종은 조선에 관우사당을 짓도록 했다. 그는 필요한 물품까지 대주며 조야朝野가 더불어 군신軍神인 관우를 받들기를 원했다. 하지만 당시 조선 사대부들은 이 같은 압력에 내심 불복했다. 촉한을 제대로 지키지도 못한 장수를 군신으로 떠받들라니. 어떻게 관우가 외침을 막을 수 있느냐고?

하지만 허물 많은 장수였던 관우는 세월이 흐르면서 영웅으로 떠오른다. 교만했던 성품도 오히려 장점으로 바뀌었다. 여기엔 민간사회에 들끓던 충효 및 의리 관념이 큰 역할을 했다. 비록 당대에는 실패했지만 관우는 충忠과 의義, 양 방면에서 신실한 태도를 보인 모범 인물이었기에 일약 《연의》의 주인공이 될 수 있었다. 이런 관념은 또한 송은 물론 원, 명, 청 제국을 지탱하는 지주로 작용한 터라, 관우는 정부와 민간 양쪽에서 숭앙될 수밖에 없었다.

《고증 삼국지》 저자인 이전원, 이소선은 그 내막을 소상하게 풀어놓고 있다.

관우의 인품과 처세 원칙은 각 계급의 기대에 따른 것이었다. 힘든 처지에 놓인 가난한 농민은 정의를 위해서 싸울 의사義士를 요구하고 있었다. 사람들은 처세나 교우 측면에서 성의 있는 대응과 아첨하지 않는 태도를 기대했다. 의협의 세계에 사는 사람은 형제와 친구가 의를 존중하고 고난을 함께하는 것을 희망했다. 역경에 처해 있는 사람은 성실하게 서로 돕는 미덕을 존중했다. 요컨대 관우의 몸에는 중국사회 각 계급이 기대하는 인격미가 보편적으로 반영돼 있었다. 그래서 관우는 민간에서 신으로 숭배된 것이다.

관우가 겪은 성패成敗가 중요한 것이 아니라, 그가 일관되게 추구해온 삶이 많은 이들에게 공감을 불러일으켰다는 설명이다. 이는 수

탈에 시달리던 중국 민중들이 비밀결사 활동에 적극적이었던 것과 일맥상통한다. 민중들은 현실적으로는 비밀결사를 통해, 정신적으로는 관우숭배를 통해 자신들이 처한 어려움을 헤쳐나가고자 했던 것이다.

물론 후대 학자들 중 일부는 관우가 신격화된 진짜 원인을 그가 소금산지인 산서 해주解州 출신이었기 때문이라고 진단한다. 천하를 석권한 산서상인들이 동향 선배인 관우를 자신들을 돌보는 재신財神으로 숭배한 것이 각지로 퍼져 나갔다는 것이다.

이 같은 풍습은 지금도 여전히 이어져, 화교가 뿌리를 내리는 곳에는 어김없이 관우묘가 세워진다. 관우묘뿐만이 아니다. 화교 상점 안에는 관우 초상화도 함께 걸린다. 요즘은 보기 드물지만 한때 국내 화교들이 운영하던 중국 음식점에도 수염을 늘어뜨린 채 양아들 관흥關興과 심복 주창周倉을 거느린 관우의 초상화가 떡하니 걸려 있는 경우가 많았다. 그중에서도 심복 주창이 들고 있던 청룡도靑龍刀는 인기 만점이었다.

하지만 관우를 기리는 일이 아무리 재신숭배에서 비롯됐다 하더라도, 관우 개인이 지닌 캐릭터가 그런 숭배 수요를 충족시키지 못했다면 이는 성립되지 않았을 것이다. 어려운 시대를 살았거나 살고 있는 사람들에게 자신들이 기대하는 인격미를 갖춘 '위인'은 필수불가결한 존재이기 때문이다.

청나라 강희제 시절 관우는 또다시 무성인武聖人으로 책봉된다. 강희제를 이은 옹정제 또한 《대의각미록大義覺迷錄》에서

"충의는 중국의 성인이 가르친 부동의 교훈이며, 민족을 초월해서 가치를 지니는 도덕"이라며 관우를 받든다.

재미있는 것은 관우에게 숨겨진(?) 경쟁자가 있었다는 사실이다. 관우만큼이나 중국인들로부터 사랑받는 남송의 장군 악비岳飛가 그 주인공이다. 그는 송나라 순희 6년서기 1179년에 무목武穆이란 시호를 받았으며, 가정 4년1211년에는 악왕岳王으로 추봉됐다.

그러나 진회에게 모함을 당해 억울하게 죽은 악비는 금나라를 상대로 전쟁을 치렀다. 금나라 후손인 청나라 조정은 자신들의 선조와 싸운 악비를 드러내놓고 찬양할 수 없었다. 악비는 그래서 명나라에 이어 청나라에서도 성인 반열에 오른 관우와는 달리 왕에서 그칠 수밖에 없었다.[61] 이 또한 관우가 독보적인 위치를 점하는 데 일조했다.

사족 하나. 무협물을 좋아하는 사람들에게 개방丐幫 거지 집단이니 관제묘關帝廟니 하는 말은 무척 친근하다. 개방은 무협물에 감초처럼 등장하는 무술 거지집단이고, 주인공들이 툭하면 밤에 약속 장소로 정하는 관제묘는 바로 관우를 모신 사당이다. 관우가 관성대제가 됐기에 관우묘라 하지 않고 관제묘라 부른다. 관제묘는 원, 명, 청을 거치는 동안 무묘武廟로 확실하게 자리 잡는다. 적어도 그곳이라면 민중들의 수호신인 관우의 가피加被 부처나 보살이 자비를 베푸는 일가 있을 것이라는 믿음 때문이었다.

나무가 새를 골랐을까_

《춘추좌씨전春秋左氏傳》 애공 11년 기사記事에 다음과 같은 일이 기록돼 있다.

위衛나라 군주인 공문자가 원한관계에 있던 태숙질을 공격하려고 하면서 당시 위나라에 머물던 공자에게 의견을 물었다. 공자는 "제례에 대해서는 배운 바 있으나 군사에 관한 것은 모르겠습니다"라고 답한 후 제자들을 데리고 황급히 공문자를 떠났다. 의아해하는 제자들에게 공자는 유명한 말을 남긴다. 바로 양금택목良禽擇木 현명한 새는 좋은 나무를 골라 둥지를 틂이다. 그는 공문자가 섬길만한 인물이 아니라면서 "새가 나무를 고르지, 나무가 어찌 새를 고르랴?"라고 했다.

'새가 나무를 고른다'는 말은 영웅들이 명멸하던 시대를 엿볼 수 있는 핵심 키워드 중 하나다. 몸을 담을 진영을 잘 골라야 한다는 뜻도 있고, 아울러 주인이 신통치 않을 경우 과감하게 떠날 수도 있다는 말이다.

여포는 정원의 곁을 떠나 동탁에게 갈 때 옛 주인 정원의 목을 잘랐을 뿐 아니라, 동탁을 저버릴 때도 앞장서 그를 주살했다. 몸을 의지하던 나무를 가장 잔인하게 배신한 철새가 바로 여포다. 그래서 백문루에서 조조에게 사로잡혔을 때 유비는 여포를 어찌 처리했으면 좋겠느냐는 조조의 물음에 "승상께서는 여포가 정원과 동탁을 섬기는 것을 보지 않았습니까?"라며 그를 죽이기를 재촉했다.

반면 서황은 여포와 질이 다른 행보를 보여준다. 비록 《정사》 기록에는 없지만 《연의》는 그를 아름다운 새로 평가한다. 양봉과 한섬에게 몸을 담고 있던 그가 조조에게 귀순할 때다. 만총은 두 사람의 목을 가지고 가는 것이 어떠냐고 권유한다. 하지만 서황은 이를 일언지하에 거절한다. '아랫사람이 되어 그 주인을 죽이는 것은 큰 불의'라는 것이 그 이유였다.

언뜻 생각하면 지극히 당연한 말인 듯싶으나 난세에는 공을 세우는 것이 입신의 지름길이었고, 적장의 목을 취하는 것은 그중에서도 으뜸이었다는 정황을 고려할 때 서황의 행보는 '새는 나무를 가려 앉되 떠난 나무는 흔들지 않는다'라는 해석에 가장 충실한 사례라고 할 수 있다. 혹자는 주인을 배반한 데 대해 의를 저버렸다고 비난할지 모르나, 양봉과 한섬이 새가 앉을 만한 나무가 아니라는 대목에 이르면 이런 식의 비난은 설득력이 없다.

공자는 춘추시대 제환공을 패자覇者[62]로 만든 관중을 높게 평가한다. 충절을 지키지 못하고 주인을 바꾸기는 했으나, 선비의 이상을 실현했다는 점에서 그렇다. '새는 나무를 가려 앉는다'는 말은 곧 관중을 평가한 대목과 맥락을 같이한다.

　　하지만 유비가 제갈량을 세 번 찾았다는 '삼고초려三顧草廬'는 이 같은 고전 명제를 완전히 뒤엎는 것으로, 지금도 논란을 불러일으키는 대목이다. '선제께서 수고로움을 마다 않고 세 번 신을 찾아주심에 감격하와'라는 공명의 출사표를 그대로 믿는다면 이는 분명히 나무가 새를 고른 격이 된다. 공자 이야기와 정면으로 배치되는 고사다.

　　공명은 전출사표前出師表 중간 부분에서 분명한 어조로 말한다.

　　신은 본래 평민으로 남양 땅에서 한낱 논밭이나 갈며 난세에 겨우 목숨이나 부지하려고 했기에 제후에게 이름이 알려져 등용되기를 원치 않았습니다. 그러나 선제께서는 신을 비루하다 하지 않고 외람되이 스스로 몸을 낮추고 세 번 초막을 찾아 당시 세상사를 물었습니다. 신은 이에 감격한 나머지 드디어 선제폐하를 위해 몸을 바치기로 마음먹었던 것입니다.

　　어환의 《위략魏略》[63]이나 사마표의 《구주춘추九州春秋》[64]는 이에 대해 형주에서 허송세월하고 있던 유비를 공명이 먼저 찾았다는 일화를 선보이면서 공자를 본떠 '새가 나무를 고르지, 나무가 새를 고르는 법이 있겠는가?' 하는 느낌을 강하게 풍긴다.

　　이 중 《위략》이 전하는 전말을 보자.

　　조조는 당시 하북을 평정하고 여세를 몰아 형주를 칠 준비를 하고 있었다. 그러나 형주를 다스리던 유표는 시세를 깨닫지 못한 채 태평스럽게 지내고 있었다. 공명은 이때 유표의 객장客將으로 번성에 머무르던 유비를 찾았다. 털을 가지고 깃대를 만드는 취미를 지니고 있던 유비는 마침 이때 선물로 받은 물소 꼬리털로 작업을 하느라 공명이 옆에 와 있는지도 몰랐다.

그러자 공명은 "장군께서는 좀 더 원대한 뜻을 지니고 계신 게 아닙니까?"라고 물었다. 유비는 이 말을 듣고 놀라 깃대를 내던지며, "무슨 소리요? 이건 심심풀이로 하는 것이오"라고 답한다. 공명은 유비가 정색을 하자 자신이 온 목적을 밝히며 묻는다. 이제 조조가 대군을 내리고 내려올 텐데 어떤 복안을 가지고 있느냐? 유표가 조조에 대응할만한 인물이라고 보느냐? 유비는 귀가 솔깃해 공명에게 대책을 묻는다. 위략에서 전하는 첫 대면은 이렇게 정리된다.

이 일화는 삼고초려를 부정하고 '새가 나무를 고른다'는 고전 명제가 유효함을 상기시킨다. 하지만 《정사》 배송지주는 출사표 기록을 방패 삼아 아주 간단하게 위략의 기록을 허구라고 단정하고 "눈으로 본 것과 전해 들은 것은 언제나 어긋나게 마련이다. 하나 이토록 정반대가 되는 수는 드물다"고 탄식하고 있다.

 《정사》를 비롯한 다른 역사서에 비해 신뢰도가 크게 낮은 저작이다. 중국 역대 왕조가 공식적으로 인정한 사서史書가 아닌데다, 확인되지 않은 풍문을 많이 싣고 있는 책이다. 따라서 굳이 배송지를 들먹이지 않더라도 《위략》이나 《구주춘추》에 비해 출사표에 믿음이 가는 게 사실이다.

공명이 종신토록 촉한에 충성을 바친 것은 자기가 골라 앉은 나무 때문이 아니라, 새를 알아준 나무에 대한 보답이라는 게 대체적인 평가다. 《춘추좌전》에서 공자가 말한 것이 난세를 살아가는 지식인들의 일반적인 처세훈이라고 한다면, 삼고초려는 이 같은 통례를 뛰어넘는 특별한 경우가 되는 것이다.

원래 중국 고전에는 '양금택목'을 뒷받침하는 많은 이야기가 있다. 그중에서도 몸담고 있는 곳을 떠날 때 신하가 행하는 행동을 3이란 숫자로 풀이해 놓은 건 매우 흥미롭다. 《예기禮記》[65]에는 "현명한 신하는 (군주가 잘못을 저질렀을 때) 세 번 간해 듣지 않으면 물러난다"는 구절이 있다. 《설원說苑》'정간正諫'편에도 "세 번 간하여 받아들여지지 않으면 떠나는 바, 떠나지 않으면 몸이 망하게 되며, 몸이 망하는 것은 어진 사람이 행할 바가 못 된다"는 대목이 있다.

군신君臣 간 도리로 정립된 절대주의를 비판하고 신하가 자유를 가져야 함을 역설하는 말이다. 유비가 공명에게 행한 삼고三顧는 바로 이 삼간三諫에 대응한다고 볼 수 있다. 세 번 찾아 그 사람을 데려오는 건, 세 번 간해도 듣지 않을 경우 물러나는 것과 정확하게 대비된다.

일본학자 모리야 히로시守屋 洋는 '새는 나무를 가려 앉는다'는 공자의 말이 일반화된 관행이었다면 삼고초려야말로 중국의 군신관계에 코페르니쿠스적인 전환을 가져온 새로운 사상이라고 말하고 있다. 그는 "유교 이데올로기에 의해 지탱돼온 한대漢代 세계가 소리도 요란하게 붕괴돼 버린 이상 군신관계도 새로운 사상에 입각해서 재건되어야 했다"며 "유비는 무식하긴 했으나 이 점을 간파했기에 삼고초려를 몸소 실행했으며, 그의 성공은 상당 부분 이 신사고에 힘입은 바 크다"고 결론짓고 있다.

　물론 코페르니쿠스적 전환이라고는 해도 삼고초려가 '획기적인 일'은 아니었다. 위진남북조사를 전공한 박한제 교수는 "삼고초려는 그들만의 가화佳話 아름다운 이야기가 아니었다. 유표는 방덕공을 초빙하려고 몇 차례나 찾아갔으나 결국 탄식하면서 물러났다. 손책이 장굉을 참모로 두게 된 것도 여러 차례 그를 방문한 끝에 이룬 성과였다"고 말한다.

　삼고초려가 너무나 독보적인 이야기이기에 비슷한 다른 사례가 묻혔을 뿐이라는 지적이다. 이렇게 본다면 삼고초려는 이를 완성시킨 두 영웅유비와 제갈량을 추종하는 분위기 때문에 지금과 같은 위상이 유지되고 있다고 보는 게 타당할 것 같다.

천명은 과연 존재하는가_

충절지사忠節之士인 백이와 숙제는 비극으로 생을 마쳤다. 반면 많은 사람을 밥 먹듯이 죽인 도척은 향락에 물든 생애를 보내고도 천수를 누렸다. 사마천은 그래서 《사기》 '백이열전伯夷列傳'에서 "천도天道는 과연 옳은가? 그른가?"라고 절규했다. 이 절규에는 그 자신이 '옳은 일을 하고도' 궁형宮刑이란 치욕스런 형벌을 당한 분노도 들어 있다. 그런가 하면 '외척세가外戚世家'에서 "공자가 천도를 이야기하는 경우는 매우 적었는데, 이는 천도를 분명하게 말하기가 곤란했기 때문일지 모른다"고 썼다. 대역사가 사마천이 보기에도 천도란 '짐작하기 어려운 것'이었다.

천도란 말 그대로 하늘의 도리, 즉 우주만물을 지배하는 근본원리다. 천리天理 혹은 천시天時로도 바꿔 부를 수 있다. 천명天命은 그런 하늘에게서 받은 명이다. 천도와 천명은 굳이 파고들자면 다소 다른 개념이지만 여기서는 인간이 꾀하는 일, 즉 인사人事에 대비되는 개념으로 통칭한다.

분열과 통일이란 두 단어가 길항 관계를 형성하고 있던 삼국시대는 불확실성으로 가득한 때였다. 패권을 노리는 이들은 그래서 사람들을 귀속시키기 위해 저마다 천명이 자신에게 있음을 외쳤다. '하늘이 나를 도우니 모두 나를 따르라'는 게 그들이 외치는 소리였다.

대다수 군웅群雄[66]이 천명을 외쳤다고 해서 그들이 진정 천명을 체감하고, 이를 바탕으로 일을 도모한 건 아니다. 그런 목소리를 낸 배경에는 '성공하면 다행이고, 그렇지 않더라도 손해 볼 것 없다'는 인식이 도사리고 있었다.

그렇지만 그 누구도 천명을 정면으로 부정하진 않았다. 그것이 진짜 존재하는지 여부에 대해서는 의견이 분분했지만, 하늘이 일정한 도道를 지니고 있고 그 도가 어떤 형태로든 작용천명한다는 것에는 모두 동의했다.

그렇다면 과연 사람이 행하는 모의謀議는 어느 정도까지 인정할 수 있을까? 인사人事는 천도를 따르는 미미한 종속변수에 불과한 것일까? 아니면 그 자체로 독립적인 동력을 지닌 것이라고 보아야 할까?

조조가 쓴 시 '보출하문행步出夏門行'을 들여다보자. 그는 이 시 다섯째 장에서 이렇게 노래한다.

늙은 말 구유에 엎어져 있으나

기개만큼은 천리를 내달릴 듯하다

열사도 늙음을 피할 순 없으나

굳건한 기상은 끝이 없도다

인생사 모든 성패가

하늘에만 달려 있지는 않다[67]

이 시는 조조가 지닌 영웅적 기개를 잘 드러낸 것으로 알려져 있지만, 마지막 구절에서 읽히는 것은 '천명이 모든 것을 좌우하지 않는다'는 소신이다.

후한시대 유학자 중장통은 《창언昌言》에서 "인간사가 바탕이고 천명은 말단"이라고 명쾌하게 결론짓는다. 《순자荀子》에는 "천체 운행에는 상도常道가 있는데, 요임금어진 군주 때문에 존재하지도 않고 걸왕포악한 군주 때문에 없어지지도 않는다"는 구절이 있다. 조조, 중장통, 순자를 잇는 공통분모는 인사가 우선이라는 사고다.

그래서 처음 초옥에서 유비를 만났을 때 제갈량은 이렇게 말했다.

"조조는 원소에 비해 명망도 미미하고 무리도 적었으나 마침내 원소를 제압했습니다. 약한 것으로 강한 것을 이겼으니 이는 천시天時가 아니라 사람의 모의라고 보아야 합니다."

진나라 양호羊祜는 무제 사마염에게 오나라 정벌을 청하면서 이렇게 강조했다.

"무릇 기운은 하늘이 주는 것이라고 해도 공업功業은 반드시 사람의 노력에 의해 성취되는 것이니, 크게 군사를 동원해서 적을 쓸어

버리지 않으면 병역兵役 전쟁으로 인한 피해, 전쟁을 치르는 데 드는 노역을 통칭함이 그칠 때가 없을 것입니다.”

설령 천명이 있다 한들 공업을 이루는 것은 사람의 머리와 손에 달렸다는 지적이다.

제갈량은 서기 223년 위나라로부터 항복을 권유하는 편지를 받았을 때 천명이 지닌 오류를 지적하면서 이를 단호하게 거부한다. 위나라 중신인 화흠과 왕랑, 진군, 허지, 제갈장 등 5명은 이해 제각기 제갈량에게 ‘천명이 위나라에 있기 때문에 항복해 속국을 자청하라’는 편지를 보낸다.

중원을 평정한 대국 위나라를 거스르는 것은 곧 천명에 위배되는 것이기에 나라와 백성을 생각한다면 번국藩國 신하 나라을 칭하는 것이 마땅하다는 게 그들이 제시한 논리다.

제갈량은 이에 대해 구체적인 사례를 들어 조목조목 반박한다. 그는 먼저 유방과 항우의 쟁투를 꼽는다. 당시 항우는 강력하고 숫자도 많은 정예부대를 갖고 있었으며 중원을 차지하고 있었다. 거기다 이름뿐이지만 황제의제를 말함의 권위도 업고 있었다. 언뜻 보기엔 천명을 받은 듯했다. 하지만 그는 병력도 약하고 세력도 고립돼 있던 유방에게 패하고 말았다.

전한을 찬탈한 왕망王莽 또한 자신에게 천명이 돌아왔다며, 고대 이상사회인 주나라를 벤치마킹한 신新을 건국했다. 그러나 거듭되는 실정으로 불과 10여년 만에 망하고 말았다. 반면 장안에 유학하던 일개 서생인 광무제 유수는 간난신고 끝에 천하를 움켜쥔다. 제갈량은 이 과정을 다음과 같이 설명한다.

"광무를 도운 운태 28장將[68]과 마원의 무리는 함께 머리를 맞대고 모의를 짜냈다. 군신이 한마음이 된 데다 모의가 정확했기에 마침내 한나라 중흥이란 대업을 이뤘다. 그가 이룩한 창업과 수통垂統 훌륭한 사업을 후손에게 전함은 '사람의 모의'가 얼마나 중요한지 잘 말해준다."

포의布衣 벼슬길에 나가지 않은 시골선비로 지내다 만년 객장客將으로 떠돌던 유비와 의기투합한 후 형주에 이어 익주까지 점거하는 데 성공했기에, 제갈량은 인사가 천명에 우선한다는 관념을 굳게 견지하고 있었다.

하지만 결과만 놓고 보면 삼국통일 전에 죽기는 했으나 통일대업을 이끌어낸 양호와는 달리, 제갈량은 끝내 중원회복이란 꿈을 실현하지 못한다. 촉한은 그가 죽은 후 계속 소국으로 존재하다 명을 다하고 만다.

《정사》를 쓴 진수陳壽는 천명을 뿌리치고 '사람의 힘'을 강조한 제갈량을 어떻게 평가하고 있을까?

옛날 소하는 한신을 추천했고, 관중은 왕자성보王子城父를 추천했는데, 이는 자신을 헤아려볼 때 모든 장점을 다 갖추지 못했기 때문이다. 공명의 재능과 정치수완은 관중과 소하에 비길 만했지만, 당시 장수 중에는 한신이나 왕자성보 같은 이가 없었다. 아마 천명이 돌아가는 바가 있어 지력智力으로 다투기가 불가능했던 듯하다.

제갈량에게 적국을 정벌할 장재將材 장수로서의 자질를 지닌 사람이 없었다는 사실을 아쉬워하고 있긴 하지만, 그 또한 천명이 그렇게 이끈 게 아닌가 하는 설명이다.

《자치통감》에는 오나라가 망한 후 황제 사마염이 신하들과 오나라 패망 원인을 놓고 벌이는 대화가 등장한다. 천명을 말하고 있다는 점에서 이 대화는 심오한 여운을 남긴다.

황제가 어느 날 조용히 산기상시 설영에게 손호가 망하게 된 원인을 묻자 설영이 답했다.

"손호는 소인을 가까이 한 데다 형벌을 남발하여 대신과 여러 장수들이 자신을 보전할 길이 없었습니다. 이것이 바로 손호가 망한 원인입니다."

그러나 다른 날 이를 오언에게 묻자 오언은 정반대로 답했다.

"오주吳主 손호는 영준했고 재보宰輔 군주를 보좌하는 중신들 또한 현명했습니다."

황제가 웃으며 말했다.

"만일 그와 같다면 어째서 망한 것이오?"

오언이 담담한 어조로 답했다.

"천록天祿 하늘이 주는 복록은 영원히 존재하는 것이나, 역수유속歷數有屬 귀속할 곳을 일일이 따짐하는 법입니다. 그래서 폐하에게 포로로 잡힌 것입니다."

황제가 고개를 끄덕이며 말했다.

"과연 그 말이 일리가 있소."

현실정치라는 관점에서 볼 때 오나라 패망 원인은 설영이 말한

게 옳다. 손호는 즉위 초기를 제외하고는 줄곧 폭정과 혹형을 일삼았다는 게 대체적인 평가다. 민심이 그런 손호와 황실을 떠났기에 북군北軍 진나라 군대이 북소리를 한번 울리자 오나라는 순식간에 붕괴되고 말았다.

그럼에도 황제는 오언의 지적에 고개를 끄덕인다. 왜 그랬을까? 삼국통일이란 대업을 '천명을 들어 형이상학적으로 뒷받침하는' 센스에 공감했기 때문이다.

명나라 유학자 방효유는 《심려론深慮論》에서 "(어떤 일을 처리할 때) 이쪽을 심사숙고하면 저쪽에서 재앙이 생겨 마침내는 혼란과 재난에 빠질 수밖에 없다"며 그 이유를 지혜로 인사를 꾀할 순 있어도, 천도를 꾀할 순 없기 때문이라고 설명한다.

《연의》에는 비슷한 말로 '모사재인謀事在人 성사재천成事在天'이 등장한다. 일은 사람이 꾸미되 성사 여부는 하늘에 달렸다는 뜻이다. 사마의 3부자를 상방곡에 몰아넣고 불로 태워 죽이려던 공명은 갑자기 비가 내리면서 그들이 탈출에 성공하자, 탄식하면서 이렇게 말한다.

"아무리 머리를 쓰더라도 인력으로 감당할 수 없는 일이 있구나!"

한나라 공신 장량의 일대기를 다룬 《사기》 '유후세가留侯世家'에도 천도를 빌어 하는 말이 들어 있다.

고제高帝 유방가 곤궁에 처한 것이 여러 차례였는데 유후장량는 그때마다 늘 공로를 세웠으니, 이 어찌 하늘의 뜻이 아니겠는가!

진수와 오언을 거쳐 사마천이 장량을 찬탄한 구절에 이르면 전체를 아우르는 건 천명이고, 인사는 다만 그 아래 놓인 범주일 뿐이라는 결론에 도달한다. 하지만 이처럼 천명이 강조되다 보니 '엉뚱한 논리'가 대세를 정당화하는 데 쓰이기도 했다.

《정사》촉서 '두경전杜瓊傳' 배송지주에는 이런 이야기도 나온다.

초주가 말하길 선주는 휘諱 군주의 이름를 비備라고 했는데 이를 풀이하면 갖춘다具는 뜻이다. 후주는 휘를 선禪이라고 했는데 이는 준다授는 뜻이다. 즉 나라를 만들어 다른 이에게 주어야 한다는 것이다.

유선이 진晉에 항복해 나라를 바쳤다는 사실을 이야기하는 것이다. 하지만 이는 교묘한 말장난이 아닐 수 없다. 촉한이 군주 이름에 담긴 뜻대로 정해진 길을 가야 했다면, 오나라 멸망은 어떻게 해석할 것인가? 손권은 권세權를 쥐고 있었고, 그 뒤를 이은 손량孫亮, 손휴孫休, 손호孫皓는 제각기 밝고, 쉬게 하며, 깨끗했는데 어찌 국운이 쇠퇴할 수 있었다는 말인가?

진수가 '지력으로 다툴 수 없는 일이 있다'고 말한 사실을 부인할 순 없다. 어떤 일이든 성패는 반드시 갈라지기 때문에, 그 결과가 천명에 따른 것이었다고 주장할 수 있다. 그렇다고 제갈량과 양호가 말했듯이 인간의 모의를 얕잡아 볼 수도 없다. 아무리 천명이 있다 한들 결과를 도출하는 과정은 '피와 땀'이 뒤섞이지 않고선 성립되지 않기 때문이다.

송나라 명신名臣 구양수歐陽修는 오대사五代史 영관전伶官傳 가무음곡을 담당한 황제 측근에 관한 열전 서문에서 이렇게 말했다.

아 슬프다. 비록 한 나라의 흥망성쇠가 천명에 의해 정해진 것이라고는 하나 어찌 사람이 하는 일과 무관하다고 하겠는가?

후당後唐의 군주 장종이 아첨배인 영관들 때문에 일패도지一敗塗地 여지없이 패하여 다시는 재기 못함한 것을 탄식한 말이다.

그래서 시인 소동파는 '삼괴당명三槐堂銘'이란 글에서 "세간에서 천리를 논하는 사람들은 천리가 정해지기를 기다려 애써 구하려 하지 않는다. 천리란 망망하여 측정할 수 없다고 여겨서 착한 사람은 태만해지고 악한 사람은 방자하게 군다"고 했다.

천리를 핑계로 몸과 머리를 쓰지 않는 게으름을 질타하는 명문이다. 천명은 분명히 있다. 하지만 그것은 인간사와 관계를 맺고 있을 때만 존재한다.

4부

역사

천하 생령이 먼저다_

《연의》를 화려하게 수놓는 편장編章 중 독자들의 손에 가장 땀을 쥐게 하는 것은 뭐니뭐니 해도 '적벽대전赤壁大戰'편이다. 제갈량의 현하웅변懸河雄辯 거침없이 흐르는 물처럼 말을 잘함, 동남풍, 주유의 지략, 방통의 연환계連環計 상대를 족쇄 채우는 계략, 화용도에 선 관우 등이 줄을 이으면서 읽는 이들을 사로잡는다.

그런 한편 조조와 화친을 해야 한다고 주장했던 사람들은 '겁 많고 못난' 사람들로 그려진다. 장소를 중심으로 한 오나라 화친파가 바로 그들이다. 주로 유자儒者인 이들은 밀물처럼 짓쳐 내려온 백만 대군을 어떻게 당하겠느냐며 무서움에 벌벌 떤다. 이들은 동오가 살아남는 길은 조조의 품 안에 들어가는 것뿐이라고 역설한다.

소설 《연의》가 통쾌한 이유 중 하나는 이 같은 나약한 화친론자 대신 결사항전을 부르짖는 주전파들의 활약상을 거침없이 다루고 있기 때문이다.

사학자 노간勞幹은 그러나 색다른 시각을 제공한다. 그는 적벽대전을 놓고 이렇게 말한다.

"적벽 전투는 삼국분열의 중대한 관건이 됐다. 이후 60년에 걸친 삼국 분열은 이 전투를 기초로 형성됐다. 그러나 조조는 헌제를 보호하여 명분이 있었고, 전체 중국 인민의 행복이라는 관점에서 살펴보아도 그의 정치는 큰 실수가 없었다. 따라서 삼국의 분열은 오히려 전쟁의 피해를 가져왔을 뿐이다."

삼국의 쟁패에만 관심이 있는 사람들에게는 낯선 이야기일지 몰라도 노간의 지적은 훌륭한 통찰이다. 사실 이 이야기는 《정사》'장소전張昭傳' 배송지주에 나온다. 배송지는 "만약 장소의 건의조조에게 항복하자는가 채택돼 실현됐다면 곧 천하가 하나로 되니 어찌 전쟁이 계속돼 전국시대와 같은 폐해를 불렀겠는가? 건의대로 일이 이뤄졌다면 장소는 비록 손씨 정권에는 공적이 없어도 천하 인민에 대해서는 마땅히 큰 공을 이루는 것"이라고 말한다.

오나라 장소는 순욱荀彧, 한숭韓嵩과 같은 부류의 사람이라고 보는 게 마땅하다. 자신이 모시는 주군에게 맹목적인 충성을 보인 사람이 아니라, 한漢이라는 400년 제국과 천하 인민을 생각한 지식인이라는 이야기다. 배송지는 "장소는 손책에서 손권에 이르기까지 재능과 책략으로 주군을 보좌하니, 이는 위로는 한 이래의 정통 왕실을 지키고 아래로는 백성과 재산을 보존하고자 하는 것이었다"고 덧붙인다.

장자방으로 불리던 순욱은 조조를 충실하게 뒷받침하며 1급 참모로서 역할을 다했으나, 조조가 왕위에 오르려 하는 것을 못마땅하게 여기다 조조의 눈 밖에 났다. 동소와 같은 '조조 맹종파'들은 한나라 기수氣數 운수가 끝났다고 보고 역성혁명을 주장한 반면, 순욱은 조조는 천하의 실권자로서 존재해야지 왕위를 넘보게 되면 처음 뜻을 세웠을 때의 명분을 잃게 된다고 생각했다.

한숭은 유표에게 의지하고 있던 사람으로, 조조가 쳐내려오자 형주 사람들을 지켜야 한다며 새로 주인이 된 유종에게 항복을 권유한 바 있다.

따라서 노간은 "장소의 선택과 결정은 전한 초기 한신에게 반란을 일으키도록 권유한 괴통과는 정반대 경우로, 결코 가볍게 평가 절하할 수 없는 일"이라고 못 박는다.

진나라 말기 항우와 유방이 천하 패권을 놓고 첨예하게 대치하고 있을 때 괴통은 한신에게 "유방은 믿을 수 없는 사람이다. 만약 천하가 안정된다면 군사적 재능이 월등한 당신을 그대로 놔둘 리 없다. 이미 왕이 된 마당에 다른 상을 기대하기도 어렵다"며 자립을 권유한다. 만약 한신이 괴통의 말을 들었다면 400년이란 세월을 거슬러 유방, 항우, 한신이 정립하는 삼국시대가 생겼을지 모른다.

괴통은 후에 괘씸죄로 유방에게 잡혀 죽을 처지에 놓이자 "개는 각자 그 주인을 위해 짖는다"며 그때는 오로지 한신만 알았기에 그랬노라고 변명한다. 덕분에 괴통은 목숨을 건진다. 괴통이 한 말을 살펴보면 그가 한신에게 권유한 자립 책략이야말로 천하와는 무관한, '특정 집단을 위한 것'이었음이 분명해진다.

오나라를 실제 창건한 손책은 20대에 요절했다. 아우 손권은 당시 10대 후반이었다. 손책이 죽자 병사들 사이에 동요가 일어났다. 자칫하면 손씨 집단 전체가 붕괴될 판이었다. 내란을 진정시키는 데 으뜸 공을 세운 사람은 장소다. 팽성 명족名族 이름있는 가문 출신이라는 이름값에 걸맞게 장소는 흔들리던 오나라를 바로 세운다.

《정사》에는 이런 일화가 있다.

장소가 노한 목소리로 직간直諫을 하자 손권이 이를 불쾌하게 여겼다. 장소는 자신의 건의가 받아들여지지 않자 집에서 두문불출했다. 그러자 손권은 집 주위에 토담을 쌓은 뒤 불을 질렀다. 그래도 나오지 않겠느냐는 위협이었다. 그러나 장소는 끝내 뜻을 굽히지 않았다. 주변 사람들의 만류로 목숨을 건졌지만, 그는 이처럼 굽히지 않는 기개를 지닌 사람이었다. 《연의》에 나오는 것처럼 개인적인 두려움 때문에 벌벌 떨 사람이 아니었다.

손책은 그래서 죽을 때 장소에게 어린 동생 손권을 부탁하면서 "권이 나라를 다스릴 재목이 되지 않는다고 판단되면 당신이 중임을 맡으라"는 유언을 남긴다. 사실상 유비가 죽을 때 제갈량에게 남긴 탁고託孤69와 같은 내용이다.

때문에 장소는 손권이 자신의 간언에 불쾌한 반응을 보일 때마다 눈물을 흘리며 '환왕桓王 손책과 태후가 죽을 때 내게 당신을 의탁했다'며 변함없는 태도를 보인다. 혹자는 이를 두고 "오나라에 충성을 다한 장소를 과대평가하는 것이 아니냐"고 반문할지 모른다. 그러나 이를 배송지가 말한 것과 다른 맥락이라고 보는 건 곤란하다.

당시 손씨 정권은 잘 조직된 왕조가 아니라 일개 지방 군벌軍閥이었을 뿐이다. 주유나 노숙을 비롯한 '야망에 찬' 무장들은 처음부터 독립왕조를 꾀했다고 할 수 있지만, 장소는 손권을 잘 보좌하여 동오지역 백성과 재산을 안전하게 지키는 데 목적을 두었던 사람이라고 평가하는 게 마땅하다.

그가 손권에게 보인 충성도 '유학을 익힌 선비라면 당연히 그렇게 해야 한다'는 의리론으로 해석하는 게 맞다. 물론 여기에는 배송지나 노간 같은 후인들이 앞선 시대를 평가하는 시각이 녹아들어 있음을 부인할 순 없다.

만약 장소의 제안이 채택됐더라면 어떻게 됐을까? 노숙이 예측한 대로 문무 신하들은 다들 한 자리씩 벼슬을 꿰찼을 공산이 크다. 그런 한편 주군인 손씨는 이름만 남은 제후로 처량한 삶을 이어갔을 가능성이 높다. 삼국 이후 역사가 실제 그랬기에 손권도 낙양으로 옮겨져 황제의 감시하에 숨죽이며 여생을 보냈을 것이다.

아무리 순순히 항복했다고는 하나, 위나라 정권이 한때 적국의 수괴였던 위험인물에게 사람들이 몰리는 것을 그냥 놔두지는 않았을 것이기 때문이다. 이렇게 볼 때 장소는 자칫했으면 삼국시대라는 흥미진진한 드라마가 생기는 걸 방해한 일등공신(?)이 됐을 수도 있다.

《연의》에 실린 영웅과 그들이 활약하는 전쟁터는 언제나 장쾌함을 전해 주지만, 실제로 타임머신을 타고 그 시대를 둘러볼 수 있다면 그런 마음일랑 싹 버리는 게 좋을 듯싶다.

후한 말부터 깊어진 폭정暴政과 농민반란, 그리고 연이은 내란은 양전良田을 황무지로 바꾸고 인적을 끊어지게 했다. 당시 군웅 중 가장 큰 세력을 떨쳤던 원소군이 먹을 게 부족해 오디를 군량으로 사용하고, 양자강과 회수 사이에 근거지를 두었던 원술군이 포라蒲蠃 수초나 소라류를 군량으로 썼다는 기록을 보면 일반 백성이야 오죽했겠는가 하는 생각이 절로 든다.

조조는 '호리행蒿里行'이란 시에서 이렇게 읊었다.

백골이 들을 뒤덮으니

천리 사방에 닭 소리도 들리지 않네

백성은 백에 하나나 살아남았으니

생각하면 간장이 끊어지네

문인 왕찬 또한 '칠애시七哀詩'란 작품에서 전란이 초래한 상황을 처참하게 묘사한다.

성문을 나서니

아무 것도 보이지 않고

백골만이 들판을 메우고 있네

길에서 만난 굶주린 어느 아낙

품에 안은 아기를 풀 속에다 버리고

아이 우는 소리 차마 듣지 못하겠는지

눈물 훔치며 돌아보지 않는구나

제 한 몸 죽을 곳도 알 수 없는데

어떻게 두 목숨 보전할 수 있겠나

위나라 두서杜恕는 조정에 올린 상소에서 당시 상황을 이렇게 설명한다.

지금 위대한 위나라는 비록 열 주州나 되는 땅을 점하고 있지만, 계속된 동란으로 그 호구戶口 수는 지난날 한 주 백성만도 못합니다.

중국사가 이중천易中天은 "사실 높다란 왕관이 떨어진다고 해서 애석할 것도 없고, 왕조가 멸망한다고 해서 슬플 것도 없다"고 잘라 말하면서, "그런데 (내란 와중에) 수천만에 달하는 무고한 백성들이 죽임을 당하고 성이며 마을이 훼손된 것은 안타깝기 그지없는 일"이라고 장소를 거든다.

당나라 사람 피일휴는 '독사마법讀司馬法'[70]이란 글에서 한위漢魏 한나라와 위나라 이후 새로운 국가를 건설한 군왕들이 예외 없이 백성들의 목숨을 담보로 천하를 얻었다며 애통해 한다.

한나라와 위나라는 권모술수를 숭상하여 백성들을 날카로운 칼끝 아래로 내몰았다. 사인士人의 신분에서 제후諸侯가 되고, 제후의 신분에서 천자가 되기까지 군대가 아니면 위세를 떨칠 수 없고, 전쟁이 아니면 굴복시킬 수가 없었으니 백성들의 목숨으로 천하를 취했다고 하지 않겠는가?

근대 중국문학 거장인 노신魯迅은 이를 압축해 "중국의 문명이란 사실 부자들이 누리도록 마련된 '인육人肉의 연회'에 지나지 않는다"

고 단언한다.

기록에 따르면 한나라 환제 3년서기 157년에 중국 인구는 5,600만명이나 됐다. 당시로써는 어마어마한 인구가 아닐 수 없다. 그러던 것이 삼국시대에는 760만명으로까지 격감했다. 백골이 들을 덮는 상황이 아니고서는 도저히 설명할 수 없는 변화다. 이 인구는 수나라가 중국을 통일한 후에야 비로소 점차 회복된다. 이 시절 인구는 다시 4,450만명으로 늘어났다.

이렇게 따지면 영웅에 대한 찬가도 선뜻 읊조리기가 두려워진다. 장소의 제안이 채택됐더라면 화려한 역사는 쪼그라들었을망정, 전란 때문에 사람이 사람을 잡아먹던 '아비지옥'은 없었으리라!

"푸르디푸른 하늘아!", 어느 영혼의 탄식_

이중천이 지적했듯이 동란動亂에 희생된 백성들이 안타까울 뿐이지, 사실 왕조가 멸망한다고 슬플 것은 없다. 하지만 인지상정이랄까? 《연의》를 통해 삼국시대를 이끈 주인공들과 '마음으로 하나가 된' 독자들은 그렇지 않다.

오나라가 왕준이 이끄는 진晉나라 수군에 멸망당했을 때 《연의》는 독자들에게 생소한 인물을 내세워 망국의 소회를 전한다.

손수라는 사람이 있었다. 오나라 사람이었다가 예전에 진에 투항했던 그는 오나라가 망했다는 소식을 듣고 '푸르디푸른 하늘아! 어찌 이리 매정하단 말인가!'라고 탄식을 내쏟았다.

《자치통감》에는 동오를 평정했다는 소식이 전해지자 군신들이 모두 나와 황제에게 축하 인사를 건넸는데, 유독 손수만 홀로 인사를 하지 않고 남쪽을 향해 눈물을 흘리며 이렇게 말했다고 한다.

유유창천悠悠蒼天에 차하인재此何人哉란 말인가!

이 글귀는 《시경詩經》에 나오는 것으로, 망국의 슬픔을 노래한 대표적인 구절이다. 그 뜻은 "아득하게 뻗은 푸른 하늘이여! 종묘를 이같이 폐허로 만든 자가 과연 누구란 말입니까?" 정도로 해석하면 된다.

손수는 파로손견, 토역장군손책의 창업기를 거쳐 손권과 삼사주三嗣主 손량, 손휴, 손호로 이어지는 찬란한 장정長征이 한순간에 물거품이 된 사실이 견딜 수 없었던가 보다. 그래서 《자치통감》은 손수의 탄식을 내세워 망국의 대미를 장식한다. 《연의》도 이 기록을 토대로 후인들의 심금을 울린다.

당대 사람들이 느꼈던 슬픔은 후대에 이르러서도 전혀 바래지지 않았다. 당나라 시인 유우석은 '서새산회고西塞山懷古 서새산에서 옛일을 생각함'라는 시를 통해 수백년 전 아픔을 다시 한번 읊조린다.

왕준의 누선이 익주에서 내려가니
금릉오나라 수도의 왕기王氣 슬그머니 사라졌네
천길 쇠사슬 장강밑에 설치했지만
한 조각 항복 깃발 석두성에 내걸렸네!

멸망 당시 오나라 상황을 잘 압축한 명문이다. 왕준이 서촉에서 건조한 전선을 이끌고 장강으로 짓쳐 내려가니, 이미 사분오열돼 있던 오나라 조정은 막을 길이 없었다. 황제 손호가 마지막 비책으로 전선을 저지할 쇠사슬을 강 밑에 설치했지만, 왕준은 불을 붙여 이를 간단하게 처리해 버린다.

그렇다면 손수는 누구인가. 《연의》에 딱 한 구절 등장하는 그는 충분히 탄식을 내쏟을 만한 인물이다. 그는 손권의 동생인 손광孫匡의 손자로, 오나라 종실이다. 손수는 일찍이 전장군前將軍 하구독夏口督 하구지역을 관장하던 군사령관으로, 바깥에서 병권을 장악하고 있었다. 신하들의 추대로 황제가 된 손호는 그런 그가 매우 껄끄러웠다.

《정사》에는 "손수가 황실과 지극히 친하고, 외곽에서 병권을 쥐고 있었으므로 손호는 마음이 평안할 수 없었다"라고 기록하고 있다. 《세설신어》에 인용된 '태원곽씨록太原郭氏錄'은 그 전말을 상세하게 전한다.

손수는 자가 언재彦才이며 오군 사람이다. 하구 도독이 됐는데 위의威儀 무게가 있어 사람들이 외경심을 느끼는 거동와 덕망이 대단했다. 손호는 그를 꺼려 제거하려 했다. 장군 하정을 파견하여 장강을 거슬러 올라가게 하면서 궁실에 제공할 사슴 3,000마리를 잡으려 한다는 핑계를 대게 했다. 손수는 그 계략을 미리 알고 마침내 진나라에 귀순했다. 황제 사마염은 그를 좋아하여 표기장군 교주목으로 삼았다.

황실과 지극히 친한 그가 손호와 등을 지게 된 까닭은 이렇다.

원래 오나라 3대 황제인 손휴는 30살에 죽었다. 제위를 이어받을 아들이 너무 어려 혼란한 정국을 수습하기 어렵게 되자, 신하들은 죽은 손화孫和 손권의 3남의 아들 오정후 손호를 황제로 추대했다. 이처럼 적통이 갑자기 바뀌게 되자 손호 승계를 마뜩잖아하던 사람들과 손호파 간에 불화가 시작된 건 당연지사. 게다가 손호는 의심이 많았다. 적통파 사람들에게 존경받는 손수가 바깥에서 많은 군사들을 거느리고 있는 것을 참지 못했다. 혹 자신을 넘보지 않을까 하는 두려움 때문이었다.

손수가 망국가의 주인공으로 등장한 것은 그가 오나라 황실을 지극히 사랑한 데다, 진에 망명한 신분이었기 때문이다. 그리운 고향강산을 타의에 의해 떠났는데, 그렇게 타향에서 지내다 어느 날 문득 고향산천이 뭉그러졌다는 이야기를 들으니 어찌 애통하지 않을 수 있으리오!

대단히 애상적이자 문학적이다. 손수는 비록 진에 귀순해 무제의 총애를 받고, 심지어 무제의 처제를 처로 맞이하는 행운을 얻게 되지만, 마음은 그리 편하지 못했다. 오나라 종실인 자신이 적국에 투항한 것이 못내 마음에 걸리는 데다, 오나라 백성이 손호의 학정에 시달리고 있었기 때문이다.

이 시대에 그 진위를 모두 파악하기는 어렵지만 손호가 폭군이었다는 데는 별다른 이견이 없다. 그는 신하들이 작은 잘못을 저질러도 얼굴 가죽을 벗기고, 눈을 뽑는 형벌을 예사로 자행했다. 그래서 배송지는 "손호는 흉포하고 잔혹하며 포악한 수단으로 백성을 부린

데다 음란하고 사치한 것이 극에 달했다”고 맹비난한다. 따라서 고향 사람들이 그 밑에서 신음하고 있었기 때문에 손수의 심사가 편치 않았다는 것은 당연한 결과라고 할 수 있다.

또 당시 중원 사람들은 오나라 사람들을 남방인이라고 깔보는 경우가 많았다. 그도 그런 모욕을 직접 당한 사람이다.

《세설신어》에는 이런 구절이 등장한다.

손수의 부인이 한번은 투기를 하다가 남편을 ‘오소리 새끼’라고 욕했다. 손수는 크게 불쾌해 다시는 부인의 방으로 들어가지 않았다.

무제의 주선으로 화해를 하긴 했지만, 여기서 오소리 새끼란 바로 북방인이 남방인을 멸시해 부르던 호칭이다.♣ 한마디로 보잘것없는 촌놈이란 말이다. 이런 일화가 전해지는 것을 보면 그의 내심은 여전히 오나라에 머무르고 있었음이 분명하다.

오나라는 특히 다른 나라에 비해 자손이 번성해 국가에 큰 공을 세운 상당수 인물이 종실이다. 여몽과 함께 관우를 사로잡고 형주를 평정한 손교孫皎는 손권의 아우 손정의 아들이고, 육손과 함께 유비의 대군을 이릉에서 물리친 손환孫桓은 명장으로 이름을 떨친 손소의 조카다. 이외에도 이름을 날린 이들이 부지기수다. 그래서 《정사》는 10명에 달하는 종실 명신들을 별도로 묶어 전기를 마련해 놓았을 정도다.

성씨는 다르지만 여몽 사후 군권을 장악했던 육손이 손책의 사한나라가 무너진 후 삼국시대가 시작되면서 중국영토는 강남으로 본격 확대된다. 삼국 중 오나라는 강남에 수도를 둔 첫 왕조다. 물론 그전에도 춘추전국시대에 오, 월, 초나라 등이 있었으나 이들 왕조가 다스린 강역疆域은 양자강 주변에 불과했다. 장강 이남은 삼국 오나라를 거쳐 동진, 송, 제, 양, 진 여섯 왕조가 명멸하는 동안 인구 유입, 토지 개발 등을 통해 중원에 버금가는 '문물文物 집산지'로 떠오른다.

이처럼 남북 국력차가 좁아지자 남북은 서로 정통성이 자신에게 있다며 상대를 업신여기고 비난했다. 삼국 중 중원을 차지한 위나라는 각각 서남쪽과 남쪽에 있던 촉한과 동오를 가리켜 구寇라고 불렀다. 상대할 가치가 없는 도적떼에 불과하다는 뜻이다. 북조北朝는 동진東晉을 일러 참僭이라 했다. 동진이 거짓 왕조이자, 분수를 모르고 날뛰는 무리라는 말이다. 북조는 또 남조를 뭉뚱그려 도이島夷라고 폄하했다. 섬나라 오랑캐라는 뜻이다. '양자강 아래 사는 야만족이 감히!' 하는 인식이 이 말에 담겨 있다.

남조는 남조대로 북쪽을 비하했다. 특히 오호五胡, 즉 다섯 오랑캐가 중원에 밀려들어와 십육국十六國을 건설하고 이어 북위, 제, 주 세 왕조를 차례로 세우자, 남쪽은 이들 중원 지배자들을 색로索虜라고 비하했다. 변발을 한 오랑캐라는 말이다. 이 같은 표현은 특히 중원에서 동란을 피해 남쪽으로 이주한 귀족들 사이에서 성행했다. '중국 정통은 바로 우리'라는 인식을 깔고 있는 표현이다. 이런 자존심 싸움은 수나라가 중국을 다시 통일한 후에도 한동안 사라지지 않았다.

손수 부인이 남편을 오소리 새끼라고 부른 것은 이런 와중에 생겨난 욕이다.

위라는 점을 감안하면 그 폭은 훨씬 넓어진다. 물론 자손이 번창하다 보니 개중에는 손준이나 손침처럼 국정을 농단한 패거리도 있다.

이 중에서도 특히 손수는 오나라 말엽 종실의 중심축으로 일컬어지던 사람이다. 위의와 덕망이 대단했다는 기록에서 그가 황족이라는 자부심을 한껏 지니고 있었음을 알 수 있다. 그랬기에 그는 오나라가 숨을 거두는 순간 슬픔을 전하는 전령사로 나타나기에 딱

맞는 사람이다. 처음 《연의》를 읽는 사람들은 '고군분투'와 '자력갱생'이란 두 단어로 요약되는 오나라 역사에 몰입해 있다가, 문득 그 모든 것이 꿈인 양 스러지는 것을 보곤 마음이 착잡해짐을 느낀다.

오나라를 이은 동진과 그 뒤를 따른 송宋, 제齊, 양梁, 진陳, 여섯 남조南朝 왕조는 모두 단명했다. 오나라는 이 중 단명 테이프를 끊은 첫 왕조다. 그래서 청나라 시인 정판교는 이렇게 탄식했다.

일국이 흥하면 일국이 망하는 법이지만
육조六朝의 흥망 왜 그리 총망하단 말인가
남인南人들 장강의 물길 길다 자랑하지만
이 물길 종래 왕조 길었음을 보지 못한 걸

문화사학자 여추우余秋雨는 "풍운의 왕조는 언제나 강자의 용맹스러운 자태에서 시작된다. 그러나 마지막 구두점은 종종 고상하고 점잖은 사람들의 처량하고 한 많은 영혼에 의해 찍힌다"고 했다. 오나라를 비롯한 육조를 염두에 둔 말이 아닐 수 없다. 그중 첫머리인 동오는 손수가 구두점을 찍는다.

푸르디푸른 하늘아! 어찌 이리 매정하단 말인가!

이 나라가 어떻게 일군 나란데…_

합구필분合久必分 분구필합分久必合

합치면 반드시 나뉘고, 나뉘면 반드시 합쳐진다는 말이다. 인류 역사를 가름하는 이 구절은 삼국시대에도 그대로 적용된다. 허나 인정人情은 그렇지 않다. 절치부심 각고의 노력으로 이룩한 공업이 한순간에 물거품이 되는 것을 보면 안타깝기 이루 말할 수 없다.

유비와 그를 따르는 무리가 수십년 동안 기울인 노력과 정성을 생각하면 촉한 멸망은 허무하기 짝없는 결말이다. 유비의 아들인 유선이 선뜻 항복을 결정하자 유선의 왕자들은 "이 나라가 어떻게 일군 나란데!"라며 할아비유비대의 어려움을 들어 탄식한다.

유비의 생애는 잘 알려져 있다시피 비육지탄髀肉之嘆이란 글귀에 집약돼 있다. 일찍이 유비가 눈물을 흘리는 것을 보고 유표가 그 까닭을 물었다. 유비는 "평생을 말안장에서 보낸 터라 넓적다리에 살이 붙을 일이 없었는데, 오늘날 공업은 이루지 못한 채 다리에 살만 찌는 것을 보니 슬퍼서 그런다”고 답한다.

촉한을 건국하기 위해 객장客將으로 천하를 전전했던 그의 고달 픈 삶이 생생하게 드러나는 대목이다. 촉한은 그렇게 건국됐기에 ‘무 너지더라도 쉽게 무너져선 안 되는’ 나라였다.

촉한의 2대 황제 유선은 그러나 이런 기대를 너무도 쉽게 배반하고 만다. 그는 제갈첨이 면죽에서 등애에게 격파당하자 초주의 권고를 받아들여 등애에게 항복문서를 보낸다. 나라를 갖 다 바치는 문서이기에 적절한 문사文辭가 필요했다손 치더라도, 이 글은 ‘촉한 정통론’에 경도돼 있는 《연의》 독자들에게 심한 배신감 을 안긴다.

황제의 위엄은 이미 천하를 진동시켰고, 사람도 귀신도 유능한 사람에게 돌아가려는 것이 정해졌으니, 어찌 태도를 바꿔 순종하며 명령에 따르지 않겠습니까?

항복을 받아들이는 위나라 황제의 칙서는 배신에서 야기되는 슬 픔을 한층 더한다.

자신을 굽혀 인질이 되는 것을 두려워하지 않고, 백성을 사랑하고 나라 를 보존하는 것을 귀하게 여기고, 마음을 낮추고 생각을 돌려 시기에 순 응하여 변하고, 신의를 이행하고 순리를 따르려 하고 있다. (중략) 가라!

존중하라! 그대는 짐의 명령에 공경히 복종하고 인덕의 마음을 넓혀 끝까지 혁혁한 명성을 지켜라!

그리고는 유선에게 식읍 1만 호와 비단 1만 필, 노비 100명을 내리고 다른 하사품도 이에 비례하도록 했다. 나라는 망하고 선대 공신들의 노고는 도루묵이 됐으되, 황제였던 유선만은 안락한 삶을 영위한 셈이다. 그가 위에 귀순한 후 받은 칭호는 묘하게도 안락공安樂公이다.

사서에는 촉한이 망한 후 유선을 묘사한 흥미로운 대목이 있다.

낙양으로 옮겨져 안락공으로 봉해진 그는 "촉이 그립지 않느냐"는 사마소의 물음에 "여기가 즐겁기 때문에 전혀 그렇지 않습니다"라고 대답하였다. 저런 이를 위해 공명이 그토록 수고를 아끼지 않았는가 하는 탄식을 자아낸다. 사마소도 옆에 있던 가충賈充에게 말한다.

"이 사람은 정감이 없기에 이 지경에 이른 것이오. 설령 제갈량이 보좌했다 해도 오랫동안 보전할 수 없었을 터인데 하물며 강유가 보좌했으니 더 이상 말해 무엇하겠소!"

수천수만의 피로 이룩한 촉한을 거덜 낸 유선은 도대체 어떤 사람이었을까? 진수는 《정사》에서 유선에 대해 "환관에게 둘러싸여 영문 모를 일을 하였다"고 기록하고 있다. 영문 모를 일이란 환관 황호의 감언이설에 녹아 정사政事를 제멋대로 처리했음을 말한다. 구체적으로는 '상벌이 분명하지 않고 바른말 하는 신하를 축출하는가 하면, 국경에서 나라를 위해 힘을 다하는 장병들을 홀대한 것' 등이다.

이래 가지고선 공명 아니라 공명의 할애비가 온다 해도 나라를 지키기 어렵다. 공명은 일찍이 이 같은 유선의 자질을 간파했기에 '출사표'에서 이렇게 강조했다.

경박한 언동으로 충신의 간언이 들어오는 것을 막아서는 안 되며, 조정과 궁중은 일체이니 상과 벌을 내릴 때 불공평한 일이 있어서도 안 됩니다.

조정은 신료들이 일하는 행정부를, 궁중은 환관과 궁녀들이 일하는 황제 거처를 말한다. 이 당부는 곧 측근으로 부리는 환관이나 궁녀들을 턱없이 총애하거나, 열심히 일하는 신하들보다 더 우대해서는 안 된다는 뜻이다.

《정사》 촉서 '동윤전董允傳'에는 유선이 늘 미인을 뽑아 후궁을 채우기 원했지만, 동윤이 고래로 천자의 후비 수는 12명을 넘지 않았다며 이를 들어주지 않았다는 기록도 있다.

물론 유선이 공명이 죽고서도 29년을 더 황제로 재임한 사실을 들어 그렇게 암약한 군주는 아니었다고 평하는 사람도 있다. 공명은 두미라는 사람을 발탁할 때 그에게 보내는 편지에 이렇게 쓰고 있다.

조정유선은 이제 막 18세가 되지만 천성적으로 인애가 있고 손아랫사람을 소중히 여긴다.

'진정표陳情表'란 효도문으로 이름 높은 진나라 이밀은 "제나라 환공 다음가는 명군으로 공명을 얻어 위에 대항했지만 황호를 신임하여 나를 망하게 했다. 성공이 있으면 실패도 있는 법이다"라고 변호를 하고 있다. 유선을 제환공에 견준 표현은 과한 듯하나, 크게 보면 암군暗君은 아니었다는 말이다. 배송지 또한 "현명한 승상에게 정치를 맡겼을 때는 도리를 따르는 군주였지만, 환관에게 미혹됐을 때는 어리석은 군주였다"고 유선을 요약한다.

나라를 위魏에 바친 것에 대해서는 더 이상 국가가 전란에 시달려서는 안 된다는 충정 때문이라고 변호하는 이들이 있다.

유선에게 항복을 권하고 항복문서를 만든 초주는 '구국론仇國論'이란 글에서 강유가 끊임없이 위를 공격하는 바람에 민생이 피폐해졌음을 강하게 풍자하고 있다. 《분서》의 저자인 이탁오도 "초주가 쓴 '구국론'을 보면 후세 인사들이 모두 사직을 안전하게 하는 것을 기쁨으로 할 줄 몰랐다는 것을 알게 된다"며 지금까지 정치윤리적으로 비난받는 초주를 거들고 있다. 《몽구》의 저자 또한 "드디어 초주의 계책이 채택됐다. 그래서 후주는 위나라로 갔다. 유씨와 촉한이 근심을 없앨 수 있었던 것은 초주의 지모에 의한 것이었다"고 말한다.

하지만 공명이 두미를 발탁할 때 언급한 유선은 겨우 18세였다. 공명이 말한 천성은 정무에 대한 식견을 이야기한 게 아니라, 타고난 성품이 그런대로 괜찮다는 말이었다. 이걸 토대로 유선이 훌륭한 군주였다고 말하는 건 난센스다. 유선을 폄하하는 학자들은 인애롭다는 표현도 공명이 두미를 끌어들이기 위한 방편이었을 뿐이라고 말한다.

게다가 공명은 죽을 때까지 정권政權을 손에 쥐고 유선에게 돌려주지 않았다. 북벌에 나설 때는 '출사표'를 통해 그를 강하게 훈계한다. 심하게 표현하자면 "내가 없더라도 절대로 나쁜 짓을 해서는 안 된다"는 식이다. 황제를 불안한 눈으로 지켜보면서 선제先帝 유비를 잊지 말 것을 이야기하는 것을 보면 유선의 자질이 암약暗弱 어둡고 나약함함을 잘 알고 있었다는 말이다.

공명 사후 나라를 29년이나 더 유지했다는 건 그래도 긍정적으로 받아들일 만하다. 단 이 경우도 현신인 장완·비의·동윤 등이 있었기 때문이라고 보는 게 옳다. 실제로 이들이 죽은 후 촉한은 급속도로 쇠락한다.

청나라 학자 호삼성胡三省은 《자치통감》 주注에서 유선에 대해 "제갈량이 사망하자 산으로 들로 돌아다니면서 놀고 즐겨도 그를 제지하는 사람이 아무도 없었다"고 혹평한다.

초주가 '구국론'을 쓰고, 이탁오가 이를 칭송한 것은 옳다. 하지만 이를 조조가 남하할 때 손권에게 항복을 권유한 장소와 직접 비교하긴 어렵다. 당시 손권은 일개 지방군벌에 불과했지만, 민생이 피폐했다고는 하나 유선이 다스리던 촉한은 명실상부한 황제국가로서 한漢나라 정통을 이어가는 것으로 자부하고 있었다.

결국 유선과 초주로 대변되는 항복은 '더 이상 백성들이 전란에 시달려서는 안 된다'는 명분을 내걸긴 했으나, 그 이면에는 '사세가 불리하니 목숨과 재산이라도 건지겠다'는 계산이 있었다는 게 후인들이 내리는 냉혹한 평가다.

《연의》에는 유선이 아두라는 아명으로 불리고 있을 때 조자룡의 도움으로 죽을 위기에서 벗어나는 장면이 나온다. 그 유명한 당양 장판에서의 이야기다. 독자들은 그래서 촉한이 패망하는 즈음엔 그 기억을 떠올려 '차라리 그때 자룡이 목숨을 걸고 유선을 구하지 않았더라면' 하는 안타까움을 가지게 된다.

 위안을 삼는 것은 아들인 북지왕 유심劉諶이 항복을 단호히 거부했다는 사실이다.

만일 길이 곤궁하고 힘이 다하여 패배에 이르게 된다면, 부자 군신이 모두 성을 등지고 한바탕 싸워야 합니다. 그런 후 함께 나라를 위해 죽어 지하에 계신 선제를 만납시다!

유선은 이 절규를 듣지 않고 그대로 옥새를 보낸다. 그러자 유심은 처자를 먼저 죽인 뒤 자살했다. 아비는 용렬했으되 아들은 장렬했다. 유심이야말로 유비의 피를 이은 후계자임을 알 수 있다. 그러나 아들은 아비의 벽을 넘을 수 없었다.

시성詩聖 두보杜甫는 서기 760년에 성도에 있는 '무후사武侯祠 제갈량을 기리는 사당'를 방문해 '촉상蜀相'이란 시를 남겼다.

세 번 번거롭게 찾아간 것은 천하를 위한 헤아림이었고
두 대를 이어 다스린 건 늙은 신하의 마음이었네

군사를 내어 이기지 못하고 몸이 먼저 죽으니

길이 영웅들의 옷깃을 눈물로 적시네

두보가 읊은 이 시를 유선에게 오버랩시키면 슬픔은 가일층 진해
진다. 그토록 분투해 쟁취한 땅을, 그토록 손쉽게 남에게 내준 주인
을 위해 제갈량은 종생토록 '간뇌도지肝腦塗地 간과 뇌수로 땅을 적시다. 그런 각
오로 충성을 다함' 했나 싶다. 역사는 인정을 배반하고 분열과 합치의 궤
적을 따라가기 마련인가?

남는 것은 승자의 기록뿐_

조조가 세운 위나라는 명제 조예가 죽은 후 사실상 명을 다했다. 명제 이후 조방, 조모, 조환이 연이어 황제 자리에 올랐으나 이들은 모두 정권을 쥔 사마씨의 꼭두각시에 불과했다. 그래서 조방, 조모, 조환은 《정사》에도 '삼소제기三少帝紀'란 편장에 함께 들어 있다. 작을 소 자를 붙인 것은 황제는 황제이되, 제 역할을 못한 이름뿐인 황제라는 뜻이다. 이 세 사람의 행적을 살펴보면 위나라 말엽을 강타한 정치적 격동이 한 손에 잡힌다. 권신權臣 권력을 쥔 신하이 유린한 위나라 정국政局이다.

《연의》는 이를 토대로 허울뿐인 황제들의 슬픔을 절절하게 묘사하며 독자들의 심금을 울린다. 반면 《정사》는 담담한 어조로 위를 이어받은 진나라 관점에서 이들을 다룬다. 당연히 세 사람이 황제 자리에서 쫓겨나는 과정이 아주 밋밋하게 기술된다. 《정사》 기록은 그래서 행간을 잘 읽어야 한다. 앞뒤를 제대로 연결해야 이름뿐인 황제의 서러움이 툭툭 불거져 나온다.

조방曹芳을 다룬 '제왕기齊王紀'에는 다음과 같은 기록
이 있다.

중서령 이풍은 황후의 부친 광록대부 장즙 등과 결탁하여 대신을 바꾸
고, 태상 하후현을 대장군으로 삼으려고 모의했다. 일이 발각되었고, 연
루된 자는 모두 주살 당했다.

그 유명한 반란사건이다. 하지만 이 기록만 보고 전모를 알기란
어렵다. '대신을 바꾼다'는 건 정권을 쥐고 있던 사마씨를 모두 죽이
고, 위나라 종친인 하후현을 실권을 쥔 대장군으로 내세운다는 것
이다. 껍데기뿐인 위나라 황실을 살리려는 음모다. 그 중심에 이풍과
장즙이 있었다는 말이다. 당연히 황제 조방이 개입된 상황이다.
대장군 사마사는 음모를 듣자마자 즉각 진압에 나선다. 반란 계
획을 황태후에게 일러바치는 한편 조방을 황제위에서 쫓아낸다. 그
런 후 이풍, 장즙, 하후현 등 가담자들을 몰살시킨다. 사마의가 조상
을 죽일 때 자행한 살육에 버금가는 대대적인 처형이었다. 실제로 음
모를 알지도 못하는 이도 이름이 오르내렸다는 이유로 죽음을 당했
다. 살얼음 정국이었다.
신하가 황제를 내쫓는 패륜이었지만, 형식은 어디까지나 황태후
조서에 따른 '정상 절차'였다. 황태후는 죽은 명제 조예의 부인인 곽
씨다. 곽씨가 조방을 폐위할 때 내린 조서를 보자.

황제 조방은 이미 성년이 되었지만 국가 정무를 직접 처리하지 않고 여색에 빠져 매일 배우들을 불러들여 추악한 유희를 즐기고 있다. (중략) 공손하고 효도하는 마음은 날마다 줄어들고 도리에 역행하는 오만함만이 점점 심해져 하늘이 명한 대업을 잊고 종묘를 받들 수 없게 됐다. (후략)

꼭두각시 황제가 정무를 직접 처리할 수 없는 건 너무나 당연한 이야기다. 그러다 보니 딴 유희에 빠지지 않을 수 없다. 권력을 쥔 사마씨가 볼 땐 그렇게 행동해주는 것이 고맙다. 그런데 이것이 엉뚱하게도 황제 폐출의 원인이 된다.

음모자(?)들을 모두 주살하고 황제를 내쫓은 것은 권력자 사마사지만 《정사》에 그의 월권과 참람함분수에 넘쳐 지나침을 지적하는 직접적인 대목은 한 군데도 없다. 연루된 자가 주살됐다는 구절은 수동형으로 그려지고 있으며, 사마사는 오로지 황제의 계획음모을 황태후에게 말한 것밖에 없다.

조방의 뒤를 이은 황제 조모髦는 영민한 황제였다. 당대 사람들은 그를 일러 재주는 진사왕(조식)이요, 무공은 위무조조라고 말할 정도였다. 타고난 총명함으로 곧잘 신하들을 감복시켰던 그는 비록 세력은 없었지만 자존심이 강한 이였다.

껍데기뿐인 황제로 남아 있기를 거부한 그는 앉아서 굴욕을 당하고 있을 수 없다는 판단 아래 직접 어린 측근들을 이끌고 사마사의 뒤를 이은 사마소를 쳐부수러 나간다. 흡사 돈키호테를 연상시키는 대목이다. 그는 "사마소의 마음황제위를 찬탈하고자 하는은 길 가는 사람도

다 안다"며 자신은 왕조멸망이란 운명을 받아들이지 않겠다고 선언한다.

그러나 궁정 전체가 사마씨 심복들에게 장악돼 있는 상황이라 중과부적이었다. 결국 그는 가충의 명을 받은 성제의 창에 찔려 죽는다. 물론 이 과정을 다룬 《정사》 '고귀향공기高貴鄕公紀'에는 실체적 진실이 드러나지 않는다.

감로 5년 여름 4월, 대장군 사마문공을 상국으로 임명하고 진공晉公으로 봉했으며 구석의 예를 더했다. 여름 5월 7일 고귀향공이 세상을 떠났다. 향년 20세였다.

사마사에 이어 동생 사마소가 진공이 되어 정권을 움켜쥐고 왕처럼 행세하기 시작했다는 기록에 달린 초라한 대목, 조모가 그냥 죽었다는 말이다. 이게 전부다. 패자의 역사란 이처럼 슬픈 것이다.

물론 여기서도 사마소의 의도대로 움직이는 황태후가 등장한다.

(전략) 이 아이祖髦는 곧 측근 사람들을 인솔하여 북을 천둥같이 울리며 직접 칼을 뽑아들고 병사들 사이로 들어가다가 살해됐다. 도리에 어긋나는 반역행위를 하고, 또 자기 스스로 커다란 화禍을 속에 빠졌으니 슬픈 나의 마음을 말로 표현하기 어렵다. (후략)

그렇다면 조정 어른으로 있었기에 고비마다 조서를 내렸던 황태후는 이런 내막을 몰랐을까? 모를 리 없었다. 사마소가 주는 각본에 따라 연기를 하긴 했지만 그녀 또한 슬픈 현실을 잘 알고 있었다. 하지만 어쩌랴! 이미 대세는 기울어지고 만 것을.

황제 피살이라는 무시무시한(?) 사건이 발생하자 여론이 들끓었다. 권력자인 사마소는 이를 어떤 형태로든 정리해야 했다. 황제 피살에 대해 그가 태후에게 올린 상주문을 보자.

> (전략) 성제가 갑자기 진중으로 뚫고 들어가는 바람에 큰 변고가 발생했습니다. 저는 이 소식을 들은 후 마음이 찢어지는 것처럼 슬펐습니다. (후략)

피살 사건을 마치 불상사가 생긴 정도로 얼버무리는 한편 자신은 참을 수 없이 비통했다고 말한다. 그리고는 성제를 죽여 버렸다. 아직 위나라 황실에 충성하는 무리가 적지 않음을 고려한 조치였다. 하지만 성제에게 조모를 죽이도록 직접 지시한 가충은 문책에서 쏙 빼버렸다. 윗선에서 시킨 대로 한 죄밖에 없는 성제를 죽인 것은 그야말로 몸통은 모두 숨긴 채 깃털만 없앤 형상이었다.

조모의 자리를 물려받은 조환은 두 사람의 실패를 거울삼아 조용히 지내다 사마소의 아들인 사마염에게 황제 자리를 내놓는다. 그는 진류왕陳留王이란 작호를 받고 무대에서 사라진다.

《정사》는 가타부타 다른 설명 없이 갑자기 문절을 바꿔 '(위나라에 내린) 하늘의 은혜는 끝나고 천명은 진나라로 옮겨졌다'고 말한다. 배송지 또한 진류왕은 전례를 받들어 황제 자리를 진나라에 양도했다고 한다. 무척 어른스런 말투다.

《정사》를 쓴 진수는 진나라 신하다. 그랬기에 그에겐 사마씨가 전횡을 부린 것이 아니었다. 오히려 바른 정치를 하고자 했는데, 조방과 조모가 분수를 모르고 날뛰는 바람에 어쩔 수 없이 대응하게 됐다는 게 그가 지녔던 사관史觀이다.

청나라 학자 조익趙翼은 《정사》 위서 본기本紀 황제들의 사적을 기록한 장와 《후한서》 효헌제기孝獻帝紀를 나란히 비교해 사가가 어떤 왕조에 몸을 담고 있느냐에 따라 역사 기술이 달라질 수 있음을 정확하게 입증했다.

조조는 스스로 기주목을 차지했다. 조조는 스스로 승상이 되었다. 조조는 자립하여 위공이 됐다. (이상 《후한서》)

천자는 공에게 기주목 자리를 맡겼다. 한나라는 3공 관직을 폐지하고 승상을 두어, 공을 승상으로 삼았다. 천자는 공을 위공으로 봉했다. (이상 《삼국지》)

《후한서》를 지은 사람은 범엽范曄이다. 유송劉宋[71] 때 사람인 그는 한나라를 뒤엎은 위나라를 곱게 보지 않았다. 400년 역사를 찬탈한 사람들로 인식했다. 그래서 벼슬을 내리는 황제가 있음에도 조조가 스스로 관직에 취한 것으로 묘사하고 있다. 더 정확하게 말하면 힘으로 자리를 마음대로 했다는 말이다.

이에 반해 《정사》 저자는 진나라 사관인 진수다. 그는 위나라가 한나라를 자연스럽게 계승해야만 그 뒤를 이은 진나라도 온전해지기 때문에 조조가 황제의 명에 따라 기주목, 승상, 위공에 앉은 것으로 서술하고 있다. 전후 사정이야 어쨌든 황제가 조조에게 그런 자리를 줬다는 것이다.

사마씨 집권기간 동안 회남에서 발생한 세 차례 반란도 마찬가지다. 왕릉과 관구검, 제갈탄은 사마씨를 토벌해 위나라 황실을 되살린다는 명분아래 차례로 군사를 일으켰다. 하지만 《정사》는 이들을 반란군으로 묘사한다. 물론 위나라 입장에서는 당연히 이들이 충신이 된다.

이런 역사 서술 기조는 세월이 흘러도 변하지 않았다. 아니 변할 수 없었다. 남조 제齊나라를 뒤엎은 양梁나라 군대를 제나라 사서史書는 의군義軍 의로운 군대으로 칭하고 있다. 반란군으로 불러야 할 양나라 군대를 왜 의군이라 했을까? 제나라 역사를 양나라 사람들이 썼기 때문이다. 《수서隋書》가 당나라 병사를 의병義兵이라 한 것도 같은 맥락이다. 《수서》 역시 당나라 사람이 썼다.

조익은 《해여총고陔餘叢考》[72]에서 《정사》를 언급하면서 고귀향공 조모가 사마소를 토벌하다가 피살당한 사건에 대해 '단서를 보여주는 글자는 하나도 없다'고 했다. 진왕조에서 벼슬한 진수가 '고귀향공기'에서 "고귀향공이 세상을 떠났고 향년 20세였다"는 표현 외에 다른 말을 쓸 수 없었음을 꼬집고 있다.

물론 후대 학자들은 진수가 가치중립적인 짤막한 표현에 붙여 '황태후 조령詔令 임금이나 태후가 내리는 명령'과 사마소 상주문을 통해 사건을 비교적 상세하게 기술하고 있는 점을 두고, 조익이 당치 않은 결론을 내렸다고 질책한다. 하지만 조익은 진수가 사건을 '본기'에 제대로 담지 못했음을 지적하고 있는 게 틀림없다.

종합하면 황제가 어떻게 행동하든 그게 중요한 게 아니라는 결론이 나온다. 모든 것은 그를 평가하는 후대 사가가 어떤 방식으로 왕조와 군주를 서술하느냐에 달려 있다. 조모는 자신의 권력을 되찾고자 노력을 기울였을 뿐이다. 황제로서는 당연한 행동이다.

하지만 《정사》는 이를 '망나니 행각'으로 간주한다. 승자의 기록만 찬연할 뿐 패자는 무참하게 필주筆誅 당하는 것, 이것이 바로 역사다.

인과응보를 말한다_

불가에서 말하는 업業과 보報가 실제로 있다면 그 업보가 위진시대처럼 생생하게 드러난 경우는 찾기 힘들리라. 조위曹魏는 한漢을 삼키고, 사마진司馬晉은 그 조위를 똑같은 방식으로 삼켰다. 옛사람들은 이를 일컬어 업보라 했다.

일찍이 조조는 권세를 오로지 하게 되면서 자신을 타도하려는 한나라 충신들을 모조리 잡아 죽인다. 《후한서》 '헌제기'에는 헌제 장인인 동승 일당에 대한 이야기가 실려 있다. 동승의 딸은 귀인 신분으로 헌제를 모셨다. 기록에 따르면 '헌제 5년 봄 정월 거기장군 동승, 편장군 왕복, 월기교위 종집이 조조를 주살하라는 밀조密詔 황제가 내리는 은밀한 명령를 받았는데, 일이 발각됐다. 조조가 동승 등을 죽이고 삼족을 멸했다'라고 되어 있다. 정적을 숙청할 때 후환을 남기지 않는 관행을 착실하게 따른 행동이다.

《정사》 배송지주에는 복황후伏皇后 사건이 등장한다. 복황후는 그 아비 복완에게 "황제가 예전 동승이 처형된 일로 조조를 원망하고 있다"고 편지를 썼다. 조조는 이 사실을 알게 되자 화흠에게 병사를 이끌고 황후를 체포하도록 명령했다. 황후는 문을 닫고 벽 속에 숨었지만 화흠은 이를 부수고 황후를 끌어냈다.

황후가 머리를 흐트러뜨린 채 맨발로 황제의 손을 잡고 말했다.

"다시 볼 수 있겠습니까?"

황제가 말했다.

"나 또한 언제까지 목숨이 붙어 있을지 모르오!"

화흠은 곧 황후를 끌고 가서 살해했다. 복완과 그 일족 중 죽은 이가 수백명이나 됐다.

권력의 비정함을 생생하게 보여주는 두 장면은 《연의》가 세밀화를 통해 당시 상황을 손에 잡힐 듯 묘사하면서 만인의 심금을 울린 바 있다. 자칭 하늘의 권세를 이어받았다는 천자가 신하에게 겁박을 당해 자신의 여인들을 사지로 내모는 심정은 어떠했을까?

동승 사건은 명백한 쿠데타 모의였기 때문에 그 처리가 이해가 된다. 하지만 복황후 사건은 사실 납득하기 어렵다. 원망하는 편지 한 통 보낸 일로 황후를 잡아 죽이다니. 후세 사가들이 분석한 바에 따르면 편지를 보낸 때와 이것이 문제가 된 해 사이에는 14년이란 시간차가 있다. 어느 날 문득 14년 전 일을 들춰내 황후를 죽일 순 없다. 조조가 아무리 권력자라 해도 중인들의 시선을 무시할 순 없었다.

결국 복황후 사건 또한 암살음모였다는 추정이 가능하다. 황제도 깊숙이 관여된 사건이었다. 그랬기에 황제는 자신을 대신해 죽는 황후를 변호할 수 없었던 것이다.

어쨌든 조조는 두 차례 암살 사건을 처리하면서 권력유지를 위해 여인들을 사정없이 짓밟은 인물로 악명(?)을 떨쳤다. 5호16국 시대 갈족羯族 왕조인 후조後趙를 세운 석륵石勒은 이 때문에 영걸로 불리던 조조를 폄하했다. 그는 자신을 앞시대 사람들과 비교하면서 이렇게 말했다.

"한고조유방에게는 한 수 접겠지만, 광무제유수는 한번 붙어볼 만하다. 그렇지만 조조는 아녀자들이나 울린 자다. 상대가 되지 않는다."

사학자 유지기 또한 명저 《사통史通》[73]에서 조조를 일러 "복황후를 살해하고 주상을 핍박했으니, 그 죄가 전상田常보다 100배나 더하고, 그로 인한 화가 왕망王莽보다 1,000배나 더하다"고 단언했다.

전상은 춘추시대 제나라 간공을 살해하고 평공을 옹립해 권력을 장악함으로써, 자신의 후대가 강씨를 대신해 제나라를 차지하는 데 결정적인 역할을 한 인물이다. 전한 왕조 외척인 왕망은 잘 알려져 있다시피 한나라 황제위를 찬탈해 신新이란 단명 왕조를 개창한 사람이다. 이 둘은 고래로 찬역篡逆 임금의 자리를 빼앗으려고 반역함을 말할 때 첫째로 거론되는 이들이다.

한나라 황실을 뒤흔들었던 조조 암살 음모는 수십 년 후 똑같은 형식으로 재연된다. 위나라 실력자 사마소는 황제 종친들이 자신을 제거하려고 하자 곧바로 황제 조방을 폐하고, 암살음모를 주도한 장즙 등을 일가붙이와 함께 모조리 죽인다. 장즙은 곧

장황후의 아비다. 이 때문에 장황후 또한 부사할 수 없었다.

역사가 아무리 되풀이되는 것이라 하더라도 이토록 같은 모습을 보일 수 있을까? 조방의 뒤를 이어 황제에 오른 조모가 사마씨를 없애는 일을 도모하면서 "무황제조조에게 죽임을 당한 동승과 복완의 전철을 밟아서는 안 될 것"이라고 측근들에게 말하는 대목은 섬뜩하다 못해 전율을 불러일으킨다.

사마의는 쿠데타를 통해 조상을 죽이고 황실을 장악했다. 이후 어린 황제와 황태후는 사마씨 눈치만 보면서 전전긍긍했다. 여기서 다시 석륵의 말을 들어보자.

"사마의 부자는 남의 고아와 과부를 속이고 호려서 천하를 얻은 자일 뿐이다."

석륵은 사마의 부자를 조조와 뭉뚱그려 비난했다. 왕조 찬탈이 한 치 어그러짐 없이 똑같이 재현됐기 때문이다.

《연의》는 장황후의 죽음에서 역사의 수레가 되풀이돼 굴러가는 것을 체득한 뒷 사람의 시를 싣고 있다.

지난날 복황후 궁문을 나설 때

맨발로 슬피 울며 천자께 하직하더니

사마씨 이번에는 그걸 본떴네

하늘이 그 업보를 손자에게 돌렸구나

마지막 구절인 '하늘이 그 업보를 손자에게 돌렸구나'라는 구절의 원문은 '천교환보의아손天敎還報衣兒孫'이다. 불가에서 이야기하는 업보를 그대로 인정하는 구절이다.

고아와 과부를 겁박해 정권을 탈취한 뒤 조위와 사마진은 선양禪讓 황제위를 내어줌이란 형식을 통해 새 왕조를 개창했다. 먼저 조위는 이 분야를 처음 개척한 왕조다. 조조가 쌓아올린 권력을 바탕으로 그 아들 조비는 이른바 수선대受禪臺라는 것을 만들어 한나라 헌제로부터 천하를 이어받는다. 수선대란 천자 자리를 물려받는 장소를 일컫는 것인데, 이런 방법을 택한 이유는 후대에 힘으로 황위를 찬탈했다는 오명을 모면하기 위해서였다.

즉 덕망이 높은 위왕 조비가 기수가 다한 한나라 황제로부터 천자 자리를 자연스럽게 물려받는다는 뜻을 내포하고 있다. 한 헌제는 이로써 400년 역사를 접고 위나라 초대 황제 조비를 섬기는 신하 산양공山陽公이 되고 만다.

사마진은 이 사나리오를 그대로 재연했다. 권신 사마소의 아들 사마염은 또다시 수선대를 쌓아 위나라 황제로부터 천하를 물려받는다. 둘 다 겉모습은 아름답고 자연스럽지만 그 내용은 '힘에 의한 정권 탈취'였다.

청나라 학자 조익은 이를 두고 "조위가 연출한 선대禪代 왕조를 이어받음는 중요한 선례가 되어 이후 진晉, 유송劉宋, 제齊, 양梁, 북제北齊, 후주後周, 수隋나라가 모두 이를 모방했다"고 적고 있다.

조위와 사마진은 특히 선양을 받을 때 짐짓 겸손한 척 "다른 덕 있는 이에게 나라를 물려주시길" 하며 세 번씩 사양하는 모습까지 똑같이 연출했다.

물론 사마진이 조위를 꼭 그대로 따라한 것만은 아니다. 진나라는 위나라가 종실을 박하게 대접하는 바람에 황실을 보위할 세력이 없었다는 사실을 반면교사로 받아들였다. 즉 진나라만큼은 종실을 잘 우대해 황실을 떠받치는 세력으로 활용하고자 한 것이다. 그래서 황제 사마염은 황제가 되자마자 친척들을 모조리 왕으로 봉해 황실의 울타리로 삼았다. 직계 집안은 물론 종숙과 종형제, 그 자식과 조카까지 포함해 모두 27명을 왕으로 봉했다. 그리고 이 숫자는 계속 늘어났다. 이렇게 본다면 한, 위, 진 왕조 교체는 판에 박은 '닮은꼴'이 아닐 수 있다.

그러나 그 결과는 마찬가지였다. 위나라가 종실이 미약해 권신 사마씨에게 나라를 뺏겼다면, 진나라는 종실을 대거 왕으로 봉해 군사권을 부여하는 바람에 망했다. 한나라 초기에 발생한 '오초칠국吳楚七國의 난'처럼 진나라 왕들도 강력한 군대를 거느리게 되자 "나라고 황제가 못 될쏘냐?"며 끊임없이 다퉜다. 이른 바 '팔왕의 난'이다.♣ 이 과정에서 대대적인 살육전이 벌어진 것은 불문가지. 이런 식으로 국력이 소진되자 호시탐탐 기회를 엿보던 이민족들이 물밀듯이 중원으로 쳐들어왔고, 국가는 한순간에 와해되고 말았다.

'자기들끼리 죽고 죽이는 내부 혼란 때문에 가만히 앉아서 죽음을 기다리는 꼴'이 된 진나라를 두고 《허드슨 강변에서 중국사를 이야기하다》의 저자 황인우는 "진나라는 처음부터 끝까지 정규적인 왕조朝代로 볼 수 없다"고 말했을 정도다.

전한 초 명신으로 이름 높았던 가의는 일찍이 《신서新書》에서 이렇게 말했다.

이성제후異姓諸侯 황제와 성이 다른 왕는 반드시 나라를 위태롭게 하고, 동성제후同姓諸侯 황제의 친족 왕는 반드시 반란을 일으킨다.

후인들은 이 지적을 높이 평가하면서 사마씨 왕조를 일러 "위나라는 살피면서 더 앞선 오초칠국은 어찌 살피지 못했을까?"라고 한탄한다.

사마소 부부는 또 조비가 동생 조식을 배척한 것을 염두에 두고, 죽을 때 사마염으로 하여금 동생 사마유司馬攸를 끝까지 안고 가도록 유언했다. 침상 앞에 선 두 사람에게 손을 잡도록 한 뒤 우애를 잊지 않도록 신신당부했다. 하지만 이것 또한 허사였다. 사마유는 황제를 둘러싼 간신들의 모함에 빠져 중병이 걸린 상태에서 길을 나서다 피를 토하며 죽고 말았다.

조위에게 배워 그럴듯한 건 받아들이고, 그렇지 않은 것은 반대로 했는데 어찌 된 셈인지 결과는 같은 모습이었다. 역시 업보 때문인 것일까?

진이 외적의 침입으로 망하자 종친인 사마예는 강남으로 도망가 동진東晉을 건국했다. 사마예의 아들인 명제 사마소司馬紹는 후일 재상 왕도에게 진 제국이 어떻게 일어서게 됐는지 물었다. 왕도는 사마의가 위나라 대권을 어떻게 빼앗아 명문귀족을 제거했는지, 사마소가 어떻게 조모를 반항토록 해 죽였는지 설명했다.

자신이 다스리는 강산이 그런 행위를 통해 빼앗은 것이라는 이야기를 듣자 명제는 부끄러움에 얼굴을 의자에 파묻으면서 말했다.

"사정이 진정 경이 말한 대로라면 나라 운수가 어찌 오래갈 수 있겠소?"

기록에는 없지만 조조와 조비가 한나라 조정을 협박해 나라를 세운 사실을 어떤 후손이 한탄했다면 명제와 같은 말을 했으리라!

5부_
선비

난세를 지날 땐 이렇게_

동서고금을 막론하고 적의敵意가 판치는 정치판에서 자신의 몸을 온전히 보전하면서 말년까지 부귀영화를 누린 예는 제대로 찾기 힘들다. 두 마리 토끼를 한꺼번에 잡을 수 없듯이 통상 부귀공명과 재앙은 번갈아 찾아들기 때문이다.

'난세의 철새 모사'로 불리는 가후賈詡는 이런 점에서 후인들에게 많은 것을 시사하는 사람이다. 그는 권모權謀와 술책術策으로 몸을 일으킨 사람이어서 누구보다 적을 많이 만들 수밖에 없었음에도 77살의 나이로 와석종신臥席終身 제 명을 다하고 편안하게 죽음할 때까지 부귀를 누렸다. 권도權道를 좇는 사람들이 다른 이들에 비해 정치적으로 부침이 심하다는 건 역사적으로 입증된 사실이기에 이런 가후의 이력은 놀랍다.

가후는 동탁의 잔당인 이각과 곽사가 동탁이 죽은 뒤 겨우 목숨을 빌어야 할 형편에서 벗어나 정권을 장악할 수 있도록 돕는가 하면, 장수張繡에게 의지해 깊은 모략으로 조조를 깨뜨렸다. 장수가 조조에게 승리하는 장면은 가후가 지닌 모략이 범인을 훌쩍 뛰어넘는 것임을 제대로 보여준다.

　　조조와 대치하던 장수는 어느 날 급한 일로 퇴군하는 조조를 추격하다 복병을 만나 대패한다. 당연히 의기소침할 수밖에 없었다. 가후는 그런 그에게 다시 추격전을 벌일 것을 권한다. 장수는 의아했지만 가후를 깊이 믿는 터라 그대로 따랐다. 그러자 이번에는 대승을 거둔다. 어찌 된 영문일까? 가후는 장수에게 "용병用兵이란 통념을 뛰어넘는 것"이라고 일러준다.

　　조조는 부하들에게 "병법에는 일정하게 정해진 틀이 없다. 오직 상황에 따라 적을 속여 이기는 것만이 유일한 길"이라고 설파하곤 했다. 가후는 이 말을 조조에게서 직접 교육받은 듯 실천했으며, 그 결과 조조를 상대로 대승을 거두었다. 재미있는 아이러니다.

　　이 전투 후 장수를 설득해 조조에게 투항한 가후는 조조로부터 깊은 신임을 받았다. 그리고 마초와 한수를 정벌할 때 결정적인 공을 세우고, 조조 생전에 조비가 후계자로 낙점받는 데 깊숙이 관여했다. 죽을 때까지 조정 중신으로서 흔들림 없는 위세를 구가한 건 물론이다.

　　그는 시시비비를 가리지 않고 난세를 누볐다. 원래 이각과 곽사는 '천하에 몹쓸 놈'들이었다. 동탁이 남긴 조무래기인 그들은 국가와 인민에 대한 아무런 철학도 없었다. 오로지 일신의 안위에만 눈이 벌겐 조폭일 뿐이었다. 각종 사서에도 《연의》만큼 상세하지는 않지만 그들이 '보잘것없는 놈'들이었다고 기록돼 있다.

가후는 동향이자 같은 배를 타고 있다는 이유만으로 그런 그들을 부추겨 정권을 잡도록 도왔다. 가후가 없었다면 이각 등이 왕윤을 죽이고 여포를 내쫓기란 불가능했다. 이렇게 보면 가후는 뒤틀릴 대로 뒤틀린 후한 말 정국을 더 꼬이게 한 장본인이다. 그는 체면 또한 그다지 고려하지 않았다. 이각과 곽사에게 붙어 있다 유표에게 갔으며, 그 후 단외를 거쳐 장수에게 의지하다 마지막으로 조조에게 귀부했다. 상황만 바뀌면 주인을 갈아치우는 철새 행보를 계속한 셈이다.

가후는 그러나 '잔머리를 이용한 조잔한 셈법'을 지닌 사람이 아니었다. 그는 반대로 냉철한 안목의 소유자였다. 조조와 격렬한 전투를 벌여 원수지간이 되었음에도 그는 장수에게 조조를 찾아 항복할 것을 권유한다. 가후는 장수가 "원소는 강대하고 조공은 약하며, 또 우리는 조공과 원수지간인데 어떻게 조공을 따라가겠소?" 하고 묻자 "그게 바로 우리가 조공을 따라야 하는 이유"라고 말한다.

가후는 "조공은 천자를 받들고 천하를 호령하고 있고, 원소는 강성하므로 우리가 가도 반기지 않을 것이나 조공은 약하므로 우리를 얻으면 반드시 기뻐할 것"이라고 강조한다. 그는 또 "패왕覇王이 되려는 자는 사사로운 원한을 없앰으로써 천하에 덕망을 밝히는 법"이라며 항복해도 아무런 후환이 없을 것이라고 주장한다.[74] 가후의 주장은 정녕 눈여겨볼 만하다. 조조가 처한 환경과 개인적 특질을 한

눈에 꿰뚫고 있기 때문이다.

그가 유표를 평한 말 또한 두고두고 전해진다. 가후가 몸을 의탁하러 형주로 유표를 찾아갔을 때 유표는 예의를 갖춰 그를 대접했다. 후한 대접을 받으면 상대를 칭찬하진 못하더라도 하다못해 몇 가지 장점을 이야기할 법도 하지만 그는 잘라 말했다.

"유표는 평화로운 세상에는 삼공三公이 될 인물이지만, 사태의 변화를 알지 못하고 의심이 많으며 결단력이 없어 할 수 있는 것이 없다."

나관중이 《연의》에서 일관되게 유표를 평가하는 시각은 전적으로 이런 분석에서 나왔다고 보면 된다.

염치와 도덕을 뒤로 한 채 정치판과 전장에서 종횡무진한 것을 놓고 그를 야심가로 보는 시각이 많다. 영달에 대한 개인적 욕망이 없고서야 유학을 배운 이가 어떻게 그럴 수 있느냐는 것이다. 하지만 가후는 신중하게 진퇴를 결정했다. 주인을 수도 없이 바꾸긴 했지만, 명분 없이 몸을 옮기지 않았고 분수를 넘는 포상 또한 바라지 않았다.

당초 이각과 곽사가 정권을 잡는 데 일등 공을 세운 가후는 거사 후 이각 등이 좌풍익이란 벼슬을 주려 하자 "목숨을 구하고자 한 일인데 무슨 공로가 있단 말인가?" 하고 끝내 받지 않았다. 또 이각 등이 다시 상서복야에 임명하려고 하자 "상서복야는 백관의 우두머리로 천하 사람들의 기대를 떠안는 자리인데, 나는 사람들을 심복시킬 수 없다"고 사양했다.

이각과 곽사를 떠난 뒤 가후는 잠시 단외에게 몸을 의탁했다가 장수를 찾아 나선다. 단외가 가후를 두텁게 대하는 것을 잘 알고 있던 사람이 물었다.

"선생은 왜 단외를 떠나려 하십니까?"

가후가 답했다.

"단외의 특성은 의심이 많다는 것이오. 그가 나를 정중하게 대하는 것은 내가 자기 자리를 빼앗을까봐 두려워서 그러는 것이오. 내가 지금 그를 떠나면 그는 틀림없이 무거운 짐을 벗었다고 느낄 것이오. 단외는 고립돼 있는 처지라 다른 이가 자신을 돕기 바라기 때문에 반드시 내 가족을 후하게 대할 것이오. 장수는 모사가 없으므로 내가 와 주기를 바라고 있소. 이렇게 해야 나와 가족들이 모두 안전하게 되오."

사세는 과연 가후가 말한 대로 됐다.

가후는 개인적인 생활 또한 철저하게 낮은 행보로 일관했다.《정사》에는 그가 조조에게 귀순한 후 큰 공을 세웠음에도 다른 사람들의 질시를 받는 것이 두려워 항상 문을 걸어 잠그고 스스로를 지켰다고 기록돼 있다. 또 사사로운 교분을 맺지 않았으며, 자식을 시집보내고 장가들일 때에도 권문세족과 혼인을 하지 않았다고 한다.

《정사》'가후전' 말미에는 "그럼에도 위나라에서 지혜를 논하고 헤아리는 자는 모두 가후에게로 돌아왔다"고 한다. 이 중에는 조비도 있다. 조식과 후계자 경쟁을 벌이던 그는 가후에게 은밀하게 사람을 보내 한 수 가르침을 받는다. 가후는 "품덕과 도량을 숭상하고, 학업을 닦아 힘쓰면서 자식의 도리를 어기지 마십시오"라고 간략하게 전한다.

동생 조식에게 밀리던 조비의 처지를 정확하게 간파했다는 점, 그리고 그 같은 불리를 타개하기 위해 어떤 처신이 필요한가를 정확하게 짚고 있었다는 점에서 후대 학자들은 조비가 조식을 제치고 후계자가 된 가장 큰 이유로 이 충고를 꼽는다.

진수는 가후가 빈틈없는 권모에다 변화에 따르는 융통성을 지니고 있었다고 평한다. 이것이 바로 '응변應變의 장략將略' 변화에 대처하는 장수로서의 도략에 관한 한 타의 추종을 불허하는 조조로부터 아낌없는 찬사를 받은 이유이자, 조조 사후 자신의 몸을 길이 보전한 비책이었다.

물론 다른 시각도 있다. 배송지는 진수가 가후를 순욱, 순유와 같은 열전에 병렬시켜 놓은 것을 크게 못마땅해한다. 그는 순유와 가후를 각기 야광夜光과 증촉蒸燭 촛불에 비교하면서 한실에 충성을 바친 청운지사靑雲之士 맑고 깨끗한 선비. 학덕이 높고 어진 사람인 순유와 일평생 권력자와 부귀를 쫓아다닌 가후를 함께 논하는 것은 부당하다고 비판하고 있다.

마치 사마천이 《사기》 '세가世家'편에 장량과 진평을 나란히 배열한 것을 비판하는 목소리와 맥락을 같이한다. 즉 장량이 사심을 버리고 천하를 생각한 청운지사인데 반해 진평은 도덕적 흠결로 가득한 데다 일평생 부귀영화만을 추구했다는 것이다.

《인물지》 저자인 유소 또한 "변화하는 세상 이치를 꿰뚫어서 책략과 지모가 교묘한 사람을 술가術家라고 부르는데, 장량이 여기에 해당된다. 술가의 아류는 임기응변에 능하며 꾀는 많지만 그다지 공정하지는 못한데, 진평이 여기에 해당된다"며 두 사람을 구분해야 한다고 강조했다.

가후는 자신이 후대에 이런 평가를 받게 되리라는 것을 몰랐을까. 그는 분명히 이런 사실을 알고 있었을 것으로 짐작된다. 권모로 성공했음에도 근신을 생활철학으로 삼은 것은 자신의 인생행로가 이미 당대의 도덕관에서 크게 벗어나 있음을 알고 있었다는 걸 잘 입증해준다.

배송지가 말하는 도덕적 잣대만 걷어낸다면 가후의 일생은 감탄할 만하다. 그가 용병에 참여한 군대치고 승리를 거두지 않은 군대가 없었으며, 그가 제시한 책략이 작용해 성사되지 않은 일이 없었다. 그러면서도 스스로 몸을 낮춰 음모가 판을 치는 전란기에 자신과 가문을 보전했으니 이는 성공적인 일생이라 할 만하다.

《초사楚辭》[75] '어부사漁夫辭'에는 다음과 같은 이야기가 전해진다.

초췌한 굴원屈原을 보고 어부가 그 까닭을 묻자 그는 온 세상이 혼탁한데 자신만이 깨끗하고, 모든 이가 취해 있는데 자신만이 깨어 있는 바람에 쫓겨났다며, 이 때문에 심신이 괴롭다고 토로한다.

그러자 어부는 세상사 흐르는 대로 따라 살 것을 권한다. 물론 굴원은 결백한 몸으로 어떻게 그럴 수 있느냐고 고개를 가로젓는다. 어부는 웃으며 이렇게 노래한다.

창랑滄浪의 물이 맑으면

내 갓끈을 씻으면 되고

창랑의 물이 흐리면

내 발을 씻으면 되는 것을

흡사 가후의 심중에 들어앉아 있었을 법한 글귀다.

날 알아주는 이가 없다면_

선비는 자기를 알아주는 사람을 위해 죽고, 여자는 자기를 보고 기뻐해
줄 사람을 위해 용모를 다듬는다.

《사기》 '자객열전刺客列傳'에 나오는 이야기다.

춘추시대 진晉나라 사람 예양豫讓은 자신이 섬기던 지백智伯을 죽
인 조양자趙襄子를 두 차례나 암살하려다 미수에 그친다. 예양이 유
명해진 것은 조양자가 그 충정을 알고 살려두었음에도, 조금도 반성
하는(?) 빛 없이 끝까지 원한을 갚으려 했다는 점이다. 예양은 결국
조양자가 입고 있던 겉옷을 칼로 베는 것으로 임무를 완수한 뒤 죽
음을 맞는다.♣

원래 예양은 중행中行을 섬기다가 지백이 중행을 쳐 멸망시키자,
섬기는 상대를 지백으로 바꾸었다. 그래서 최후를 앞둔 그에게 사람
들이 "중행이 망할 때는 가만있더니 지금은 왜 그러한가?"라고 묻자

'칠신'은 예양이 몸에 옻칠을 하고 숯을 먹어 목소리를 바꾼 것을 일컫는다. 이른 바 보복을 위해 자기 몸을 고통스럽게 바꿔 상대가 알아보지 못하게 한 데서 유래되는 이야기다.

'피면'은 춘추시대 제나라 장사 섭정이 서민인 자신을 대우해 준 엄중자의 부탁을 받고 한나라 재상 협루를 죽인 뒤, 사람들이 자신을 알지 못하도록 얼굴 가죽을 벗겨 내고 눈을 파낸 뒤 자살한 데서 나온 고사다.

극한적인 지우知遇와 보은報恩을 말할 때 인용되는 '칠신피면'은 그러나 쉽사리 흉내 낼 일은 아니다. 그렇게 하기가 힘들다는 점도 있지만, 자신과 교유한 사람만 알아볼 뿐 적대적 위치에 있는 이가 어떤 사람인지를 헤아리지 않기 때문이다. 따라서 '조폭 의리'로 활용될 위험성이 있다는 점에서 신중한 독법이 필요한 이야기다.

예양은 이렇게 답했다.

"중행은 나를 평범한 인물로 취급했으므로 나도 그를 그렇게 섬겼다. 그러나 지백은 나를 국사國士 나라 안에서 재주가 뛰어난 선비로 대우했으므로 나도 응당 국사로서 그에게 보답했다."

이 이야기는 예로부터 '지우知遇 자신을 알고 대접해 줌에 보답하는 선비'를 일컫는 일화로 유명하다. 건안칠자 중 한 사람인 완우阮瑀는 이 고사를 응용해 위나라 영광을 노래한 즉흥시를 남겼다.

찬란하게 천문이 열리며 위대한 위나라에 시운이 돌아오다
군주의 어가가 천하를 순회하니
백성들이 모두 기꺼이 맞는다

선비는 자기를 알아주는 사람을 위해 죽고

여자는 자기를 보고 기뻐해 줄 사람을 위해 치장을 한다

군주가 모든 이들에게 자비를 베푸니

누가 감히 반란을 일으킬 수 있겠는가?

완우가 자객열전을 인용한 것은 위나라 사람들에게 충성을 강조하기 위해서다. 새로 탄생한 위나라야말로 선비가 목숨을 걸고 죽을 만한 주인이라는 의미다. 아부성 작품이라는 혐의가 짙지만, 조조는 이 시를 보고 크게 기뻐했다고 한다.

사람은 사람이 키운다. 아무리 자신의 능력이 뛰어나더라도 그것을 알고 밀어주는 사람이 없으면 큰 인물이 되기 힘들다. 식자들은 그래서 제나라 패업을 이룬 관중보다 상대 진영에 있었음에도 그의 재능을 알고 군주에게 적극 추천한 포숙을 더 높이 평가한다. 관중이 죽을 때까지 그것을 잊지 않았음은 물론이다.

후한 말 천하제일기재로 불리던 학자 채옹蔡邕은 동탁이 죽은 후 그를 위해 눈물을 흘리다 괘씸죄에 걸려 죽는다. 동학同學 함께 공부한 사람은 물론 선후배들로부터 추앙을 받던 그가 왜 이런 행동을 했을까?

동탁은 자신이 잔인한 독재자라는 사실을 호도하기 위해 명망이 높던 채옹을 발탁했다. 그런 후 하루가 멀다 하고 벼슬을 올리는 한편 지원을 아끼지 않았다. 채옹은 비록 그가 역적이었지만 자신을 대접해 준 사실을 잊을 수 없었다. 지우에 보답한다는 건 당시 선비들에게 으뜸가는 덕목이었던 것이다.

원소의 아들인 원담을 섬기던 왕수王修는 그가 죽자 조조에게 나

아가 시신을 거두어 안장하게 해 줄 것을 요청한다. 적군 수괴를 안장하게 해달라니! 목을 걸지 않으면 하지 못할 요청이었다. 조조가 대답이 없자 왕수는 이렇게 말한다.

"저는 원씨로부터 두터운 은혜를 입었습니다. 만일 원담의 시신을 거두어 염한 후에는 찢겨 죽는다 해도 원망하지 않겠습니다."

조조는 왕수의 의기에 깊이 탄복했다. 《정사》와 《연의》에는 이런 대목이 수도 없이 등장한다. 소설 《연의》에서 항복한 관우를 '삼일소연三日小宴에 오일대연五日大宴, 즉 3일에 한 번 작은 잔치를 열고 5일에 한 번 큰 잔치를 여는 것'으로 후대했던 조조가 화용도에서 그 은혜를 보답 받는다는 설정도 이런 관념에서 생겨난 것이다.

재능 있는 선비들은 출사를 하거나, 큰일을 맡을 때 자신을 알아주는 이가 있는지 없는지를 따졌다. 촉한 사람 요립廖立과 이평李平은 이런 점에서 가슴 아픈 일화를 남기고 있다.

공명이 오장원에서 한나라 부흥의 꿈을 접고 스러지자 당대 사람들은 희비에 휩싸였다. 촉한으로부터 수차례에 걸쳐 국경을 침범당한 조위曹魏는 이제 나라의 근심이 사라졌다며 환호성을 내질렀다. 반면 촉한은 국가 기둥이 없어졌다고 애통해했으며, 손오孫吳는 삼국 병립의 한 축이 약화된 데 대해 우려의 시선을 보냈다.

삼국 간 이해득실도 그렇지만 공명과 직간접적으로 연결된 개인들은 특히 더했다. 요립은 항상 자신의 재기才氣와 명성이 공명에 버금간다고 생각했다. 공명 또한 이를 인정했다. 그는 손권에게 보낸 편지에서 요립을 일러 '우수한 인재로 제왕의 사업을 보좌하여 일으킬 수 있는 사람'이라고 평가할 정도였다.

하지만 요립은 생각보다 지위가 낮다며 정부를 비판하거나 원망하는 말을 그치지 않았다. 공명은 이에 요립을 폐하여 평민으로 삼고 오지로 내쫓았다. 공명이 죽었다는 소식이 전해지자 요립은 눈물을 흘리며 말했다.

"공명이 죽었으니 다시는 나를 써 줄 사람이 없겠구나. 이제 한평생 좌임左衽 벼슬길에 오르지 못하고 서인으로 지내는 것이 되겠구나."

공명만한 그릇이 아니면 자신을 알아주는 사람이 없을 것이라는 한탄이었다.

당시는 삼국이 쟁패를 겨루는 전란기였다. 국력이 가장 약한 촉한을 경영하면서 공명이 으뜸으로 친 것은 인재를 제대로 확보하는 일이었다. 그래서 그는 문벌에 구애받지 않고, 은원恩怨을 따지지 않았으며 서열에 관계없이 사람들을 선발했다. 그는 《논어》 '위정'편에 나오는 글귀를 빌어 "나라를 다스리는 도는 곧은 자를 구부러진 자 위에 올려놓는 것으로, 그래야 나라가 편안해진다"고 말할 정도였다.

하지만 이런 정책에 반발이 없을 수 없는 법. 스스로 자신을 과대평가하던 기존 관료들은 '신인新人이 무슨 공이 있어 내 자리를 빼앗아 간단 말인가'라며 저항했다. 그중 한 사람이었던 요립은 공명이 새로운 인재를 선발할 때마다 "현명하고 숙달된 자를 버리고 속된 관리에게 일을 맡기는 격"이라며 불평불만을 멈추지 않았다. 공명은 그랬기에 두 눈 불끈 감고 요립을 내팽개치고 말았다.

시대상이야 어쨌든 이 이야기는 자신을 알아주는 사람이 얼마나 소중한지를 웅변해준다. 요립은 평민으로 살다 딱 한 번 다시 등장한다. 강유가 군사를 이끌고 요립이 살던 곳을 지날 때 그를 만난 이야기가 《정사》에 전해진다. 강유는 요립의 의기義氣가 전혀 쇠락하지 않았다며 그를 칭찬한다. 비록 불평분자였지만 그가 예사 인물이 아니었음을 말해주는 대목이다.

군량 수송이 늦는 책임을 면하기 위해 공명을 모함했다가 유배당한 이평 또한 공명이 숨졌다는 소식을 듣고 발병하여 죽었다. 세속적인 성공에 남다른 열망을 가진 그는 늘 공명이 자신을 다시 살려주리라 기대했는데, 후임자는 그렇게 하지 않을 것을 헤아린 까닭이다.

공명은 예전에 맹달에게 보낸 편지에서 이평을 이렇게 평가했다.

일을 처리하는 것이 마치 물 흐르듯 하여 해야 할 일과 버려야 할 일을 결정할 때 주저함이 없는 게 정방이평의 성격입니다.

실제로 이평은 유비가 죽을 때 공명과 더불어 고명誥命 황제가 죽기 전 내리는 분부을 받은 신하였다. 그만큼 스스로를 자부하고 있었는데, 어느 날 문득 자신을 다시 불러낼 사람이 사라졌으니 얼마나 애통했겠는가?

공명은 이평에게서 모함을 당했을 때 "그가 인갑鱗甲 마음이 음침한 것을 비유해 이르는 말을 드러낼 줄 몰랐다"고 한탄했다. 《제갈량 평전》 저자인 여명협은 이런 정황을 종합해 이평을 "이익을 위해 남을 속이기 좋아했으며 음험하고 잔악했다. 나랏일은 조금도 고려하지 않는 나쁜 사람이었다"고 평한다.

공명이 한탄한 이야기가 이미 널리 퍼진지라 이평은 공명이 아닌 누구에게 구명을 요청할 처지가 아니었다. 게다가 그는 고명대신이었다. 새파란 조정 후배들에게 부탁을 할 수도 없었다. 그랬기에 일구월심 공명이 자신을 살려주기만을 바라고 있었는데 갑자기 죽었다는 소식을 들으니 얼마나 괴로웠겠는가! 이평과 공명은 '권력 역학'이란 측면에서 볼 때 매우 복잡한 관계였지만, 공명이 죽을 때 즈음에는 상대를 깊이 안타까워하는 처지였다.

이탁오는 《분서》에서 주나라 800년 기틀을 마련한 강태공을 예로 들어 이렇게 주장한다.

위수 물가에 있던 늙은이강태공를 보라. 나이가 80을 넘겼는데도 여전히 낚싯대를 붙잡고 있었다. 만약 그가 위수에서 사냥하던 서백西伯 주나라 문왕을 만나지 못했거나, 혹은 만났더라도 서백이 그를 존경하여 스승으로 삼아 공경하지 않았다면, 또 서백에게 무왕과 같은 아들이 있어 부친의 뜻을 잘 이어받지 못했다면 태공이 비록 백만 가지 도략이 있었다 한들 쓰이지 않았을 것이다.

당나라 한퇴지韓退之 한유는 '잡설雜說'이란 글에서 주장했다.

세상에 백락伯樂 말을 잘 감별했던 전국시대 사람이 있은 연후에 천리마가 있게 된다. 천리마는 항상 있지만 백락은 늘 있지 않다. 그래서 비록 명마가 있을

지라도 (백락을 만나지 못하면) 마구간에서 덜떨어진 말들과 나란히 죽게
되어 천리마로 불리지 못한다.

그는 또 다른 글에서 이렇게 말한다.

내가 듣기로 나무가 산에 있고 말이 시장에 있을 때, 이들을 보고도 못
본 척하는 사람이 매일 수만명이 된다고 해도 그것들이 재목이 안 된다
거나 하품下品 말이라는 건 아니다. 뛰어난 목공 석石이 지나가면서도 쳐
다보지 않고, 백락이 보고서도 되돌아보지 않은 연후에야 그것들이 동
량의 재목이 아니고, 준족을 지닌 말이 아님을 알게 된다. 전에 말장사가
시장에서 말이 팔리지 않자 백락이 말을 잘 감정한다는 걸 알고 따라가
도움을 청했다. 그리하여 백락이 한 번 돌아보자 값이 세배로 올랐다.

백락을 공명으로, 타고난 재능을 자신했던 요립과 이평을 천리마
로 치환하면 퇴지가 하고자 한 말이 한눈에 들어온다. 그래서 자객
열전에 등장하는 '선비론'은 지금도 그 가치를 잃지 않는다. 단 '여자
론'은 말을 꺼내기가 쉽지 않다. 아무리 시대가 그랬다고는 하나 여
성을 지나치게 폄훼하는 듯해서다.

촉한에 닥친 비극_

오장원에서 제갈량의 병이 깊어지자 황제 유선은 이복李福을 보내 국가 대계에 대한 자문을 받도록 했다. 나라 전체 경영을 제갈량에게 의지하고 있던 촉한으로서는 공명 사후에 대한 방책을 마련하는 것이 급선무였던 것이다. 이복은 제갈량과 많은 이야기를 나눈 뒤 떠났다가 다시 병영을 찾았다.

《정사》 배송지주와 《자치통감》에는 그 이야기가 이렇게 기술돼 있다.

제갈량이 말했다.

"나는 군이 다시 온 의도를 아오. 군이 알고 싶어 하는 사람은 공염蔣琬이오."

이복이 사죄하면서 물었다.

"일전에 확실한 가르침을 받는 것을 깜빡 잊었습니다. 공의 백년후百年後

죽음을 은유한 표현에는 누가 가히 대사를 맡을 만하다고 생각합니까? 이를 알고 싶어서 왔습니다. 청컨대 공염 다음에는 누가 뒤를 잇는 게 좋은지 다시 한 번 가르쳐 주시기 바랍니다.”

그러자 공명이 답했다.

“문위비의가 뒤를 이을 만하오.”

이복이 또 그 후임을 물으니 공명은 답하지 않았다.

《연의》는 특히 이 대목을 좀 더 윤색해 마치 촉한이 장완과 비의를 거치면 끝날지도 모른다는 뉘앙스를 풍긴다. 실제로 공명은 이복과 말을 나눈 후 며칠이 지난 후에야 숨을 거두지만, 《연의》에는 이 말을 한 직후 명이 끊어졌다고 표현돼 있다.

이 일화가 전하는 대로 장완과 비의는 공명의 뒤를 이어 촉한을 지탱했던 현신賢臣이다. 후인들은 그래서 제갈량, 장완, 비의, 동윤을 일컬어 4영四英 네 명의 우수한 인재, 혹은 4상四相 네 명의 훌륭한 재상으로 표현한다. 이 중 장완은 나라가 크게 흔들림이 없을 때 사망했기 때문에 별다른 이야깃거리를 남기지 않았지만, 비의는 재상이라는 중책을 맡은 상태에서 비극적인 죽음을 당했던 터라 후대에도 이런저런 논란을 남기고 있다.

논란의 골자는 현신으로 손꼽히는 그가 지닌 장점과 단점이다. 비의는 원래 촉인이 아니라 유비가 익주를 정벌할 때 따라 들어온 사람이다. 태자사인太子舍人 황태자를 보좌하는 직책과 황문시랑黃門侍郎 황제를 받들어 모시는 자리이라는 중요한 벼슬을 하면서 윗사람들로부터 돈독한 신임을 받았다.

그는 타고난 총명이 남달랐다. 《세설신어》에 인용된 《비의별전費褘別傳》에는 이런 구절이 있다.

비의는 총명한 식견이 남보다 뛰어나서 매번 상주문上奏文 신하들이 황제에게 올리는 글을 살펴 읽을 때마다 눈을 들어 잠깐 보기만 해도 그 뜻을 파악했는데, 그 신속함이 다른 사람의 몇 배나 됐다.

성품 또한 나무랄 데 없었다. 탁월한 통찰력으로 일을 처리하면서도 결코 잘난 척하지 않았으며, 조정력이 뛰어나 불화를 방지하는 데도 앞장섰다. 그런가 하면 재물 앞에서도 담백했다고 하니 리더가 지닌 웬만한 장점은 다 지녔던 셈이다.

오나라 손권은 그래서 사신으로 방문한 비의를 처음 만났을 때 "틀림없이 촉한을 떠받칠 중신重臣이 될 것"이라고 평했다. 제갈량도 출사표에서 곽유지, 동윤과 함께 비의를 거론하면서 이들에게 내정을 맡긴다면 다른 문제가 없을 것이라고 장담했다.

촉한은 당시 전쟁으로 업무가 번잡하기 그지없었다. 비의는 상서령으로 있을 때 늘 조포청사朝晡聽事 아침부터 저녁까지 일을 봄하면서 그 사이에 빈객도 만나고 음식과 오락을 즐겼다. 그런가 하면 박혁博奕 바둑과 장기까지 두며 매번 사람들과 어울렸음에도 일처리에 전혀 빈틈이 없었다. 동윤이 그를 대신하자마자 비의를 배우려 했는데, 10일 만에 숱한 일이 잘못됐다. 동윤이 감탄해 말했다.

"사람의 재능이란 이토록 차이가 나는 것인가. 이는 내가 도저히 흉내 낼 수 있는 일이 아니다.”

그리고는 하루 종일 정무에 매달렸는데 조금도 여가가 나지 않았다.

비의는 대장군 녹상서사에 임명돼 대권을 한 손에 움켜쥐고 치세에 힘쓰다 불의의 일격을 맞고 쓰러진다. 서기 253년 신년 축하 연회석에서 위나라에서 투항해 온 곽수郭脩라는 자에게 암살을 당했던 것이다.

곽수는 전선에서 촉군과 대치하다가 강유에게 잡혀 투항한 사람이다. 기록을 더듬어 보면, 그는 거짓 투항을 통해 큰 공을 세우려 한 것으로 추측된다. 여기서 큰 공이란 바로 촉한 2대 황제 유선을 암살하는 일이다. 그는 투항 후 벼슬을 받자 상수上壽 연회에서 술잔을 올리는 의식를 할 때마다 늘 머리를 조아리며 유선 앞으로 나아갔는데, 그럴 때마다 황제 근시들에게 저지당했다.

그러자 그는 목표를 비의로 바꾼 듯하다. 여러 장수들이 참석한 연회가 벌어졌을 때 곽수는 통음해 대취해 있던 비의를 찔러 죽였다. 일세의 현신으로 꼽혔던 그이지만 일이 이렇게 진행되자 사후에 “불의의 변란에 대비하지 못한 범용한 인물이 아니냐”는 평가를 받게 됐다.

비의의 행적을 살핀 후대 학자들은 그를 주도면밀하게 분석한 결과 “부하를 다루는 방법과 술을 마시는 방법에 약점이 있었다”고 말하고 있다. 즉 타인의 위에 서는 사람은 부하를 다룰 때 신중하게 하고, 즐거운 가운데서도 우려를 잊지 않아야 함에도 이를 망각했다는 것이다.

원래 비의는 대범한 성격이었다. 소소한 예절을 따지지 않고 통이 컸다. 광록대부 내민이 출정을 앞둔 비의를 만나 그를 시험해 보려고 바둑을 한판 청했다. 격서가 날아들고 인마가 분주하게 오가는 터라 보통사람이라면 불안해서라도 집중이 안 될 터인데 비의는 태연자약했다. 내민은 감탄하면서 말했다.

"그대를 잠시 시험해봤을 뿐이오. 그대는 믿을 만하니 반드시 적을 깨뜨릴 것이오."

허정이 아들을 잃었을 때 동윤은 비의와 함께 장지까지 가려고 했다. 동윤이 아버지 동화에게 수레를 요청하자 동화는 뒤쪽이 뚫려 있는 녹거鹿車를 그에게 주었다. 녹거는 지체가 높은 사람들이 이용하던 수레다. 그러자 동윤은 아무리 아버지가 고관이라고는 하나 아직 신출내기인 자신이 녹거를 이용하는 건 옳지 않다고 생각했다. 동윤이 수레를 타기 어렵다는 낯빛을 보이자 비의가 앞쪽에 먼저 올랐다.

이윽고 장지에 이르니 제갈량을 비롯해 많은 귀인이 모였는데, 아니나 다를까 수레는 매우 적었다. 동윤은 얼굴빛이 편하지 못했는데 비의는 태연자약했다. 동화가 이 상황을 전해 듣고 아들에게 말했다.

"나는 늘 너를 문위와 비교해 우열을 가리지 못했는데, 오늘에야 의혹이 풀렸다."

동윤은 수레에 탄 자신이 예상했던 대로 오버한 것이 아닌가 하고 걱정했는데, 비의는 그런 것에는 개의하지 않았다는 것이다. 사소한 격식에 구애받지 않는 비의의 대범함이 잘 드러나는 대목이다.

하지만 그가 졸지에 암살당하자 이 같은 대범함은 오히려 약점으로 지적됐다. 동진의 학자 우희는 비의를 일러 "(암살을 당한 것은) 그의 성격이 느긋하고 대범하여 세밀한 곳을 방비하지 못했기 때문"이라고 말했다.

동료로 일했던 장의는 일이 그렇게 될 줄 예측했던 것일까? 비의가 대장군이 되어 호방한 성격에 따라 새로 귀순하는 이들을 지나치게 후대하는 것을 보고 이렇게 말한 바 있다.

"예전에 잠팽岑彭 광무제 유수를 도와 후한을 건국한 공신은 군대를 통솔하고 있었으며, 내흡來翕은 절節 군대 지휘권을 말함을 쥐고 있었기에 모두 자객에게 죽음을 당했습니다. 지금 장군의 지위는 높고 권력은 무거우니 마땅히 옛일을 경계로 삼아야 할 것입니다."

사마의에 대항해 1차 회남 반란을 일으켰던 위나라 영호우令狐愚는 어릴 때부터 원대한 뜻을 지닌 이로 인정받았다. 집안사람들도 반드시 영호우가 영호씨 가문을 번창하게 할 것이라고 입을 모았다. 숙부 영호소는 이에 대해 "영호우는 성정이 척당倜儻 뜻이 크고 기개가 있음. 대범하여 얽매이지 않음하니 덕행을 수행치 않으면 반드시 가문에 화를 입힐 것"이라고 잘라 말했다. 영호씨 가문은 결국 영호우 때문에 멸문됐다.

제갈량은 문집 '지인知人'편에서 "사람을 알려면 잘 관찰하는 일이 필요하다. 사람을 다룰 때에는 그 행동을 잘 보아야 한다"고 말한다. 이 말은 사람을 부릴 때 호방함과 대범함만을 내세워서는 안 된다는 뜻이다. 비의는 곽수가 투항한 의미를 제대로 읽지 못했기에 비극을 맞을 수밖에 없었다.

오장원에서 제갈량이 죽은 후 《연의》는 사실상 이야기 흐름을 상실한다. 번역본들 또한 공명 사후를 '별다른 인물과 특징 없이 지루함만 반복된다'며 별로 중요하게 다루지 않는다. 오래전에 나온 월탄月灘 《삼국지》는 제갈량 사후를 아예 '여록餘錄 남은 이야기'이라고 이름 붙였을 정도다. 그러다 보니 곽수가 비의를 암살한 이야기도 제대로 다뤄지지 않는다. 하지만 공식적으로 비의 암살은 촉한의 명운을 결정지은 대사건이었다.

공명은 생전에 장완과 비의를 무척 아꼈다. 전란으로 풍속이 피폐해진 상태에서도 개인적인 욕심을 부리지 않고 정성을 다해 공의公義를 수행했다는 건 분명 사랑받을 만한 태도였다. 그러나 《삼국지 역사기행》을 쓴 공학유는 비의 암살을 두고 "피의 교훈은 심각했다"고 말한다. 촉한은 비의가 죽자 고개를 숙이고 있던 탐관오리들이 하나둘 들고 일어났다. 그리고는 곧 패망으로 들어선다.

어느 문사의 행로_

군국의 격서檄書는 대개 임琳과 우瑀가 만들었다.

진수가 《정사》 '왕찬전王粲傳'에서 한 이 말은 삼국시대를 통해 이름깨나 얻고 있는 위나라 격문은 대부분 진림陳琳과 완우阮瑀가 만들었다는 이야기다.

별것 아닌 표현처럼 보이지만 이 구절을 얕보면 안 된다. 삼국시대는 지금처럼 정보통신망이 발달하지 못한 때였다. 종이로 만든 문서를 제외하곤 백성들에게 달리 정책방향을 설명할 길이 없었다. 때문에 이른 바 방傍이란 형식으로 뿌려지는 '격서'는 매우 중요했다. 이를 통해 백성들은 군국軍國 군사업무와 나라 정치 대사를 알 수 있었다. 즉 정부가 누구를 대상으로 어떤 명분을 내세워 전쟁을 일으키는지, 혹은 정치적으로 큰 사건이 났을 때 어떻게 수습 가닥을 잡아 나가는지 알 수 있었다.

그래서 격서 혹은 격문에 담긴 문장은 논리를 잘 갖춰야 함은 물론, 백성들을 격동시키는 힘을 지녀야 했다. 당연히 탁월한 정세 분석과 문장을 자유자재로 구사할 수 있는 엘리트들이 격서를 짓는 자리에 앉았다. 진림과 완우는 바로 그 역할을 수행한 사람들이다.

두 사람은 건안문학建安文學을 개화시킨 건안칠자로 일컬어지는데, 이 중 완우는 죽림칠현으로 지금도 그 명성을 잃지 않고 있는 완적의 아버지다.

위문제 조비가 남긴 저작 《전론典論》에 따르면, 건안칠자는 노국魯國의 공융孔融, 광릉廣陵의 진림, 산양山陽의 왕찬, 북해北海의 서간徐幹, 진류陳留의 완우, 여남汝南의 응창應暢, 동평東平의 유정劉楨 등 7명이다. 이들은 조조가 권력을 잡은 후 위나라 중심지인 업성에 모여 조비, 조식 형제와 더불어 중국에서 가장 일찍 자각적인 문학 집단을 형성한 것으로 평가받는다.

《전론》은 이들을 일컬어 이렇게 평한다.

학문은 배우지 않은 바 없고, 문사文辭 글는 남들을 모방하지 않으니 각기 준마가 되어 함께 천리를 내달리는 것 같았다.

이들은 전통으로 내려오던 부賦 대신 시詩, 특히 오언시五言詩를 문학의 주류로 삼아 중국문학의 선구자가 됐다. 또 민요라 할 수 있는 악부체樂府體 시를 지식인의 서정시로 완성하고 유가적 성향에서 벗어나 시문학에 강렬한 개성과 청신한 격조를 부여한 것으로 유명하다.

조비는 이들 중 서간, 진림, 응창, 유정이 역질로 동시에 죽자 '천하 준재들이 한꺼번에 가버렸다일시구서 一時俱逝'며 애통해한 바 있다.

청나라 사학자 장학성章學誠은 이들의 작품을 그때까지 볼 수 없었던 '기이한 풍경'이라고 묘사한다. 미학자 이택후李澤厚는 위진시대를 일러 "한나라 때까지 한 묶음이던 경학과 문예가 구별돼 진정한 순수 철학과 감성적인 순수 문예가 탄생한 시기"라고 했다. 유대걸劉大杰은 여기에 덧붙여 이 시기를 '문학의 자각시대'라고 이름 붙이면서 "문학 관념을 명확히 함으로써 문학의 가치와 사회적 지위를 높였다"고 평가한다. 그 선두에 건안칠자가 있었다는 말이다.

이들 7인 중에서 《정사》에 열전列傳을 가지고 있는 사람은 왕찬뿐이다. 나머지는 역사적 비중이 낮은 탓인지 다들 왕찬전에서 조금씩 다뤄진다. 하지만 지금까지 가장 이름을 떨치고 있는 이는 '조조토벌 격문'으로 유명한 진림이다. 《정사》는 물론 《연의》도 그를 자세하게 묘사하고 있진 않으나, 위진시대에 관심을 두고 있는 사람이라면 결코 진림을 놓칠 수 없다.

진림은 처음 하진何進 밑에서 일을 하다가 하진이 십상시의 난으로 죽자 북부 패자인 원소에게로 몸을 옮겼다. 그러다 원소가 조조에게 패하자 붓끝을 겨누었던 조조에게로 태연스레 귀순한다. 양지만을 골라 다녔다는 이야기다.

관도대전이 막을 내린 후 진림을 붙잡은 조조 부하들은 그를 죽여야 한다고 목청을 높인다. 원소 편에 서서 자신들이 모시던 조조를 '환관 양자의 더러운 자식'이라며 원색적으로 비난한 까닭이다.

조조 또한 원소와 대치하고 있을 때 진림이 만든 격문을 보고 놀랐다. 물론 《연의》에는 조조가 그 격문을 보고 '글 잘하는 문사文士가 쓴 것일 뿐 원소는 그리 두려운 존재가 아니다'는 변명이 나오지만, 한편으로는 두통이 씻은 듯 사라졌다는 표현이 등장하는 것을 보면 섬뜩한 느낌을 지우지 못했을 것이라는 게 일반적인 평가다.

《연의》 독자들에게 널리 알려진 두통 운운하는 대목은 《전략典略》에는 이렇게 묘사돼 있다.

진림은 여러 글이나 격문의 초고가 완성되면 태조조조에게 이를 올렸다. 태조는 이전부터 두통으로 괴로워했는데, 병이 도져 누워 있을 때 진림이 지은 글을 보고는 종종 벌떡 일어나 말하길 '이 글이 내 병을 고쳤다'며 자주 후한 상을 내렸다.

진림이 지닌 문사 역량이 적진에 있을 때는 두려움으로, 아군이 됐을 땐 통쾌함으로 그 진가를 발휘했다는 설명이다.

어쨌든 위대한 문인이었던 조조는 진림의 재주를 아까워한 나머지 반대를 무릅쓰고 그를 다시 등용한다. 유재시용唯才是用 능력만 있으면 쓴다이라는 실용주의 원칙에 충실한 조조의 면모를 잘 보여주는 대목이다. 조조는 이때 진림에게 "욕을 하려면 나에게만 할 것이지 할아비 일까지 끄집어낸 것은 너무한 것 아니냐"며 질책한다. '환관 양자의 더러운 자식' 운운하며 자신을 발가벗겨 비난한 것을 두고 한 말이다.

진림은 이에 대해 조금도 위축됨 없이 자신은 당시 활시위에 겨누어진 화살에 불과했다고 말한다. 권력에 기대어 자신을 이어갈 수밖에 없는 나약한 문사의 운명을 노래하는 듯한 이 발언 때문에 진림은 두고두고 욕을 먹는다. 후에 진림은 조조 휘하에서 오나라를 토벌하는 격문을 짓는다. 원소를 위한 격문에서 조조를 '죽일 놈'으로 묘사했던 그는 오나라 토벌 격문에서 조조를 주 무왕에 비길 만한 성인이라고 칭송한다.

낯 간지러운 대목이 아닐 수 없다. 요즘으로 치자면 훼절 또는 곡필, 곡학아세라는 비난을 거세게 받을 게 뻔하다. 《위진학술고魏晉學術考》 중 《문선文選》을 편집한 사람은 이에 대해 이렇게 말한다.

아무리 붓이란 것이 편리하다고 해도 이처럼 뻔뻔스런 글을 쓸 수 있는가? 문사로는 훌륭할지 몰라도 인격적으로는 문제가 있다. 오히려 이런 점까지 수용해 진림이 지은 글을 사랑했던 조조야말로 진정 너그러운 사람이 아닌가!

당나라 문인 한유韓愈가 지은 글 중에 '모영전毛穎傳'이라는 게 있다. 여기에는 《문선》 편자가 한 말을 뒷받침하는 재미있는 이야기가 등장한다.

진秦나라 때 모영이란 이가 있었는데 기억력이 좋고 약삭빨랐다. 문자를 끈 매듭으로 표기하던 먼 옛날부터 진나라 일에 이르기까지 기록·편찬하지 않은 것이 없었다. 특히 사람들의 뜻을 잘 따라서 '바르고 곧은 것이

든, 굽고 교묘한 것이든’ 모두 그를 부리는 사람이 시키는 대로 따랐다. 유독 무인武人들은 좋아하지 않았으나, 요청이 있으면 역시 (망설이지 않고) 그에게로 갔다.

진림과 비슷한 사람을 말하는 듯하나, 사실 이 글에 등장하는 모영은 붓을 사람으로 의인화한 것이다. 모毛란 토끼털을, 영穎은 뾰족한 붓끝을 이르는 것으로, ‘이용만 당하는 초라한 물건’이라는 게 한유가 원래 말하고자 한 뜻이다. 그래서 《문선》 편자가 “아무리 붓이란 것이 편리하다고 해도” 하는 부분에 연결시키면 모영이 곧 진림이 아닌가 하는 착각이 들 정도다.

뒤이어 많은 사람들도 진림의 글에 대해 문장은 아름다우나 기백이 들어 있지 않다며 ‘출사표’의 진정성과 비교하면 천양지차가 있다고 말한다.

물론 진림을 옹호하는 시각도 있다. 일본 사학자 모리야 히로시는 조조토벌 격문을 두고 “원소를 칭찬한 부분은 간살스러운 면이 있으나, 조조를 공격하는 부분은 한번 읽으면 숨을 쉴 수 없을 정도의 박력을 담고 있다”고 높이 평가하면서 어설픈 윤리적 잣대를 갖다 대는 것을 경계하고 있다. 《문심조룡》에도 진림이 조조를 꾸짖을 때 쓴 표현을 ‘뼈를 들춰낼 만큼 강렬한 것이었다’고 찬탄하는 내용이 들어 있다.

히로시는 진림이 처음 조조 대신 원소를 택한 것에 대해서도 바둑에 빗대어 “대국 때 흑돌이 아니고 백돌을 잡은 것과 같은 맥락”

이라며 "그러나 백돌을 잡은 이상 온 힘을 다해 흑돌을 공격하는 것이 대국자의 예"라고 설명한다.

통상 곡필을 일삼는 사람들은 권력자에게 한없이 비굴하다. 이는 동서고금을 통틀어 예외 없는 법칙이라고 해도 무방하다. 그러나 진림은 조조에게 붙잡혔을 때 정황론을 이야기하면서 용서를 빌긴 했으나, 크게 비굴하지 않았다. 그 내면을 짐작할 순 없지만, 자신을 백돌로 여기고 있었던 건 아닐까? 그래서 히로시를 거드는 이들은 비록 진림이 세 번씩이나 주인을 바꾸었음에도 불구하고 철두철미하게 '자신에게 충실한' 자립인自立人이었다고 말한다.

남조南朝 문인인 안지추安之推는 《안씨가훈顔氏家訓》에서 진림을 이렇게 평했다.

진림은 원소 밑에 있을 때 조조를 승냥이와 이리로 부르더니, 조조에게 가서는 원소를 뱀과 살모사라고 불렀다.

그러나 안지추 또한 문인이란 존재가 '시대와 그 주인'이 명하는 바에 따라 움직일 수밖에 없음을 지적하면서 이를 그들이 지닌 숙명적인 거환巨患 큰 병통이라고 했다.

이런 시각에서 본다면 진림의 훼절을 문제 삼아 지조를 따지는 건 지나치다는 느낌이 든다. 권력자의 입맛에 맞게 자신의 글을 가다듬었지만, 서민의 입장을 대변한 멋진 글을 남기고 있는 것도 주목할 만한 부분이다.

진림에게 권력자란 몸과 마음을 바치는 충성의 대상이었을까? 아니면 삶의 방편에 불과했을까? 아마도 후자가 아니었을까? 히로시의 역설과 안지추의 한탄에 일리가 있다는 건 그래서다.

하지만 '곡필의 대명사'인 진림을 온전히 복권시키는 건 아무래도 무리라는 생각이 든다. 진림을 방패막이로 '힘센 자와 가진 자'에게 심신을 던질 이들이 줄을 서 있기 때문이다.

원나라 사람 유인劉因이 《망천도기輞川圖記》에 남긴 한 구절은 진림을 추종하는 이들에게 따끔한 충고가 될 성 싶다.

아! 사람의 큰 절개가 한번 꺾이고 나면 모든 일이 엉망진창이 되니… 출중한 문예文藝에 힘입어 이름을 날리려는 사람들이여! 이 점을 헤아려 스스로 반성해야 할 것이다.

법치의 그늘 아래_

제갈공명은 법가法家에 깊숙이 경도된 사람이었지만, 그를 한비韓非나 상앙商鞅 같은 인물로 파악해선 곤란하다. 법가를 통치이념으로 삼았으되, 조직 결속을 위해 무던히 애를 쓰며 인재를 아끼고 키웠다는 점에서 법술가가 아닌 대정치가Great statesman로 표현하는 것이 타당하다. 조직통합에 초점을 맞추면 '읍참마속泣斬馬謖'이 주는 냉정함과는 달리 인재를 포용하는 그의 그릇이 오롯이 드러난다.

《연의》에서 군사적 성공을 통해 독자들로부터 사랑 받는 사람들 외에도 촉한을 뒤에서 떠받친 이들은 《연의》에 등장하는 주인공 숫자만큼이나 많다. 황권은 그 대표적인 인물이다. 유비가 한중을 정벌해 자립 기틀을 완전히 확립할 수 있도록 계획을 세운 사람은 사실상 그다. 《정사》에는 '유비가 두호와 박호를 쳐부수고 하후연을 죽여 한중을 차지했는데, 이는 모두 황권의 계획이었다.'고 적혀 있다.

왕련과 잠술은 당시 국가경제의 핵심이라고 할 수 있는 전매사업을 담당하면서 국부를 뒷받침한 이들이다. 철과 소금을 관장한 이들의 노력이 있었기에 촉한은 군비경쟁에 시달리면서도 국력을 유지할 수 있었다. 왕련은 《연의》에서 공명이 맹획을 치러 남정에 나설 때 불모의 땅에 들어가서는 안 된다고 간언하는 장면에 잠깐 등장한다.

후일 공명에게 쫓겨난 이평은 한중 전선에서 위나라와 대치하고 있던 촉군의 식량을 조달하는 중요한 역할을 맡고 있었다. 일본 학자 야마구치 히사카즈는 유비가 죽을 때 공명과 함께 이평을 불러들인 것을 놓고 탁고지신託孤之臣 어린 고아를 맡긴 신하은 공명과 이평 두 사람이었다며, 이평은 공명에 버금가는 존재였다고 말한다.

이외 상랑과 상충 부자는 무략武略으로, 동화와 동윤 부자는 대를 이은 충성으로, 장예와 양홍, 유파, 비시, 극정 등은 성실한 관료로 촉한을 지탱한 사람들이다. 그들이 있었기에 《연의》에 등장하는 주인공들은 국경에서 현란한 활약을 펼칠 수 있었던 것이다.

이들은 제각기 재능이 특출하고 개성이 강한 사람들이어서 서로 용납하는 경우가 많지 않았다. 하지만 공명은 신상필벌 원칙을 내세우고 있으면서도 이 같은 불화를 법적 잣대로만 다루지 않았다.

유파劉巴가 장비를 한갓 무사로 여기는 바람에 장비가 불같이 화를 내자 유파에게 편지를 써 자존심을 조금 굽혀 줄 것을 요구한다. 유파는 당시 교제를 위해 자신을 찾아온 장비를 거부하면서 "대장부란 마땅히 사해 영웅들과 사귀어야 한다. 어찌 한낱 무사와 말을 나누겠는가?"라고 했다.

후일 송나라 문인 범중엄이 "유자儒者에게는 명교名教 유교가 있을 뿐이다. 어찌 군사와 관계된 일을 하겠는가?"라고 반문한 것과 맥락을 같이하는 대목이다.[76] 책상머리 문사들에게서 종종 발견되는 경직된 행동이긴 하나, 그만큼 자부심과 콧대가 높았다는 말이기도 하다. 물론 범중엄은 국권 회복을 위해 온몸을 불사른 명신名臣이기에, 이런 말을 했다고 앞뒤가 막힌 사람이라는 뜻은 아니다.

원래 유파는 이름난 선비였으나 유비를 무시하고 도망 다닌 전력이 있다. 그는 조조가 형주로 짓쳐 내려올 때 유비에게 가지 않고 형주 3군을 무마시켜 조조에게 투항한 인물이다. 적벽대전 후에도 유비에게 귀의하지 않고 서촉을 다스리던 유장에게 갔다가 유비가 촉 지방을 손에 쥐자 비로소 그 앞에 무릎을 꿇었다. 유비로서는 깊은 한을 가질 수밖에 없었던 사람이다.

하지만 공명은 스스로 주책籌策 이해와 손해를 헤아려 만든 계책을 수립하는 능력이 유파에 미치지 못한다고 늘 말할 정도로 그를 중시했다. 때문에 유파와 장비 사이에 금이 가서는 안 된다는 게 공명의 생각이었다. 유파는 촉과蜀科 촉한을 다스리는 법률를 제정한 장본인이자, 유비가 황제 존호를 칭하고 이를 하늘과 땅에 고했을 때 그 글을 지은 사람이다.

유비가 유장을 몰아내고 촉을 평정하자 법정은 공을 인정받아 촉군 태수가 됐다. 그는 한 끼 밥을 준 은덕이 있어도 반드시 갚고, 작은 원한도 모조리 보복했다. 《사기》 '범저채택열전范雎

蔡澤列傳'에 나오는 '일반지덕필상一飯之德必償 한 숟가락 밥이라도 은덕은 반드시 갚고 애자지구필보睚眦之仇必報 흘겨보거나 째려본 것에 대해서도 반드시 복수한다'를 그대로 실천한 셈이다. 특히 자신을 헐뜯고 다치게 한 사람을 여러 명 죽이기까지 했다.

그러자 어떤 사람이 공명에게 법정의 행동이 지나치다고 말했다. 공명은 법정이 유비의 입촉入蜀 촉 지방에 들어옴에 일등 공을 세운 것을 거론하면서 "주공이 형주에서 조조와 손권에게 압박당하고 있을 때 법정은 주공을 도와 하늘 높이 날도록 했습니다. 어떻게 그가 자기 생각대로 하는 것을 금할 수 있겠습니까?"라고 답했다.

유비가 법정을 아끼는 것을 감안한 말이기는 해도 '포용'이란 단어를 떠올리지 않고서는 설명이 안 되는 부분이다. 오늘날에도 회자되는 이 대목은 후일 많은 논란을 야기한다. 즉 사사로운 정에 이끌려 엄격한 법 집행을 못했다는 비판이 그것이다.

하지만 당시 제갈량과 법정은 동급 관리였으므로, 제갈량에게 이 일을 독단적으로 처결할 권한은 없었다. 또 유비가 법정을 깊이 신뢰하고 있었기 때문에 함부로 의견을 내놓기도 어려웠다. 따라서 다른 사람을 통해 한편으론 칭찬을 하면서 한편으론 힐책을 하는 '간접적인 제어 방식'은 절묘한 판단이었다.

청나라 학자 하작은 "아직 제도와 인심이 정비되지 않은 초기 촉한 상황에서는 권도權道 예외적인 상황에 대처하는 임기응변적 수단로 일을 처리할 수밖에 없었으니, 상도常道 항상 지켜야 할 도리로 이를 논하는 것은 옳지 않다"고 했는데, 이는 제갈량을 잘 평가한 말이다.

 가졌을 때다. 공명은 장예에게 글을 써 자신이 진정으로 장예를 아끼고 있음을 알리면서 잠술을 기용하는 부분을 이해해 줄 것을 촉구한다. 여기서 공명이 장예에게 보낸 편지의 한 부분을 인용한다.

> 그때 그대가 남해를 떠돌아다닐 때 나는 그대를 위해 슬퍼하고 탄식했으며, 잠을 자도 자리가 편하지 못했소. 나는 그대와 예부터 돌 같은 우의를 가지고 있다고 생각했소. 돌 같은 우의에 근거해 원수라도 추천해 국가에 이익이 되도록 했는데, 이제 잠술을 쓰는 (사소한) 걸 이해하지 못한다면 어떻게 되겠소?

유염은 유비가 예주목으로 있을 때부터 따르던 사람이었다. 그는 허무맹랑한 말을 많이 해 군대 위신을 크게 손상시켰다. 당시로써는 중벌을 받을 만한 상황이었다. 공명이 처벌하려고 하자 유염은 편지를 올려 변명했다.

> 저는 덕이 얇고 행동도 조급한 데다 요즘은 술에 절어 살고 있습니다. 예전부터 문제가 많았지만 공께서 제 본심을 알기에 허물을 추궁받지 않고 지금까지 이르렀습니다. 최근 술에 취해 또 실수가 많았습니다. 반드시 극기하고 자책해 나라를 위해 한 목숨 바치기를 신령께 맹세합니다.

공명은 유염이 죄를 인정하는 태도가 간절하다며 그를 처벌하지 않았다. 진수가 '제갈량전' 말미에 "죄를 인정하는 자는 비록 무거운 죄라도 풀어주었으며, 교묘한 말로 꾸며대는 자는 죄가 가볍더라도 반드시 죽였다”고 쓴 것은 이를 일러 한 말이다.

공명은 처음 유선이 2대 황제로 즉위했을 때 정부 관료들에게 이런 당부를 한다.

“무릇 정책결정에 참여하는 이들은 여러 사람의 지혜를 모으고, 널리 유익한 의견을 들어야 하오. 만약 그렇지 않다면 국가에 큰 손실을 입히게 되오. 사람의 마음이란 그러나 이를 매우 고통스러워하는 만큼 끝내 그렇게 잘하지를 못하오. 오직 서원직서서만이 이 문제에 대해 전혀 소홀함이 없었소. 또 동유재동화는 일이 이치에 닿지 않을 때 다른 사람의 의견을 열 번에 걸쳐 반문해 들은 후 나에게 보고했소. 서서와 동화의 자세를 본받을 수만 있다면 이는 나라에 충성하는 것이오.”[77]

인재를 두루 포용한 공명의 그릇이 단순히 개인적인 자질에서 비롯된 게 아니라는 설명이다. 겸청兼聽 모든 이야기에 귀를 기울이는 것을 통해 끊임없이 대사大事를 일구려는 노력이 인재 포용이란 결과로 나타났다는 말이다.

《정사》 ‘양홍전楊洪傳’에는 그래서 공명을 총평하는 말이 나온다.

당시 서쪽촉한 사람들은 당대에 이름을 날린 인물들이 모두 조정에 출사해 전력을 다하는 것을 보고 그들이 능력을 십분 발휘할 수 있도록 한 공명에게 진심으로 감복했다.

공명은 비록 치국지도는 법가에 의지했으나, 진시황처럼 잔혹한 형벌로 법치를 세운 것이 아니라 널리 귀를 열어놓고 정성으로 개성 강한 인재들을 포용했던 것이다.

당시 촉한은 유비가 형주에서 데리고 온 집단과 촉지방 토착집단 사이에 미묘한 갈등이 있었다. 후자는 전자를 외래인 취급했고, 전자는 후자를 시쳇말로 촌놈쯤으로 여겼다. 그랬기에 편애偏愛 또는 편신偏信 총애하는 사람 말만 듣는 것이란 장벽을 걷어내고 양 집단을 아우르는 화합의 정치를 해야 할 필요성이 절실한 시점이었다. 공명은 이런 기류를 잘 알고 있었기에, 그 어떤 수고로움도 마다하지 않았다.

황종희가 쓴 《명이대방록明夷待訪錄》에는 이런 구절이 있다.

천하를 다스리는 것은 마치 (치자와 피치자가 함께) 큰 나무를 운반하는 것과 같다. 앞에 있는 사람이 '영차' 하고 외치면, 뒷사람도 '어기여차' 하고 화답한다.

'영차'라는 앞소리를 담당한 공명이야말로 '어기여차'를 자연스럽게 유도한 통치자였던 셈이다.

맹달이 왕충후한시대 학자 왕충과는 동명이인에게 한 이야기는 공명의 인간성을 설명하는 백미라고 일컬을 만하다. 맹달이 위나라에 항복했을 때 뒤이어 투항한 왕충이 "그대가 위나라에 갔을 때 제갈량이 이를 갈며 처자식을 죽이려 했지만, 다행히 선주유비가 허락하지 않았다"

고 전했다. 그러자 맹달은 코웃음을 치며 이 말을 믿지 않았다.

"제갈공명은 다른 사람을 돌아봄에 근본과 끝을 지니고 있으니, 이런 일을 할 리가 없다."

엄정함 속에 깃든 부드러움이라고나 할까. 재미있는 에피소드 하나. 석학 초주가 처음 공명을 만났을 때 차림새가 너무 남루해 주위에 있던 사람들이 모두 웃었다. 초주가 나간 후 담당관리는 규율에 의거해 웃었던 사람들을 문책하기를 원했다. 공명은 이에 대해 "나도 참을 수 없었거늘 하물며 다른 사람들이야 말해 무엇하겠소?"라고 응수했다.

그렇게 많이 알려지지는 않았지만, 《정사》 배송지주에는 뜻밖의 이야기가 하나 들어 있다. 공명이 유비를 택하기 전 장소가 손권에게 공명을 추천했다는 사실이다. 그러나 공명은 손권에게 가지 않았다. 어떤 이가 그 까닭을 묻자 공명은 이렇게 답했다.

"손 장군의 도량을 보면 제 재능을 인정할 수는 있어도, 제 재능을 충분히 펼치게 할 수는 없기 때문입니다."

만약 공명이 처음 오나라로 갔다면? 역사는 희한한 방향으로 물길을 잡았을 게 뻔하다.

의연하고 당당한 발걸음_

《전국책戰國策》에 담겨 있는 통쾌한 이야기다.

중국 전국시대 제나라 선왕이 안촉顔屬을 만난 자리에서 질문을 던졌다.

"군왕이 귀하오? 선비가 귀하오?"

군주의 위세를 뽐내기 위한 물음이었다. 당연히 선왕이 기대한 대답 또한 군주였다. 안촉은 그러나 예상을 깨고 선비가 귀하다고 했다. 선왕이 화난 얼굴로 그 이유를 묻자 그는 이렇게 답했다.

"옛날 진나라가 제나라를 공격했을 때 명령을 내리기를 '유하혜柳下惠 춘추시대 노나라 현자의 무덤 50보 내에서 나무를 상하게 하는 자는 사형에 처할 것'이라고 했습니다. 또 명령을 내리기를 '제나라 왕 머리를 얻는 자에게는 식읍食邑 왕족이나 공신 등에게 준 봉지 1만호와 황금 2만냥을 주겠다'고 했습니다. 이로 미루어 보건대 살아있는 왕의 머리가 죽은 선비의 무덤보다 못하다는 것을 알 수 있습니다."

전형적인 견강부회다. 안축이 예로 든 것은 군주와 선비를 비교할 수 있는 합리적 논거가 될 수 없다. 그런데도 안축은 당당하게 말했다. 부덕不德한 군주보다 깨끗한 선비가 낫다는 자신에서다. 당당함에 깔린 메시지는 선비가 지닌 강건한 정신을 얕보지 말라는 외침이다.

삼국시대 선비들도 그랬다. 때가 난세인지라 처신하기가 쉽지 않았음에도 그들은 자신에게 닥친 상황에 의연했다. 공심公心으로 무장한 선비들은 지극한 태도로 상대를 감복시켰으며, 때때로 권력과 위세를 넌지시 흘려버리는 유머도 잊지 않았다. 비록 《연의》에서는 대부분 조연급에 그치고 있지만, 실제로 그들이 남긴 족적은 절대로 주연급 무장武將들에 뒤지지 않는다.

　　　　　　　원래 동양에서는 세 치 혀를 잘 놀리는 사람을 그리 높게 평가하지 않는다. 《논어》에 나오는 교언영색巧言令色이란 말이 뜻하듯, 겉과 속이 따로 놀고 있지나 않은가 하는 의심 때문이다. 삼국시대에도 이런 변설가들이 수없이 등장한다. 하지만 그들은 소리小利를 탐하는 무리와 질적으로 달랐다.

증자曾子는 일찍이 "선비는 흉금이 넓고 의지가 굳어야 한다"고 했다. 그들은 바로 이 말을 온몸으로 실천한 사람들이다.

이회李恢는 도부수刀斧手를 장막 뒤에 감춰 두고 수틀리면 단칼에 목을 베겠다는 마초에게 "정작 오도 가도 못하는 상황에서 죽을 위기에 처한 것은 내가 아니라 당신"이라며 눈썹 하나 까딱하지 않고 목소리를 높인다. 마초는 이회에게 설득되어 결국 유비에게 투항한다.

감택闞澤은 적벽대전을 앞두고 사항계詐降計 거짓으로 항복하는 계책의 주인공이 되어 조조와 맞섰을 때 담력과 기지로 조조의 추궁을 무력화시킨다. 사지에 섰으면서도 감택이 보여주는 태연자약함은 읽는 이들로 하여금 혀를 내두르게 한다.

등지鄧芝는 유비의 동정東征 오나라를 상대로 벌인 전쟁 때문에 원수지간이 된 촉한과 동오의 관계를 회복시키는 임무를 띠고 제갈량에 의해 오나라에 파견된다. 그는 기름이 펄펄 끓는 무쇠솥과 검은 얼굴을 한 무사들이 창과 칼을 잡고 늘어선 가운데 손권으로부터 "허튼소리로 나를 달래러 왔다면 당장 기름 가마에 처넣어 버리겠다"는 협박을 듣고도 껄껄거리며 되묻는다.

"무엇이 두려워 기름 가마까지 대령했소?"

손권은 등지의 당당한 변설에 감탄해 자신이 국량이 좁았음을 시인한다.

사실 이런 멋진 일화들은 《정사》에 등장하는 몇 가지 사실을 토대로 《연의》의 작자가 각색한 것이다.

첫 번째 이야기는 '유비가 이회를 한중으로 보내 마초와 우호를 맺도록 했고, 그래서 마초는 유비를 따랐다'는 기록을 바탕으로 한 것이다. 두 번째 이야기는 감택이 학문과 덕행이 뛰어나 오나라 조야朝野 조정과 민간에서 존경을 받았기에 이를 적벽대전에 접합시킨 사례라고 할 수 있다. 세 번째 이야기도 마찬가지로 살을 많이 붙인 것이다. 등지가 동오에 사신으로 간 것은 맞지만, 펄펄 끓는 무쇠솥이나 검은 얼굴을 한 무사가 공포 분위기를 조성한 건 공식기록에 없다.

이처럼 《연의》에 나오는 많은 드라마는 일정한 사실을 기반으로 한 각색이 많다. 관우의 '오관육참장五關六斬將 다섯 관문을 지나며 여섯 장수를 벰'처럼 전적으로 지어낸 이야기도 있지만, 대개는 이회나 등지 사례처럼 기본적인 사실史實에 이런저런 가짓살을 덧붙인 것이다.

그래서 장학성은 《연의》를 '칠실삼허七實三虛'라고 진단한 바 있다. 열에 일곱은 진짜고 셋 정도는 허구라는 말이다. 지금은 이 평가가 일반화돼 있다. 이야기 전체 분량을 놓고 보면 확실히 그렇다. 하지만 '사실을 토대로 한 윤색'을 '다소 부풀린 사실'로 인정한다면 실제로는 '팔실이허八實二虛' 쯤이 되지 않을까 싶다.

《정사》에 따르면 등지는 전쟁으로 적대관계가 된 촉한과 동오를 화해시킬 때 손권에게 그 득실을 정확하게 설파한다. 등지는 손권이 화친은 하고 싶지만 촉한은 군주가 어리고 형세가 빈약해 위나라가 틈을 타 쳐들어오면 스스로 지키지 못할까 걱정된다며 머뭇거리자 이렇게 주장했다.

"대왕은 한 시대의 영웅이고, 제갈량 또한 한 시대의 호걸입니다. 촉에는 험준한 요충지가 있고, 동오에는 삼강三江의 벽이 있으니 두 장점을 합쳐 이와 입술의 관계가 된다면 나아가서는 천하를 겸병할 수 있고, 물러서서는 삼국정립이 가능합니다. 대왕이 만일 위에 귀순한 뒤 그 명령에 따르지 않으면 위는 오를 토벌할 것입니다. 이때 촉이 그 흐름에 편승한다면 강남 땅은 다시는 대왕의 것이 되지 않을 것입니다."

정연한 논리이자 탁월한 설득이다. 삼국정립이 가져올 이익을 제대로 짚어내는 그가 비굴한 태도를 가졌을 리 없다. 《연의》는 이런 기상을 바탕으로 편장마다 세 치 혀를 종횡무진 휘두르는 선비들을 만들어낸다.

오나라가 제갈량이 죽었다는 소식을 듣고 국경에 수비병을 증가시켰다. 촉한도 이에 대응해 병력을 늘렸다. 종예宗預가 사신으로 가자 오주 손권이 탓하며 물었다.

"우리는 한집안과 같소. 듣자니 국경에 수비병력을 더 증강시켰다는데 어찌 된 일이오?"

종예가 답했다.

"동오가 병력을 늘였기에 서촉 또한 그렇게 한 것으로, 이는 사세가 그리 만든 것이니 서로 추궁할 이유가 없다고 생각합니다."

손권은 파안대소하며 조금도 굴하지 않는 자세를 크게 칭찬했다.

오나라 조자趙咨가 이에 앞서 낙양에서 위문제조비를 만났다. 물어보는 말마다 물 흐르듯 답하니 조비는 부아가 났다.

"오주가 똑똑하다고는 하나 위는 대국大國이다. 오를 정벌할 수 있다."

그러자 조자는 단호하게 답한다.

"대국에 정벌할 군사가 있다지만, 소국에는 견고한 방어준비가 돼 있습니다."

조비가 말로써 그를 이기지 못하자 감탄하여 말했다.

"도대체 오나라에는 대부大夫와 같은 사람이 얼마나 있소?"

조자는 느긋하게 말했다.

"똑똑한데다 학문에 통달한 사람은 80~90인 정도 되고, 신 같은 사람은 수레로 실어 셈을 헤아 할 만큼 많습니다."

원환袁渙은 한나라 사도벼슬을 한 원방의 아들이다. 유비가 예주 자사로 있을 때 그를 추천했는데, 그 후 여포에게 억류당했다. 여포가 유비와 사이가 벌어지자 원환에게 유비를 꾸짖고 모욕하는 편지를 쓰게 했다. 원환이 응하지 않자 화를 내면서 "이 일을 하면 살려주고 그렇지 않으면 죽여 버리겠다"고 했다.

원환은 낯빛 하나 변하지 않고 웃으면서 말했다.

"나는 (상대에게) 욕을 해서 치욕을 느끼게 한다는 건 듣지 못했소. 만일 유비가 군자라면 장군의 말에 치욕을 느끼지 않을 것이며, 유비가 소인이라고 해도 장차 보복을 하려 할 것이니 그렇게 되면 욕을 보는 건 이쪽에 있지, 그쪽에 있는 것이 아닙니다. 하물며 나 원환이 다른 날 유비를 섬겼던 것은 마치 오늘 장군을 섬기는 것과 같은데, 만일 내가 하루아침에 이곳을 떠나 장군을 욕한다면 괜찮겠습니까?"

여포는 이 말을 듣고 부끄러워 편지 보내는 일을 그만두었다.

후에 조조가 원환의 사촌 동생 원민에게 물었다.

"원환의 용감함은 어느 정도인가?"

원민이 답했다.

"원환의 외모는 온화하고 부드러우나, 대의가 걸린 상황에 직면하거나 위난에 처했을 때는 고대에 용장으로 이름난 맹분과 하육이라도 그보다 더하지 못할 것입니다."

진나라가 오나라를 평정했을 때 진군 총사령관인 왕혼은 건업建

業 오나라 수도에 있는 황궁에 올라 술을 마시고 얼큰해지자 오나라 사람들에게 이렇게 말했다.

"제군들은 망국의 유민들이니 슬프지 않은가?"

주처周處가 망설임 없이 답했다.

"한나라 말에 나라가 무너져서 삼국이 정립했는데, 위나라가 먼저 멸망하고 오나라가 뒤에 망했으니 망국의 슬픔을 느끼는 자가 어찌 한둘이겠습니까?"

나라가 망했다고 풀죽어 있는 게 아니라, '어찌 너 따위가 그런 말을 할 자격이 있느냐'는 투로 왕혼을 은근히 꾸짖는다. 왕혼은 위나라 충신 왕창의 아들이다. 주처의 말은 왕혼이야말로 이미 망한 위나라 유민이 아니냐는 것이다.

따끔한 이 한 마디에 왕혼은 크게 부끄러워했다고 한다. 주처는 후일 진나라로 옮겨 벼슬살이를 할 때도 권세가들을 피하지 않았다고 한다.

기상이 곧고 의지가 굳세 어떤 회유와 협박도 통하지 않는다. 게다가 이들이 구사하는 논리는 그런 기상을 한층 두텁게 만든다. 이들은 한마디로 '의연한 선비'라고 부를 만하다.

공심公心으로 세상을 정면으로 응시한 선비들도 있다. 이들이 남긴 이야기는 '선비의 마음 씀씀이란 대저 이래야 한다'는 말로 요약할 만하다.

화흠華歆은 젊을 때 난리를 피해 뜻을 같이하는 사람들과 길을 떠났다. 도중에 혼자 가는 남자를 만났는데 그가 동행을 원했다. 모두 그를 불쌍히 여겨 받아들이려고 하는데 화흠이 말했다.

"지금은 위험한 때라 아니 되오. 재난을 만날 경우에는 마음을 하나로 하는 우정이 필요한데, 아무 이유 없이 다른 사람을 받아들였다가 급할 때에는 어찌할 것이오?"

그러나 사람들은 그를 동행시켰다. 이 남자가 도중에 우물에 빠졌는데 다들 마음이 급해 그를 버리고 가려 했다. 화흠은 이미 함께 하기로 했는데 그를 버리는 건 의리가 아니라며 그를 구출한 뒤 헤어졌다. 사람들은 화흠에게 감탄했다.

《세설신어》에 따르면 이 이야기는 진나라 사람 화교和嶠가 쓴 《보서譜書》에 등장한다. 진수는 아마도 이 기록을 《정사》에 채택해 넣은 듯하다. 재미있는 것은 《세설신어》 '덕행德行' 편에 맥락은 같지만 내용이 약간 다른 일화가 있다는 것이다.

화흠과 왕랑이 함께 배를 타고 난리를 피하던 중 어떤 사람이 함께 타고 가자고 하자 화흠이 난색을 표했더니 왕랑이 말했다.

"다행히 빈자리가 있는데도 어째서 안 된다는 말이오?"

나중에 도적들이 추적해오자 왕랑은 자기가 태워준 사람을 버리려 했다. 그러자 화흠이 말했다.

"애당초 내가 안 된다고 했던 까닭이 바로 이 때문이었소. 이미 우리에게 의탁한 사람을 상황이 급박하다고 해서 어찌 다시 버릴 수 있겠소?"

화흠은 그를 버리지 않았다. 세상 사람들은 이를 두고 화흠과 왕랑 간의 우열을 정했다.

동오가 북벌을 단행하지 못한 가장 큰 이유는 산월족山越族♣ 때문이었다. 법망이 미치지 않는 험준한 산속에 살던 그들은 늘 배후를 위협하는 큰 걱정거리였다. 동오는 모두 5차례에 걸쳐 대대적인 토벌작전을 벌였으며, 그 외에도 수시로 군대를 파견하곤 했다. 이 토벌작전은 장장 62년 동안 지속됐다. 토벌 규모나 기간을 종합하면 산월족이 오나라에 얼마나 큰 우환덩어리였는지 짐작이 간다.

비잔費棧이란 사람이 산월족을 선동해 반란을 일으켰다. 손권은 육손을 파견해 그들을 진압하게 했다. 육손은 동쪽 지역 3개 군단양·신도·회계군 군민들을 군사로 징발해 산월족을 평정했다. 그러자 회계 태수 순우식이 글을 올려 육손을 비난했다.

"육손이 함부로 백성을 징발하는 바람에 그가 가는 곳마다 백성들이 동요하고 있습니다."

♣ 산월족山越族은 어떤 사람들?
오나라가 강남양자강 이남을 지배했다고는 하나, 당시 그들의 세력이 미쳤던 곳은 양자강 일대와 동쪽 절강지방에 불과했다. 양자강 이남부터 바다에 이르는 거대한 영역 중 주로 산악지방에 살던 원주민은 월越이나 민閩으로 불렸는데, 이들은 중화문명의 영향을 별반 받지 않았기에 늘 자신들을 내쫓는 오나라와 자주 다툼을 벌였다. 오나라 입장에서는 이들이 배후를 위협하는 우환거리였으나, 이들 눈에는 오히려 오나라가 자족적인 삶을 사는 자신들을 괴롭히던 원수였다. 그러나 그들은 중화문명에 서서히 흡수되면서 고유한 색채를 잃어갔다. 역사는 현재 정복자의 시각에서 그들을 바라본다.

육손은 그러나 전투를 끝내고 돌아와 순우식을 훌륭한 관리라고 치켜세웠다. 손권이 의아해하며 물었다.

"순우식은 그대를 고발했는데 그대는 오히려 그를 칭찬하니 어찌된 일이오?"

육손이 답했다.

"순우식은 맡은 바 임무가 백성을 어루만지는 데 있기 때문에 저를 고발한 것입니다."

손권은 육손을 크게 칭찬했다.

"이는 아무나 할 수 있는 일이 아니오."

원소의 모사였던 심배審配와 봉기逢紀는 치부致富와 질투로 유명하다. 특히 《연의》에는 이들이 시기를 그치지 않는 바람에 주인인 원소를 망친 것으로 묘사돼 있다. 그러나 설혹 그런 측면이 있다 하더라도, 봉기가 남긴 가화佳話 한 구절은 그를 육손과 같은 반열에 놓을 만하다.

심배의 두 자식이 조조에게 포로가 되자 많은 이들이 원소에게 '심배가 모반할 가능성이 있다'며 참소했다. 원소가 봉기에게 이 문제를 상의하자 봉기가 말했다.

"심배는 성격이 강직하고 옛사람을 앙모하니 비록 자식이 포로로 잡혔다 하더라도 불의를 저지르지는 않을 것입니다."

두 사람이 평소 사이가 안 좋다는 걸 아는 원소는 의아해하며 되물었다.

"군은 평소 그를 증오하지 않았소?"

봉기가 의연히 답했다.

"전에 싸운 것은 사정私情 때문이고 지금 말한 것은 국사國事입니다."

원소가 감탄했음은 물론이고, 심배 또한 봉기와 친하게 지내게 됐다.

명망 있는 선비인 양표楊彪가 한때 죄를 지어 체포된 적이 있다. 양표는 고사 '계륵'으로 유명한 양수의 아버지다. 순욱과 공융은 심문을 맡은 만총滿寵에게 단지 죄상만 묻고 형벌을 가하지 말라고 부탁했다. 만총은 한 마디도 대꾸하지 않고 법에 따라 심문했다. 며칠이 지난 후 만총은 조조에게 이렇게 보고했다.

"양표를 심문했지만 별다른 게 없습니다. 사형에 처하려면 먼저 그의 죄를 명백히 밝혀야 합니다. 만일 죄가 명확하지 않으면 백성들로부터 신망을 잃게 될 것입니다."

조조는 그날로 양표를 석방했다. 순욱과 공융은 처음 만총이 양표를 엄하게 심문한다는 소식을 듣고 크게 화를 냈지만, 결과가 이렇게 되자 오히려 만총에게 감사했다.

장군 장료張遼가 호군護軍 군대 행정사무를 관장하며 장수를 보좌하는 직책 무주와 사이가 벌어져 호질을 호군으로 삼고자 했다. 호질은 권유를 받자 병을 핑계로 사양했다. 장료가 호질을 찾아 물었다.

"나는 그대에게 마음을 의탁하고자 하는데 왜 거부하는 것이오?"

호질은 이렇게 답했다.

"무백남武周은 바른 인물로, 장군은 과거에 그를 줄곧 칭찬했습니다만, 지금은 노여운 눈빛으로 한스럽게 쳐다보고 있습니다. 하물며 저는 재능이 그에게 미치지 못하는데 어떻게 장군과 끝까지 좋은 관계를 유지하겠습니까?"

장료는 이 말에 감동하여 다시 무주와 친하게 지냈다.

손책이 살아있을 때 여범呂範에게 재정을 관장토록 했다. 당시 손권은 나이가 어려 사사로이 여범에게 돈을 얻어 썼으나, 여범이 이를 반드시 손책에게 보고하는 바람에 감히 마음대로 하지 못했다. 이 때문에 손권은 그에게 앙심을 품게 됐다.

손권이 그 후 양선현이란 고장을 다스릴 때 사적으로 공공재물을 유용한 일이 있었다. 손책이 어느 날 갑자기 이를 심사하자 주곡이란 이가 재빨리 장부를 조작하여 문책을 당하지 않았다. 손권은 주곡 덕분이라며 그를 매우 좋아했다. 그러나 후에 국사를 맡게 되자 여범이 충성스럽다는 것을 알고 그를 더 신임하게 된 반면, 주곡은 사람을 속이고 장부를 바꿔치기하는 데 능한 인물인 것을 알고 더 이상 그를 쓰지 않았다.

선비가 지닌 진정한 멋은 상림常林과 황권黃權에게서 극대화된다. 사마의는 상림이 덕망 높은 고향선배라고 생각해 매번 그에게 인사를 했다. 어떤 사람이 상림에게 말했다.

"사마공은 지위가 존귀하니 그대는 마땅히 (그가 인사하러 오는 것을) 그만두도록 해야 하오."

그러자 상림이 말했다.

"사마공 스스로 장유유서를 돈독히 하려고 하는 것은 후세 사람을 위한 법이오. 존귀한 것은 내가 두려워하는 바가 아니며 인사하는 것 또한 내가 막을 일이 아니오."

말하던 사람은 크게 부끄러워하며 물러났다. 당당한 품격도 품격이지만 세속 명리에 연연하지 않는 모습이 참으로 아름답다.

유비를 따라 육로군을 이끌고 오나라 정벌에 나섰던 황권은 촉한 주력군이 패해 돌아갈 길이 끊기자 위나라에 항복했다. 문제 조비가 하루는 그를 놀래키려는 생각으로 사람을 보내 황권에게 출두하라는 칙명을 연거푸 내렸다. 이 과정에서 출두를 재촉하는 사자가 길을 오가며 질주하자 황권 수하에 있던 관원들과 시종들은 혼비백산했다. 그러나 황권은 행동거지와 얼굴빛이 태연했다.

사마의는 제갈량에게 쓴 편지에서 황권을 일러 이렇게 평했다.

황공형황권은 호방한 남자요. 작은 구실을 찾지 않고 항상 그대를 훌륭한 사람이라고 칭찬하고 있소.

위나라에 항복한 마당에도 적국 수괴(?)를 거리낌 없이 평가하는 자태가 이채롭다.

전한 명신 가의賈誼가 쓴 《치안책治安策》에 따르면 이들 선비야말로 이풍역속移風易俗 풍속을 개선함, 새 왕조에 의해 단행되는 개혁을 담당한 대들보들이다. 가의는 이들을 책 보퉁이나 끼고 도는 서생들과 구별해야 한다며, 뜻이 바르고 넓으며 대체大體를 추구하는 면모를 높이 평가했다.

《안자춘추》에는 선비군자의 대의를 요약한 명구가 있다.

조화를 이루되 연고에 얽매이지 않고, 눈앞에 어려움이 닥쳐도 구차스럽게 굴지 않으며, 늠름하고 떳떳하되 교활하지 않다. 그리고 따뜻하고 부드럽되 원칙만 고집하는 각박함을 보이지 않는다.

술독을 옆에 두고 불렀다는 '단가행短歌行'에서 조조는 고전을 인용해 이렇게 노래한다.

산은 높음을 마다 않고, 바다는 깊음을 마다 않는다.

원래 이 구절은 인재를 포용하는 '큰 그릇'을 일컬을 때 쓰이는 말이나, 의연한 선비의 기상을 표현하는 글로도 손색이 없다.

패자를 위한 변명_

진시황이 매장했던 유생들은 그때까지 지식인이라는 개체적 이미지가 모호한 상태였다. 반면 위진魏晉시대에 살해된 지식인들은 모든 부분에서 달랐다. 그들은 이미 진정한 명인으로 성씨, 사적, 품격, 명성 등 모든 것들이 그들의 선혈을 따라 중국 대지와 중국 문명사에 스며들었다. 이처럼 문화적으로 참혹하고 역사적으로 두려운 일은 없었다.

문화사학자 여추우는 하안何晏을 비롯한 위진 명사들의 죽음을 참혹한 것으로 묘사한다. 사마씨에게 주살 당한 하안은 《연의》에서 사악한 인간의 전형으로 등장한다. 권력자인 조상 밑에서 등양, 이승, 정밀, 필궤, 환범 등과 함께 국정을 농단한 사람으로 그려진다.

그러나 여추우는 그를 필두로 한 지식인들의 죽음을 참혹하다고 했다. 여기엔 어떤 차이가 있는가. 그땐 악인이었는데 세월이 흐르다 보니 참모습이 밝혀진 것일까?

《연의》의 말미를 장식하는 가장 극적인 사건은 사마의의 쿠데타다. 치밀하게 전개되는 이 사건은 독자들에게 엄청난 재미를 선사한다. 조상의 집권, 사마의의 실각, 사마씨 부자의 권토중래, 조상의 실기失機 등이 연이어지는 드라마는 마치 한판의 도박인양 여겨질 정도다.

위왕조 몰락의 서곡이자 진왕조의 출발점이 되는 이 쿠데타는 '사악한 인간'을 양산했다. 권력자 조상과 그 무리는 위나라 황실을 무시하고 정부를 농탕질 친 죄인이 됐다. 예외 없이 형장의 이슬로 사라진 그들에게 후세 사가史家들은 '사악한 무리'라는 딱지를 붙였다.

《연의》는 물론 《정사》도 점술가 관로를 동원해 필주筆誅를 가하는가 하면 《자치통감》은 '섬교호리纖巧好利 정교한 수단으로 명리를 추구함'라는 단어를 써가며 그들을 꾸짖는다. 하안은 이 중심에 서 있다. 그래서 독자들은 조상과 하안의 몰락을 보고 사필귀정을 떠올리며 카타르시스를 맛본다.

하지만 여추우는 그런 권력관계에서 벗어나 하안을 비롯해 장화, 반악, 사령운, 범엽 등 그 후 몇십년 동안 이어진 피살을 열거하며 그들이 지닌 문화적 업적에 주목한다. 그에 따르면 하안은 탁월한 청담가淸談家이자 현학玄學의 창시자였으며, 시인이자 모사였다.

사학자 모리야 히로시는 이렇게 단정 짓는다.

"조조나 사마씨는 공융, 하안, 하후현, 혜강 등 마음에 들지 않는 사람을 예를 어겼다 하여 사정없이 사형에 처했다. 하지만 내가 볼 때 단죄되어 마땅한 사람은 기성 모랄을 빙자해 반대파 말살을 꾀한 바로 그들이다."

히로시는 역사를 독특한 관점에서 해석하는 것으로 유명하다. 현학적인 문장을 즐기는 그에게는 하안이나 혜강 등 이른바 청담파 원류들이 '기성 모랄'에 안주해 있던 사람들보다 더 친밀하게 느껴지는지도 모르겠다.

노신도 한마디 거든다. 그는 《위진의 풍도 및 문장과 약, 술의 관계》라는 저서에서 형장의 이슬로 사라진 사람들에게 한없는 관용을 보이면서, 가장 평판이 나쁜 하안에 대해서도 이제 와서 그가 무엇을 잘못했는지 무엇하나 정확한 것은 없다고 했다.

공자가 지은 《춘추春秋》에 따르면 군친君親 임금과 부모에 대한 죄는 가령 미수에 그쳤을 때라도 경감되는 법이 없고, 예비 음모만으로도 사형을 집행해야 한다. 그렇다면 정작 사형을 당할 사람은 대역죄란 누명을 쓰고 처형된 하안 일파가 아니라, 당시부터 찬탈 기회를 노리고 있던 사마씨 일가가 된다.

하안은 후한 말 환관들에게 피살당한 '어리석은' 권력자 하진의 손자다. 어미가 조조의 측실이 됐기에 궁궐에서 자라기는 했으나, 아픈 과거 때문인지 명리에는 큰 관심이 없고 노장사상에만 심취했다고 한다. 그럼에도 그는 새 권력자 조상의 최측근이 된다.

이는 어째서인가? 위나라 역사를 다룬 《위략魏略》에는 이런 구절이 나온다.

명제 조예가 죽은 후 정권을 손에 쥔 조상이 둘러보니 주위엔 너무나 무식한 패거리들만 득실거렸다. 당시 조당에 있는 대신 이하 400명 중에서 붓을 놀릴 줄 아는 자는 겨우 10명 징도에 불과했다.

설마 대신들이 붓을 잡지야 못했겠는가? 이는 곧 정무에 필수불가결한 조서나 격서 등을 지을 만한 능력을 지닌 사람이 드물었다는 이야기다. 나름 학문깨나 한다고 소문난 하안은 그래서 조상이 찾을 수밖에 없는 사람이었다. 조상은 또 사마의에 대항하기 위해서라도 하안을 필요로 했다. 노회한 사마의를 견제하려면 최소한 그에 버금가는 기량을 지닌 사람이 있어야 했는데, 자신이 아는 인사 중에서는 하안이 제격이었다.

거기다 하안은 위나라 인척이었다. 조조의 딸인 금향공주가 하안의 부인이다. 위나라 황실을 수호해야 할 그로서는 조상이 정사를 보면서 패착을 두더라도 쉽게 물러날 수 있는 처지가 아니었다.

물론 그에게 붙여진 딱지는 있다. 바로 부화지사浮華之士 헛된 명예만 추구하는 선비라는 것과 조상 정권에서 '그들만의 리그'를 만들어 향락을 일삼았다는 것이다. 명제 조예는 생전에 하안 일당을 '부화지사'라며 극도로 싫어했다. 그래서 황제로 있을 동안 이들을 모조리 내쫓고 등용하지 않았다.

권세를 누리고 있을 때 사복을 채우고 향락을 즐긴 사실은 각종 사서史書가 입증하는 바다. 그중 한 구절을 보자. 오나라 사람 장제張悌는 위나라가 촉한 정벌에 나선 것을 두고 어떤 이가 실패할 것이 뻔하다고 하자 이렇게 말했다.

사마씨 부자는 여러 번 큰 공을 세운데다, 가혹한 법령을 없애고 널리 은혜를 베풀어 백성들의 고통을 덜었소. 민심을 얻은 만큼 환관들의 전횡으로 피폐해진 촉한은 필히 정벌할 수 있을 것이오.

조위 정권 마지막 세대인 조상과 그 일당이 백성들을 돌보지 않았던 반면 쿠데타로 집권한 사마씨는 정권탈취를 염두에 두고 널리 인정仁政을 펼쳤다는 말이다.

하안이 나쁘게 말하면 '부화지사', 좋게 보면 '청담가'란 명성(?)에 걸맞게 변설과 의론을 좋아한 것은 틀림없다. 변설과 의론을 좋아했다는 건 실무정치보다 공리공론을 더 숭상했다는 말이다. 다만 일부 사가들은 이 또한 개인적 취향이란 점을 강조한다. 그것이 정치로 발현됐을 때 '의도하지 않게' 나쁜 결과를 초래한 건 맞지만, 그같은 개인적 취향 때문에 그가 원래 악인이었다고 결론짓는 건 어렵다고 말한다.

은기殷基는 《통어通語》에서 "사마의는 한마디 애정 어린 충고도 하지 않은 채 갑자기 조상 일당을 도륙 냈는데 이것이 대인大人이 할 짓이냐?"며 하안 등이 실정失政보다는 권력욕 앞에 희생됐음을 강조한다.

후일 동진 사람 왕희지王羲之가 당대 명사로 알려졌던 사안謝安에게 지나치게 청담에 뜻을 두고 실무를 게을리하면 안 된다고 충고했을 때다. 사안은 "진나라가 상앙을 등용했지만 두 세대 만에 망했으니 어찌 청담이 환란을 부른다고 하겠소이까?"라고 반문했다. 하안이 노장老莊에 심취했기 때문에 패망했다는 결론은 그래서 섣부른 것이다.

사복을 채우고 향락에 몰두했다는 것도, 변명할 부분이 있다. 하안은 역사에서 패자敗者가 아니던가? 통상 패자에게 씌워지는 가혹한 굴레는 그가 지녔던 본 모습을 극도로 일그러뜨린다. 승자는 패자를 철저하게 짓밟음으로써 후대에도 칭송받을(?) 명분을 획득한다. 후인들이, 특히 노신이 "지금 와서 보니 하안이 뭘 잘못했는지 모르겠다"고 한 건 분명 눈여겨볼 만하다.

현실역학과 노장사상은 분명히 배치된다. 하안은 비록 현실에 몸을 담고 있었으나 후자 편에 서서 전자가 지닌 '불학무식不學無識'을 불쾌한 눈으로 바라보다 비명도 지르지 못하고 사라진 인물이 됐다. 그가 남긴 말 중에 이런 게 있다.

드러나지 않은 도리까지 깊이 헤아려 능히 천하대세를 이해할 수 있는 자가 있으니 하후현이 그런 사람이오. 사물의 징조를 엿보아 능히 천하 사업을 완성할 수 있는 자가 있으니 사마사가 그런 사람이오. 신의 경지를 넘나들며 서두르지 않으면서도 빠르고, 가지 않으면서도 도달하는 자가 있다는 이야기를 나는 듣기는 했으나 아직 그 같은 사람을 보지는 못했소.

자신과 동시대를 살았던 사람들을 품평하며 한 말이다. 여기서 마지막 구절은 '출신입화出神入化 내공이 신의 경지에 도달함'를 뜻하는 것으로, 왕적의 《오두선생전》이나 엄우, 곽소우의 《창랑시화》에 나오는 구절과 상통한다.

돌연 사라졌다가 돌연 나타났으며, 움직일 때는 천문의 운동처럼 크고 가만히 있을 때는 대지처럼 움직이지 않았다.

지극히 고심하였으나 그 흔적이 없게 하고, 지극히 쉬운 말이지만 의미심장하게 한다.

바로 하안 자신을 드러내 일컫는 말이다. 하후현도 훌륭하고 사마사도 탁월하지만 자신에 비해서는 한 수 아래라는 것이다.

당대에서는 역적으로 몰려 패망했지만, 그는 노신과 여추우처럼 자신이 남긴 발자취를 제대로 평가해 줄 후학이 출현하리라는 사실을 알고 있었던 게 아닐까?

만약 오늘날 히로시와 같은 든든한 우군을 만난다면 하안은 필시 다시 미소를 지으며 '출신입화'를 들먹이리라. 그리고 노신이 말한 데 기대어 '역사에 대한 재규명'을 요구할 게 틀림없다는 생각이 든다. 어쨌든 하안은 역사에서 패자敗者가 아니던가?

6부_
풍운

극단으로 흐르면 반드시 거짓이_

위나라 조정을 이끈 인물 중에 화흡和洽이란 이가 있다. 그는 당시 관리 선발 책임을 맡고 있던 모개와 최염이 '청렴'을 기준으로 삼아 일을 처리하는 것을 보고 이렇게 말했다.

"천하 대기大器 정치는 관직과 인물에 달려 있지, 절검節儉으로 판단할 게 아닙니다. 절검으로 만물을 판단하게 되면 많은 것을 잃게 됩니다. 지금 관리 중에 새 옷을 입고 좋은 수레를 타는 자는 청빈하지 못하다고 하고, 부러 갈기갈기 찢어진 옷을 입고 있으면 청렴하다고 합니다. 사람들이 견디기 힘든 절검을 잣대로 관리 자질을 구분하려 한다면 일이 반드시 어그러질 것입니다. 위대한 가르침은 반드시 인정人情에 통하도록 해야 합니다. 괴이한 행위를 받들게 되면 반드시 거짓이 숨어들게 됩니다."

 아님 웬만한 비위는 눈감아 주자는 말일까? 그렇지 않다. 화흡이 말하고자 한 바는 어떤 일이든 극단으로 흐르면 반드시 거짓이 스며들어 원래 취지를 잃게 된다는 지적이다. 청렴은 반드시 필요한 것이지만, 청렴이란 잣대에만 치중하면 그것을 이용해 '거짓 청렴'을 내세우는 이들이 반드시 등장하게 된다는 것이다.

화흡의 지적은 고금을 관통하는 진리라고 보는 게 옳다. 위무 조조는 후한 말 위선이 판칠 때 이를 증오한 나머지 허명은 쫓지 않고 오로지 재능만 염두에 두었다. 그 결과 위나라 건국이라는 큰 사업을 완성할 수 있었다. 하지만 그럼에도 후한 말에 시작된 사대부들의 위선적인 태도는 좀체 사라지지 않았다. 모개와 최염도 바로 그 때문에 당대를 관통하는 기준인 명망과 청렴을 인사 잣대로 삼았던 것이다.

후한 말에는 향리에서 명성을 떨치는 것이 관리로 등용되는 길이었다. 《연의》에도 늘 나타나는 인재등용창구인 '효렴孝廉'이 그것이다. 효성스럽고 청렴하다는 평판이 있으면 관리로 선발했던 것이다. 위무 조조도 효렴에 천거되면서 첫 벼슬길에 나선다.

효렴이 인재추천 기준으로 자리 잡자 도덕에 힘쓰는 엄숙주의가 만연했다. 그러자 이를 이용하려는 위선 또한 독버섯처럼 자라고 있었다. 《후한서》 저자 범엽은 이들을 소위 '인仁을 이용하는 사람들'이라고 매도한다.

《후한서》에 따르면 황보규라는 인물은 자신의 명성이 생각보다 높지 않자 당고지화黨錮之禍 청류 사대부들을 환관들이 탄압한 사건 때 해를 입은 당인黨人들과 관계가 있다고 자수하고 나섰다. 환관 권력에 반대한 정의파 관료들과 연을 맺고 있는 만큼, 자신도 정의롭다는 점을 세상에 알리기 위해서였다. 그런가 하면 유주자사 유우는 처와 애첩에게는 아름다운 옷을 입히면서도 자신은 천 조각을 기워 맞춘 넝마 같은 관을 쓰고 있었다.

환제, 영제 시절에 이르면 심지어 환관들까지 시골에 묻혀 있는 현인을 선발하는 데 광분한다. 인仁을 이용하고 싶은 사람들이 안 생길래야 안 생길 수 없는 형국이었다.

사대부만 그랬던 게 아니다. 《후한서》 '진번전陳藩傳'에는 부모 묘지 곁에 20년이나 살면서 효자로 명성을 떨친 조선趙宣에 대한 이야기가 나온다. 그는 어머니가 죽은 후 묘 옆을 떠나지 않았다. 마을 사람들이 모두 그 효행을 칭찬하고 주군州郡에서는 누차 그를 효렴으로 추천했다. 그런데 그는 추천이 거듭되는데도 묘 옆을 떠나지 않아 명성도 그만큼 더 커졌다. 하지만 결국에는 그 20년 동안 자식을 다섯 명이나 낳고 살았다는 사실이 밝혀져 여론을 들끓게 했다.

후한은 예교禮敎 국가였다. 나라를 창건한 광무제 유수劉秀 자신이 장안에 유학한 지식인 청년이었다. 그를 도와 나라를 세운 이른바 '운태雲台 28장將' 중에도 이런 사람이 많았다. 등우鄧禹는 13살에 시를 지은 것으로 돼 있고, 풍이馮異는 춘추에 통달해 있었으며, 가복賈復은 상서를 공부한 선비였다. 한고조 유방의 공신이 대부분 무뢰한이었던 것과는 크게 다르다. 그래서 세월이 흐르자 유교도덕과 정치가 밀접하게 결부된 세계, 즉 예교 국가가 출현하게 된 것이다.

하지만 물이 고이면 썩는 법. 위선은 이런 토양에서 자양분을 얻었다. 후한 말에는 그래서 이런 민요가 유행했다.

수재로 천거된 것이 책도 모르고
효렴에 천거된 것이 애비랑 별거라네
가난하고 청백하다는 작자가 속이 시커멓고
높이 급제한 훌륭하단 장수가 실은 겁쟁이

야마구치 히사카즈는 후한 말에 이르자 인간을 있는 그대로 보지 않고 허구화된 가면을 진실한 인간으로 잘못 파악하는 풍조가 만연했다며, 그 시대 사람들이 그런 가면을 진실한 인간성이라고 믿고 싶어 했다는 데 더 큰 문제가 있다고 했다. 오랜 세월 그렇게 길들여져 왔다는 것이다. 화흠은 바로 이 점을 상기시키고 있는 것이다.

유비가 촉을 공략하러 들어가 성도를 포위했을 때다. 촉군 태수 허정은 성에서 나가 유비에게 항복하려 했지만 일이 발각돼 그렇게 하지 못했다. 유장은 사태가 다급한지라 허정을 죽이지 않았다. 유장이 항복한 후 유비는 이 사실을 알고 허정을 경시한 채 등용하지 않았다.

법정은 이런 유비를 설득했다.

"천하에는 헛된 영예를 얻어 실질이 없는 자가 있는데, 허정이 그렇습니다. 그러나 지금 주공께서는 막 대업을 세웠으므로 천하 사람들에게 그 과정을 일일이 설명할 수 없습니다. 허정의 헛된 명성이 온 천하에 퍼져 있는데 그를 예우하지 않는다면 천하 사람들은 주공께서 현명한 사람을 천시한다고 말할 것입니다. 마땅히 허정을 공경하여 세상 사람들을 미혹시켜야 합니다. 예전에 연나라 소왕이 곽외를 예우했던 사례를 따라야 합니다.”

《정사》 촉서 ‘허정전許靖傳’에는 비교적 우호적인 평가가 들어 있지만, 실리주의자인 법정이 보기에 허정은 그리 높이 평가할 만한 인물이 아니었다. 그럼에도 거짓 명성이 가진 위력이 워낙 강해 오히려 그것을 교묘히 이용하는 게 낫다는 주장을 보면, 그 시절 거짓과 위선이 얼마나 팽배해 있었는지를 알 수 있다.

그래서 조조는 이 같은 풍조를 일신하지 않고선 대업을 이룰 수 없다고 보았다. 그는 위무삼령魏武三令으로 알려진 인재등용 포고령을 통해 ‘청렴한 선비’ 대신 재능 있는 선비를 적극 추천할 것을 요구한다.

서기 210년에 나온 첫 번째 영에서 그는 이렇게 말한다.

만약에 청렴한 선비를 기다렸다가 등용한다면 제 환공이 어떻게 천하를 제패했겠는가. 재주 있는 인물을 천거하라.

214년에 발표된 두 번째 영에서도 같은 주장을 한다.

무릇 재주 있는 선비가 꼭 등용되는 것은 아니고, 등용되는 선비라고 해서 꼭 재주를 지닌 건 아니다.

그런가 하면 217년 세 번째 영에서는 옛날 사례를 들면서 말한다.

한신과 진평은 나쁜 평판과 비웃음 사는 부끄러움을 가지고도 마침내 국가 대업을 이룩해 명성이 천년을 이어가고 있다. 오기는 탐욕스런 장군으로서 부인을 죽이고도 스스로 행동이 옳다고 믿었고, 사방에 뇌물을 주어 관직을 구했으며 어머니가 사망했어도 고국에 돌아가지 않았다. 그러나 그가 위나라에 있을 때 진나라는 감히 동쪽에 있는 위나라를 침범하지 못했고, 그가 초나라에 있을 때는 한·위·조 세 나라가 남쪽에 있는 초나라를 넘보지 못했다. 빠짐없이 각기 아는 바를 천거하라.

학자 김쟁_{金諍}은 그래서 조조를 이렇게 평가한다.

"조조가 발표한 일련의 조령은 한나라 400년에 익숙한 사람들에게는 미증유의 것이었다. 한나라 황제들은 여러 차례 조령을 내려 현자를 구했지만, 그 내용은 덕을 우선으로 삼고 재능은 뒤로 하는 관념을 벗어나지 못한 채 도덕적 설교로 충만했다. 효렴이란 말 자체가 도덕적 신조를 투영시킨 것이기에 겉치레와 위선으로 가득 차고 무능한 지식인들을 낳는 폐단을 조성했던 것이다. 조조는 정치군사적 투쟁이라는 엄중한 현실에 직면하여 덕을 중시하고 재능은 경시하여 겉만 번지르르하고 실제로는 부실한 추천제도를 겨냥해 유재시거_{唯才是擧} 신분에 관계없이 재능만 있으면 천거토록 하는 것라는 기준을 대담하게 제기했던 것이다. 이는 권문세가 출신 경쟁자들인 원소나 원술 등은 전혀 해낼 수 없는 일이었다."

조조가 한 말을 다 옳다고 하는 건 무리다. 하지만 위선이 당연시

되고 허명을 떠받들던 당시 상황에서는 불가피한 선택이었다고 하는 게 맞다. 재미있는 것은 유재시거에 매달린 조조 때문에 위나라가 그 생명을 단축하고 말았다는 사실이다. 그 또한 극단에 치우쳤기 때문에 그리된 것이다.

화흡이 한 말은 앞날을 내다본 탁견이자 시대를 초월한 진리라고 할 수 있다.

위대한 가르침은 반드시 인정에 통해야 한다.

유재시거가 부른 종말_

위무_{魏武} 조조는 사람을 쓸 때 재능을 구비하고 있는지 여부를 먼저 따졌다. 아무리 평판이 좋지 않더라도 유능하면 발탁하고, 명성이 천하를 뒤덮어도 능력이 따르지 않으면 눈길도 주지 않았다. 이런 원칙을 고수한 덕에 그는 확실히 많은 인재를 모을 수 있었다. 그러나 그 이면에는 예상하지 못한 부작용이 도사리고 있었다.

《정사》 '두서전_{杜恕傳}'에는 두서가 이 같은 부작용을 설명하는 대목이 있다.

요즘 유학자들은 상앙과 한비를 스승으로 삼고 법가 학설을 배워서, 유가 학설은 실제 사정에 어둡고 실용에 적합하지 않아 세상에 널리 쓰이지 못한다고 앞다퉈 비판하고 있다. 하지만 이는 풍속 중에서 가장 심한 폐단으로 국가를 창업한 사람이라면 삼가야 한다.

무슨 말일까? 충효와 예의를 강조하는 유가 학설을 등한시하면 나라가 위태로워진다는 지적이다. 사학자 노간勞幹은 조조가 능력을 중시하는 인재 등용책으로 성공을 거두긴 했으나, 이 때문에 진심으로 국가를 보위하려는 선비가 적어 종국에는 나라가 망했다고 말한다. 조정에 가득한 사람들이 대부분 재능을 토대로 개인적인 영달만 꾀했기에, 권력이 한번 사마씨에게 쏠리자 위나라는 그 즉시 주저앉고 말았다.

위나라는 문제 조비가 황제위에 오른 지 45년 만에 망했다. 비공식적으로는 사마사가 조방을 폐하고 조모를 세웠을 때 이미 망한 것으로 봐야 한다. 이렇게 따지면 34년밖에 되지 않는다. 조조가 위왕이 되면서 권력을 완전 장악한 시절까지 합쳐도 겨우 50년을 넘길 뿐이다.

당 태종 이세민의 치세를 다룬 《정관정요》에 등장하는 마주의 상소를 보자.

위진魏晉이래 수나라에 이르기까지 왕조가 길어도 50년, 짧게는 20~30년 정도 지속됐을 뿐입니다. 이것은 창업한 군주가 은덕과 교화를 널리 펴지 않은 데서 비롯된 것으로, 그 당시만 겨우 제위를 보유할 수 있었을 뿐 그 이후엔 기릴 만한 덕이 남아 있지 않았기 때문입니다. 따라서 제업을 계승한 군주가 정치와 교화방면에서 조금이라도 약해지면 누군가 한 사람이 큰 소리를 지르고 모반만 해도 나라는 붕괴되고 맙니다.

짧디짧은 위나라 역사를 콕 짚어 하는 말이다.

가규賈逵는 위나라 조정이 믿고 신임하던 몇 안 되는 충신 중 한 사람이었다. 그가 죽고 난 뒤 명제 조예는 그가 자사刺史 도지사로 있던 예주를 지날 때 사당을 찾아 이렇게 말했다.

"가규는 살아서는 충성을 다하여 공훈이 있었고, 죽어서는 사람들에게 추모되고 있다. 죽어서도 사라지지 않는 인물이라고 할 수 있다."

그렇지만 그 아들 가충賈充은 사마씨에게 붙어 위나라를 배신한다.

가충이 제갈탄을 만났을 때다. 그는 제갈탄에게 넌지시 물었다.

"낙양의 제현諸賢 많은 선비들이 모두 선대禪代 제위를 넘겨 새 왕조를 개창함를 바라고 있소. 그대는 어떻게 생각하시오?"

사마씨가 위나라를 잇게 하려는 생각에 한 말이었다. 당시 제갈탄은 명성과 실력을 갖추고 있어서, 왕조교체의 걸림돌로 지목되던 터였다. 만약 그를 무리 없이 회유할 수 있다면 사마씨가 나라 주인이 되는 것은 시간문제였다.

제갈탄은 이 말을 듣고 단호하게 답변한다.

"경은 가예주賈豫州 가규의 아들이 아니오. 대를 이어 위나라의 은혜를 입고 어찌 사직을 다른 사람에게 넘기려 하는 것이오?"

위나라에 충성하던 제갈탄으로서는 받아들이기 힘든 말이었다. 특히 제갈탄은 그런 이야기를 꺼낸 사람이 가충이라는 말에 분노했다. 가충이 누군가? 위나라 만고충신 가규의 아들이 아닌가? 그런 사람이 나라를 배신하려 하다니! 충신의 아들이 위나라를 없애는 데 앞장섰으니, 다른 사람이야 말할 필요가 있을까? 가슴에 '뜨거운 애국심'을 지닌 선비를 양성하는 데 실패한 왕조가 필연적으로 맞닥뜨린 결말이었다.

굽은 나무가 선산先山을 지킨다고 한다. 어떤 조직이든 끝까지 그 조직을 지키는 이는 충성스럽고 우직한 사람들이다. 위나라엔 이런 선비가 드물었다. 왕조가 위기에 처하자 다들 난파선에 탄 쥐처럼 배에서 뛰어내리기 바빴다.

법가 사상가인 한비는 일찍이 유자儒者를 "농사를 짓지 않고 밥을 먹는다"며 좀벌레에 비유했다. 그가 오두五蠹 다섯 가지 좀벌레에서 밝힌 좀벌레는 첫째 학자學者 여기선 유자를 말한다, 둘째 언담자言談者 종횡가, 즉 제후들을 상대로 입으로 유세하던 세객들, 셋째 대검자帶劍者 칼 찬 건달들, 유협, 넷째 환어자患御者 명문귀족에게 붙어 병역을 기피하는 이들, 다섯째 상공지민商工之民 물품을 매점매석해 폭리를 취하는 자들이다. 유자는 이 중에서도 첫 번째 좀벌레다. 한마디로 백해무익하다는 것이다.

《장자》 또한 '도척盜拓 설화'를 통해 유자를 맹렬하게 비난한다. 도척은 공자가 자기를 만나고 싶다는 이야기를 듣자, 말을 전한 사람에게 이렇게 일갈한다.

그자는 인의와 예악을 들먹이며 망령된 소리만 지껄이고 다닌다. 농사를 안 짓고도 밥을 먹고, 길쌈도 안 하면서 옷을 입고 살아간다. 그러고도 혓바닥을 움직여 제멋대로 시비를 가려 군왕들을 어리둥절하게 만들고 있다. 죄는 크고 허물은 무거우니 꾸물대지 말고 속히 사라지도록 하라. 그렇지 않으면 간을 도려내 밥상 반찬에 보태도록 하겠다.

《염철론鹽鐵論》[78]에 보면 한나라 관료들도 유자를 소리 높여 비난한다.

마음이 굽었는데도 도덕을 말하고, 사욕이 없다고 하지만 실제로는 그렇지 않은 것, 이것이 바로 선비들의 진실한 모습이 아니냐?

동양사를 훑어보면 한비나 도척이 말한 것처럼 많은 유자들이 생산은 도외시한 채 공리공론만 일삼은 사실을 부인할 수 없다. 그랬기에 사마천은 《사기》 '유협열전遊俠列傳'에서 "유儒는 문文으로 법法을 어지럽게 하고, 협俠은 무武로써 금禁을 범한다"고 했다. 이 말은 유학자들이 그 잘난 글로 제도와 법률을 어지럽히고, 이른바 협객이란 자들도 힘으로 금령을 어긴다는 뜻이다. 원래 《한비자》에 나오는 이 구절은 후인들이 유자나 유협을 비난할 때 종종 인용하는 명구다.

하지만 후한사람 왕충王充은 《논형論衡》에서 한비를 강력하게 비판한다. 그는 유가儒家가 지닌 역할을 예禮와 의리義理로 표현하면서, 농사나 전쟁이 아무리 중요하다 하더라도 예와 의리를 잃으면 그 무리는 곧 자멸하고 만다고 주장한다. 두서가 말한 바 그대로다.

《논형》에는 이 말을 뒷받침하는 흥미로운 비유가 등장한다.

《사기》에 따르면 한고조 유방은 태자를 폐하고 사랑하는 아들을 후계자로 삼고자 했다. 행여 친자식이 제위를 잇지 못할까 고민하던 부인 여후는 장량에게 대책을 구했다. 장량은 명성이 드높은 숨은 현사賢士 4명을 추천하면서 이들로 하여금 태자를 보좌토록 하라고 건의했다. 유방은 그들이 태자를 섬기고 태자 또한 그들을 예의로 대하는 것을 보고 민심이 태자에게 쏠렸다고 판단, 후계자를 바꾸는 일을 중단했다.

왕충은 상앙, 한비와 같은 무리가 여후에게 계책을 냈다면 태자를 바꾸지 말 것을 강력하게 건의하고, 그것이 받아들여지지 않으면 무력을 사용했을 것이라며, 만약 그렇게 됐다면 태자 자리가 위태로운 것은 물론 생명까지 보존하기 힘들었을 것이라고 말한다. 인덕仁德을 배제한 채 법술에만 의존하면 오히려 화만 키우게 된다는 설명이다.

그래서 후인들은 슬기롭게 해결책을 찾은 이 사건을 두고 '기회한혜綺回漢惠'[79]라는 숙어까지 만들어 놓았다. 기綺가 한나라 혜제를 제자리에 돌려놓았다는 뜻이다. 여기서 기는 현사 4명 중 첫째로 꼽히는 기리계綺里系를 일컫는다.

왕충은 기존 관념을 답습하던 보수적인 유자가 아니었다. 그는 당대 학계에 만연했던 신비주의나 불합리를 가차 없이 비판했던 사람이다. 그러나 그런 그도 '예와 의리'로 압축되는 유학의 본령까지 무시해서는 안 된다는 의도로 한비를 비판했던 것이다.

인류역사상 가장 강한 무력을 자랑했던 몽골군은 대제국을 세웠지만, 원조元朝는 채 100년을 넘기지 못했다. 반면 무력이 몽골보다 훨씬 뒤떨어졌던 청나라는 300년 가까이 제국을 유지했다. 사학자 미야자키 이치사다는 "무력은 못했을지라도 만주족은 질서를 사랑하는 단결심, 협동체에 바치는 희생정신이 몽골족보다 훨씬 뛰어났다”고 말했다. 청나라 황제들이 예외 없이 줄곧 '충의忠義'를 강조한 데서도 알 수 있듯이 '예와 의리'야 말로 나라를 지키는 발판이라는 설명이다.

조위曹魏가 삼대를 못 넘기고 망한 배경 중 또 한 가지는 지나치게 법가에 치우쳐 사람들을 충심으로 끌어안지 못했다는 점이다. 유재시거 원칙을 견지하다 보니 신상필벌을 전제하지 않을 수 없고, 그중에서도 성과가 없거나 허물이 있는 자를 처벌하는 '필벌必罰'에 무게를 두다 보니 자연 민심이 떨어져 나갔다.

조조가 생전에 가장 아끼던 자식은 어린 나이에 죽은 등애왕 조충曹沖이다. 《정사》 '조충전'에는 당시 시대 상황을 압축해 놓은 일화가 있다. 이 일화를 보면 위나라 치세治世가 얼마나 엄혹했던지 알 수 있다.

군사적으로나, 정치적으로나 일이 많았으므로 형벌을 적용할 때 매우 엄하고 가혹했다. 조조의 말안장이 창고에 있었는데 쥐가 갉아먹자, 창고 관리자는 반드시 죽게 될 것이라고 두려워했다.

이 관리자는 조충이 기지를 발휘해 살아나긴 했지만, '말안장 관리 소홀죄'도 사형에 처해질 만큼 형벌이 심했다는 건 아무리 긴장이 높은 시대였다고는 하나, 사람들을 마음으로 복종하게 만들기 어려웠다.

조조가 죽고 난 뒤에도 상황은 조금도 나아지지 않았다. 《정사》

'정욱전程昱傳'에는 그 손자 정효가 당시 감찰제도를 혹독하게 비판하는 대목이 있다. 위나라는 법가를 국가 원칙으로 삼는 한편 신하들을 엄중하게 감찰했는데, 이를 담당한 관직이 교사校事였다. 정효의 말을 들어보자.

무황제武皇帝가 나라를 건국했을 때는 제도가 미비하고 민심이 불안해 작은 허물이라도 범하면 살피지 않을 수 없었다. 그래서 교사라는 관직을 만들었으니 이는 힘으로 천하를 장악하려는 사람의 임시방편이지, 덕으로 천하를 다스리는 황제에게 맞는 법도가 아니다. 그러나 교사가 점차 황제의 신임을 얻게 되자 제 마음대로 감찰을 하게 됐다. (감찰 대상이 될지 안 될지 여부가 삶과 죽음을 가르는 것이라는 인식이 퍼지자) 조정에서는 관리를 선택할 때 근면하고 신중하게 하는 자는 소홀하다 하고, 바빠서 허둥대는 자는 능력 있다고 했다. 또 일을 처리할 때 각박하고 난폭하게 시행하면 공정하고 엄격하다 하고, 이치에 따라서 하면 겁이 많고 박약하다고 했다.

법가가 판을 칠 때 필연적으로 따라붙는 부작용이다. 원래 각박함이 득세하면 인정이 메마르게 되는데, 그렇게 되면 진정으로 귀속하는 사람들이 적어진다. 진시황은 천하를 통일하는 위업을 달성했건만, 진나라는 불과 삼대를 넘기지 못한 단명왕조로 그쳤다. 천하를 일통一統 시켰다는 자부심에 황제皇帝라는 새 단어까지 만들고, 자신을 시조로 진나라가 만세에 이르기를 희망했지만, 이 모든 열망은 한낱 물거품이 되고 말았다. 법술에 의거해 각박하고 난폭한 정치를 한시도 쉬지 않았기 때문이다.

　　상앙은 진나라 재상이 되자 정치제도를 엄격한 법령을 토대로 한 제국형帝國型으로 바꿨다. 그러자 1년 후 진나라에서는 도불습유道不拾遺 길에 떨어진 물건을 줍지 않음와 민불망취民不妄取 백성들이 분에 넘치는 물건을 함부로 받지 않음가 이뤄졌다. 하지만 법이 너무 각박하고 엄격해 백성들에게 은혜를 베풀 줄 몰랐다.

　　유흠劉歆이 지은 《신서新序》에는 이런 이야기가 실려 있다.

　　상앙은 위수 강변에서 하루 만에 죄인 700여명을 참수했다. 위수가 온통 붉게 물들고 호곡소리가 천지를 진동하여 원망과 원한이 산처럼 높아졌다고 한다. 참으로 엄청난 비극이 아닐 수 없다. 상앙은 천성이 각박하고 모질었다. 피에 굶주린 사람처럼 살인을 하고도 눈 하나 깜박하지 않았다.

　　상앙 자신도 이 때문에 정적에게 몰려 참혹하게 죽고 말았다. 상앙이 죽었을 때 진나라 백성 중 그를 애석해하는 사람은 아무도 없었다.

　　《사기》를 보충집필한 것으로 유명한 한나라 사람 저소손猪少孫은 그래서 "험한 지형은 적을 막기 위한 것이고, 무력과 형벌은 사람들을 다스리기 위한 것이다. 그러나 이는 족히 믿을 게 못된다. 무릇 선왕은 인의仁義를 나라를 세우는 근본으로, 고새문법固塞文法 견고한 요새와 통치법률을 지엽으로 삼았다"고 주장했다.

　　수천수만에 달하는 사람들을 도륙해 공포정치의 대명사로 불리는 명明 태조 주원장은 말년에 이런 영을 내렸다.

"그동안 간사한 무리들이 무거운 범죄를 저질렀다는 것이 확실해질 때에는 특별히 형벌을 추가하였다. 덕분에 간악한 무리를 절멸시켰지만, 이런 조치는 수성守成하는 군주가 오래 쓸 방법이 아니다. 내 뒤를 잇는 군주는 법률에 의거할 뿐, 가혹한 형벌을 쓰는 것을 허락하지 않는다. 만약 신하가 이런 형벌을 쓰자고 주청하는 경우는 모든 신료들이 탄핵상소를 올려 중형에 처하도록 하라."

신하들을 강력하게 제압하는 한편 황제권을 공고히 했다는 점에서 후대 청나라 황제들로부터 크게 존숭받는 주원장이건만, 그 또한 잔혹한 형벌이 백년대계가 아니라는 걸 잘 알고 있었다는 말이다.

《회남자淮南子》 '범론훈氾論訓'에는 이런 이야기가 나온다.

엄함이 심하면 사나워지고, 사나워지면 화합을 이루지 못한다. 형벌이 심해지면 잔학해지고, 잔학해지면 친해지지 않는다.

위나라를 이끌던 사람들은 이런 결과를 예측하지 못했을까? 노간은 당연히 예상하지 못한 결과라고 말한다. 하지만 두서와 정효처럼 폐단이 생기자 '이거 큰일났다'고 생각한 이들은 있었다. 문제는 그런 인식을 가졌음에도 어찌해 볼 방도를 찾을 수 없었다는 데 있다. 통치 시스템 전체를 뜯어고쳐야 하는데 그것은 국가 근간을 흔드는 행위이므로 아무도 손을 댈 수 없었던 것이다.

조조로서는 후한 말이 혼란기인 데다 여러 영웅이 각기 한 지방씩 차지하고 위세를 부리는 군웅할거群雄割據 시대여서 재능과 법술을 전면에 내세우지 않을 수 없었다. 여기서 한 가지 덧붙일 것은 상황이 그랬기도 했지만 실은 조조 자신의 성격이 매우 엄했다는 점이다. 이것은 우유부단함으로 소문난 원소나 유표 등 다른 군웅과 확연하게 구별되는 그의 장점이다. 때문에 진수는 이 같은 성격에다 위나라 건국이란 사업을 이룩한 그를 일러 초세지걸超世之傑 세상을 뛰어넘는 영걸로 불렀던 것이다. 하지만 그가 죽자 상황은 돌변했고, 위나라는 뿌리부터 흔들리기 시작했다.

통치자란 아무리 법술이 필요한 난세일지라도 왕도 이념을 잊어서는 안 된다. (물론 그 반대도 마찬가지다) 군웅들을 제압하기 위해 설령 조조가 그런 정책을 폈다 하더라도, 그 후계자들만큼은 왕도 이념을 진작시켰어야 했다. 고착화된 통치 시스템을 수술하는 게 쉽진 않았겠지만, 그들이 그만한 문제의식이나 의지를 가지지 못했음도 사실이다.

한나라 명신 가의賈誼는 《치안책》에서 이렇게 말했다.

무릇 사람의 지혜는 이미 일어난 일은 볼 수 있으나, 앞으로 일어날 일은 볼 수 없는 법이다. 예禮란 (어떤 사태가) 앞으로 일어나기 전에 방지하는 것이다. 때문에 예가 이뤄져 생성되는 바를 알기란 어렵다.

예를 유가로 치환하면 가의가 말하고자 하는 바가 한 손에 잡힌

다. 조조는 영걸이었지만 사후 50년도 나라를 지탱하지 못했다. 과
연 모든 일은 두서가 우려했던 대로 진행되고 말았다.

역시 형제보다는 자식이_

용렬한 군주가 용상에 올랐을 때 지각 있는 신하들은 대개 두 패로 갈렸다. 하나는 "앞날이 걱정스럽다"고 한탄하며 뭔가 다른 방법이 없는지 모색하는 사람들이고, 또 하나는 유교적 충성심으로 "그렇지만 이 한 몸 다 바쳐 섬기리" 하고 나서는 이들이었다.

오천년 중국사를 보면 별의별 군주가 다 있다. 권력을 마음대로 휘두른 폭군이 있는가 하면, 폐제廢帝, 상제傷帝, 혹은 애제哀帝로 불리는 이들도 있다. 폐, 상, 애가 뜻하는 바는 중도에 황제 자리를 빼앗기거나, 불행한 최후를 맞았다는 것이다. 폭군은 시호諡號 군주 사후 붙여진 이름만으로 그 성격을 짐작하기 어렵지만, 이들은 글자만 보더라도 군주 노릇을 제대로 하지 못했다는 걸 알 수 있다.

그런가 하면 글 뜻과는 전혀 다른 혜제惠帝도 있다. '은혜로운 황제'를 뜻하는 혜제는 듣기엔 더할 나위 없는 찬사다. 하지만 실제로는 '권력에 치여 자리만 차지하고 있었던 황제'라는 게 정확한 표현이다.

한나라 2대 황제 효혜제가 그 대표적인 인물이다. 《사기》 저자 사마천은 황제들을 다룬 본기本紀에서 아예 그를 빼버렸다. 모친인 여후에게 치여 세상사를 비관하며 무력하게 살다, 여후 생전에 술독에 빠져 죽어버렸기 때문이다. 대신 본기에는 효혜제 대신 사실상 황제 역할을 한 여후가 들어 있다.

 진 무제의 장남 혜제도 비슷한 사람이다. 그는 재임기간 내내 부인 가후賈后의 꼭두각시 노릇만 했다. 지금 시선으로 그를 한마디로 요약한다면 '저능아' 외에는 붙일 단어가 없다. 등애를 잡아 죽인 것으로 유명한 재상 위관衛瓘은 이 때문에 무제 사마염이 살아 있을 때 태자를 교체하길 원했지만 감히 실행에 옮기지 못했다.

《진서晉書》 '위관전'에 나오는 이야기다.

그는 무제가 용상에 앉아 있을 때 자리를 어루만지며 '이 자리가 아깝구나! 이 자리가 아깝구나!'라고 말했다. 무제는 그 뜻을 알고 있었지만 아무 말도 하지 않았다.

위관은 '정말 이대로 가면 안 된다'고 생각하면서 뭔가 다른 방법을 모색하려 했지만 끝내 뜻을 관철시킬 수 없었다. 권력교체라는 건 왕조시대 신하가 대놓고 정면으로 다룰 사안이 아니었기 때문이다. 훗날 위관은 이런 전력 때문에 가후에게 죽임을 당한다.

아들 혜제가 극도로 무능했던 데 반해 무제의 동생 제왕齊王 사마유는 자타가 공인하는 인재였다. 그는 문왕 사마소의 둘째 아들이 었지만, 문왕의 형인 경왕 사마사가 아들이 없던 관계로 경왕의 양 자가 됐다. 무제 말기 들어 세상 평판은 이미 제왕에게 기울어져 있 었다. 심지어 무제도 유능한 동생이 낫지 않겠느냐며 두 사람을 놓 고 저울질을 할 정도였다.

그러나 황제 자리는 장인인 가충과 부인인 가후의 밀실 공작에 힘입어 결국 혜제가 차지하게 된다.《진서晉書》'혜가황 후전惠賈皇后傳♣'에는 그 전말이 상세하게 기록돼 있다.

무제는 항상 태자혜제가 지혜롭지 못한 점을 의심했다. 조정 대신들도 그렇다고 말하므로 태자를 시험하려 했다. 중요한 국사를 담은 편지를 밀봉해 태자에게 주고 회답을 기다렸다. 가후는 크게 두려워하여 외부 사람을 초청해 경전을 인용해가며 모범답안을 만들었다. 그러자 급사 장홍이란 자가 '태자가 제대로 배우지도 않았는데 경전을 인용하면 오히려 뒤탈이 날 것'이라고 말하며 평범하게 말하도록 도왔다. 무제는 답안을 살펴보고 매우 기뻐했다.

다른 기록에는 무제가 "이 정도면 과락은 면하겠군!"라고 말했다고 한다. 평균은 된다는 뜻이다. 황제위를 이어받으면 어려움은 있겠지만, 그런대로 해나갈 수 있으리라는 기대였다. 이를 두고 후인들은 앞다퉈 입방아를 찧었다.

"결국 자식이 동생보다 가깝기에!"

천하 득실을 따지는 학자들은 이 같은 결정에 대해 통탄을 아끼지 않는다. 가후의 전횡이 팔왕의 난을 초래하고, 결국 진나라를 쑥대밭으로 만들었기 때문이다. 난리가 심해지자 '그렇지만 이 한 몸 바쳐 섬기리'라던 충성족도 모조리 죽거나 자취를 감춘다.

무제가 혜제에게 황위를 전달한 데에는 '가능한 한 군주 자리는 장자에게 물려준다'는 묵시적 전례가 한몫했음이 틀림없다. 하지만 아무리 그렇다 하더라도 면피 수준도 안 되는 아들을 후계자로 낙점했다는 건 무제가 깊이 의심을 사는 대목이다. 후인들은 그래서 무제가 천하를 통일한 후 교만한 마음에 아들을 내세운 것으로 보고 있다. 즉 탄탄한 제국을 완성해놓은 만큼 아들이 조금 어리석어도 크게 문제가 되지 않을 것이라고 방심했다는 것이다. 그 이면에 '그래도 내 새끼'란 감정이 도사리고 있었음은 물론이다.

그런가 하면 진나라 창업공신인 가충이 혜제를 적극 후원했다는 점도 무시할 수 없다. 원래 가충은 제왕 사마유와 혜제를 모두 사위로 두고 있었다. 아재비와 조카가 동서라니? 지금 관점에서는 이상하게 여기겠지만 당시는 이런 일이 흔했다. 주자학이 뿌리를 내리기 전에는 우리나라에서도 이런 혼인이 드물지 않았다. 하지만 사마유 부인이 전처 소생인데 반해 가후는 후처 소생이었다. 후처인 곽씨부인은 가충을 능숙하게 조종했으며, 이 때문에 가충은 감히 전처 딸을 편애할 수 없었다. 그는 또 사위인 제왕더러 혜제에게 맞서지 못하도록 했다. 진 왕조 창업 때 가충에게 큰 빚을 진 바 있는 무제로서는 이런 가충을 무시할 수 없었다.

사학자 노간은 "아들을 사랑하는 마음이 더 큰데다, 처음부터 자신을 황제로 밀어준 가충이 혜제를 적극 지원하니 무제로는 혜제를 선택할 수밖에 없었다"며 "무제는 국가 대업을 크게 일으키려는 군주가 아니어서 어떤 주장도 없었고, 단지 상황변화에 그럭저럭 대처만 했을 뿐"이라고 혹평한다.

당시 진나라 승상 하증은 아들에게 노간이 지적한 바를 뒷받침하는 말을 한 적이 있다.

"조정에 나갈 때마다 나라를 다스리는 원대한 계획은 말하지 않고, 일상적인 잡담만 하니 지금 황제무제는 국가를 후세에 전할 수 있는 인물이 아니다."

애당초 문왕 사마소는 제왕을 후계자로 세우고 싶은 마음이 있었다. 제왕이 똑똑하기도 하거니와 형인 사마사를 생각하는 마음 때문이었다. 그는 곧잘 이렇게 말했다.

"천하는 경왕사마사의 것이다. 나는 경왕을 대신해 재상 자리에 있는 것이다. 내가 죽은 후 대업은 응당 사마유에게 넘겨야 한다."

'사마씨 3부자'란 용어가 관용구가 될 정도로 사마소는 형인 사마사와 생사를 같이했다. 그 흔한 우애 정도로 두 사람을 말하기가 어렵다는 평이 나돌 정도였다.

하지만 사마소는 신하들의 의견에 밀려 결국 장자인 사마염을 후계자로 택했다. 그리고 아버지 형제가 보여준 끈끈한 형제애는 무제사마염 때에 이르러 '부자지정父子之情'에 압도당하고 만다. 무제는 못난 아들 혜제에게 황제위를 물려주고, 제왕은 간신들의 핍박에 시달리다 분노로 가득한 삶을 마감하고 만다.

사마사, 사마소 형제는 지극한 우애로 당시 민간에 떠돌던 속요俗謠 민요 '척포지요尺布之謠'를 무색케 한 사람들이었다. 그러나 그 아들들은 이 민요를 다시 화려하게 복권시킨다.

척포지요란 "한 자 베도 꿰맬 수 있고, 한 말 좁쌀도 찧을 수 있으나, 형제 두 사람은 용납지 못한다네"란 내용을 지닌 민요다. 그 큰 베와 그 많은 좁쌀도 서로 엉키게 할 수 있으나, 권력을 놓고 앉은 형제 둘은 서로를 보듬지 못한다는 사실을 풍자한 노래다.

이는 한나라 문제 유항이 동생인 회남왕 유장을 용납하지 못해 죽음에 이르도록 한 사건에서 비롯된 민요로, 이후 권력을 둘러싼 형제 간 분쟁을 비꼬는 인기가요로 회자됐다. 조비·조식 형제가 문제와 회남왕을 충실히 따랐고, 곧이어 사마염·사마유 형제 또한 그 길을 벗어나지 않았다.

'척포지요'를 밑거름으로 황제가 된 혜제를 둘러싼 이야기 가운데는 이런 것도 있다. 황제가 되어 정원을 거닐던 혜제는 두꺼비가 울자 시종들에게 물었다.

"저 두꺼비는 공적인 일로 우는가? 아니면 사적인 일로 우는가?"

웃지도 울지도 못하게 된 시종들은 재치를 섞어 이렇게 답했다고 한다.

"폐하! 공적인 곳에서는 공적으로 울고, 사적인 곳에서는 사적으로 웁니다."

뒷사람들은 이를 '진혜문마晉惠聞蟆 진 혜제가 두꺼비 소리를 들었다'란 사자성어로 만들어 그 어리석음을 비웃고 있다.[80] 혜제가 이런 궁정 에피소드를 만드는 데 그쳤다면, 그를 크게 비난할 이유는 없다. 황제가 정사를 제대로 돌보지 못하자 간신과 탐관오리가 벌떼같이 일었다. 무능한 정치가 지속되자 전란 또한 끊이지 않았다. 백성들은 근거지를 잃고 산천을 떠돌며 사람을 잡아먹는 지경에 이르렀다.

그런데 혜제는 백성들이 이처럼 도탄에 허덕거린다는 보고를 받자 이해를 못하겠다는 듯 되물었다.

"곡식이 없다면 어째서 고깃죽을 먹지 않는 것이오?"

《송사宋史》 '휘종기徽宗紀'에는 북송이 망한 원인을 위진시대를 예로 들어 설명하는 대목이 있다.

휘종이 나라를 잃은 까닭은 진혜晉惠의 어리석음, 손호의 포악함도 아니오, 조마曹馬의 찬탈도 아니다. 오로지 충신을 배척하고 간신과 아첨배를 가까이했기 때문이다.

손호는 오나라 마지막 황제를, 조마는 조비와 사마염을 일컫는다. 그리고 진혜는 바로 진나라 혜제를 말한다. 후대에 이르러 '진혜'는 무능한 황제를 통칭하는 대명사로 확고하게 자리 잡았다.

진실로 천하 생령을 걱정했다면 무제가 이런 아들에게 자리를 물려주는 결정을 했을 리 없다. 총명하고 박식한 데다 인품까지 나무랄 데 없었던 동생을 두고 어떻게 그렇게 어리석은 결정을 할 수 있었을까? 이렇게 본다면 무제야말로 '천하보다 핏줄을 더 무겁게 여긴' 용렬한 군주라고 할 수 있으리라!

혜제는 어쩌면 불쌍한 사람이다. 그릇은 작은데 그토록 무거운 짐을 졌으니. 아니 그는 자신이 그토록 무거운 짐을 진 사실조차 자각하지 못한 사람이었다. 그럼에도 시호에 혜惠를 집어넣은 건 무슨 이유일까? 은혜를 베풀기는커녕 백성들을 도탄에 빠뜨린 이에게 '은혜롭다'는 말을 붙이다니! 도저히 약점을 가릴 만한 단어를 찾을 수 없었기에 갖다 붙인 이름은 아닐까?

진나라 기반을 닦은 선왕 사마의는 제갈량과 지혜를 다툰 군략가다. 두 아들 사마사와 사마소도 정치와 병법을 능란하게 구사한 사람들이다. 아비 사마염도 사후를 제대로 못 챙겼다고는 하나, 그래도 명색이 천하를 통일한 사람이다. 그가 황제위에 올라 양호와 두예를 중용, 통일을 준비하던 과정은 확실히 박수를 받을 만했다.

그런데 혜제는 어찌 그 핏줄을 잇지 못했을까? 삼대를 넘기는 부자 없듯이 머리도 삼대에서 그치는 것이 아닐까?

양 장의 빛과 그림자_

'장악우장서張樂于張徐' 《정사》에 기록된 열전은 비슷한 성격의 사람들을 묶어 한 장章으로 취급하고 있다. 가령 왕족들을 하나로 묶는다든지, 같은 성씨를 지닌 일족을 다룬다든지, 명망이 비슷한 사람을 한 줄로 세운다든지 하는 것이다. 《정사》 '위서'에 나오는 '제하후조전諸夏侯曹傳'은 하후돈, 하후연, 하후상, 하후현과 조인, 조홍, 조휴, 조진, 조상 등 위무 조조와 인척관계에 있는 사람들을 망라하고 있다.

'장악우장서'란 위나라 건국에 혁혁한 공을 세운 장수들을 일렬로 세운 장이다. 장료張遼, 악진樂進, 우금于禁, 장합張郃, 서황徐晃 등 5명이 그들이다. 이 다섯 사람은 손오병법에서 말하는 용병의 귀재이자 탁월한 무용을 지닌, 장수 중의 장수로 꼽히는 사람들이다. 그중에서도 양 장張은 삼국시대를 논할 때 결코 빠져서는 안 될 인물이다.

가장 훌륭한 장수로 칭송받는 두 사람은 성씨가 같기도 하거니와

항장降將 항복한 장수 출신이란 공통점까지 지니고 있다. 장료는 여포 밑에서 일하다 조조에게 귀순했으며, 장합은 원소를 위해 싸우다 조조에게 투항했다.

첫머리에 등장하는 장료는 합비대전[81]에서 거둔 공적으로 위나라가 존속되는 동안 내내 기림을 받았다. 위 문제는 장료가 죽자 조서를 내렸다.

장료는 병사 800명을 인솔하여 적 10만명을 무찔렀으니, 예로부터 용병 치고 이것을 뛰어넘는 것은 없었다. 지금까지 적의 전의戰意를 잃게 만들었으니 국가의 수호자라 할 만하다.

이만저만한 찬사가 아니다. 공전절후空前絶後 앞에도 없었고 앞으로도 없을의 공적이란 이런 걸 두고 하는 말이다. 장료는 이전李典 등과 합비성을 지키고 있을 때 손권이 거느리고 온 대군을 맞아 대치한다. 이 시기는 조조가 위나라 주력부대를 이끌고 한중 정벌에 나섰을 때라 따로 원군을 기대할 수 없었다.

조조는 이런 상황을 예견한 듯 장수들에게 미리 밀교密敎를 내린 바 있다. 그 내용은 적군이 도착하면 장료와 이전은 나가 싸우고, 악진은 성을 수비하라는 것이었다. 하지만 여러 장수들은 중과부적을 이유로 조조의 지시에 회의를 표시했다. 장료는 이때 이렇게 주장한다.

"조공이 원정을 가 있어 구원병이 올 때까지 기다리게 되면 손권이 반드시 우리를 공격할 것이오. 조공이 내린 명령은 적이 채 집결하지 못했을 때 공격해 그들의 예기鋭氣 날카로운 기세를 꺾어 군심을 안정시킨 다음 방비하라는 뜻이오.”

조조가 의도한 바를 정확하게 간파한 발언이다. 장료는 곧 특공대 800명을 조직해 이전과 함께 기습작전을 감행, 오나라 군대를 쑥대밭으로 만든다.

원나라 사학자 호삼성胡三省은 《자치통감》 주注에서 합비대전이 성공한 이유를 '조조의 안배'가 정확했기 때문이라고 말하나, 그 같은 안배를 실질적인 승리로 이끈 공은 장료에게 있다고 보는 게 옳다. 손권이 오래도록 위나라와 겨루는 것을 포기하고, 강동 사람들이 장료 이야기만 들어도 오줌을 싸게 된 이유는 바로 이 합비대전이 부른 결과다. 《연의》는 합비대전 이후 호랑이가 온다 해도 울음을 그치지 않던 아이들이 장료만 들먹이면 기겁을 하고 입을 다물었다는 이야기를 전한다.

《몽구》는 이 대목을 아예 '장료지제張遼之啼'라는 성어로 만들어 설명하고 있다. '장료지제'란 장료가 어린애 울음을 그치게 한다는 뜻이다. 원문을 해석하면 이렇다.

강동의 어린애가 울면 겁을 주기 위해 “장료가 온다. 장료가 온다”고 말했다. 그리하면 울음을 그치지 않는 애가 없었다.

네 번째 순위에 오른 장합은 가정대전을 승리로 이끈 장수다. 그 유명한 고사인 '읍참마속'을 초래한 주인공이자, 촉한

이 위를 넘볼 의욕을 꺾어버린 장본인이다. 《연의》에는 그가 장비에게 형편없이 당하는 졸장으로 그려지지만, 실제로 그는 삼국시대를 통틀어 가장 훌륭한 장수라는 칭찬을 들어도 전혀 무리가 없는 사람이다. 때문에 《연의》 저자도 조홍이 장합을 죽이려 할 때 주변 참모들이 "장합은 위왕조조이 가장 아끼는 장수"라며 변호를 하는 장면을 내보낸다.

《정사》 기록을 보자.

장합은 진영을 잘 설치했으며, 전투 형세와 지형을 귀신같이 예측했기에 제갈량 이하 촉한의 장수들은 모두 그를 두려워했다.

《회남자》 '병략훈兵略訓'에는 이런 말이 있다.

용병을 잘하는 자는 적의 허점을 보면 그 틈을 타 용서함이 없고, 추격하여 놓아주지 않으며 육박하여 물러서지 않는다. 주저하는 것을 치고, 머뭇거리는 것을 무찌르는데 빠른 천둥에 귀를 가릴 새가 없는 것 같고, 빠른 번개에 눈을 감을 새가 없는 것 같다.

마치 가정대전을 이야기로 듣는 듯하다. 장합은 마속이 산등성이에 진을 치자, 먼저 식수로를 끊고 촉군이 혼란에 빠졌다고 판단하는 순간 파죽지세로 밀어붙여 승부를 결정지었다.

《정사》 배송지주에는 이런 이야기도 나온다.

하후연이 도독이 되어 있었지만 유비는 장합만을 꺼려했을 뿐 하후연은
하찮게 생각했다.

위주 조예는 진창을 공략하러 나온 제갈량을 치기 위해 장합을
보내기로 하고 친히 그를 전송했다. 조예가 장합에게 물었다.
"장군이 도착할 때쯤이면 제갈량이 이미 진창을 손에 넣지 않았
겠는가?"
장합은 제갈량이 양식도 없이 깊숙이 들어온 것을 알고 손가락
을 꼽아가며 계산한 뒤 자신 있게 대답했다.
"신이 도착할 때쯤이면 제갈량은 이미 철수를 했을 겁니다."
결과는 장합이 말한 대로였다.

《연의》에는 각 군을 대표하는 장수들끼리 맞대결을
벌이는 전투장면이 자주 나온다. 그러나 당시 군제軍制나 기병과 보병
을 섞어놓은 전투대형상 장수 간 대결이 어쩌다 기선제압용으로 등
장하기는 했지만, 전투의 승패를 결정지은 것은 아무렴 개인의 무용
이 아니었다.
황종희가 지은 《명이대방록》에는 이런 말이 있다.

창을 들이밀고 방패로 막아서는 것은 사졸들이 할 일이지, 장수가 할 일
이 아니다. 한 사람이 아무리 힘으로 소문나 있어도, 10명이면 그를 이길
수 있다.

유방과 천하를 다툰 항우가 계속 수세에 몰리다 해하垓下에서 마지막 결전을 벌였을 때다. 그는 부하들에게 자신이 시운時運이 없었을 뿐이지 용맹이 부족했기 때문은 아니라고 말한 뒤, 이를 증명하기 위해 몇 차례 적진으로 돌격해 상대 군사들을 짚단 베듯 쓰러뜨린다. 그러자 그를 따르던 부하들이 맞장구를 친다.

"과연 대왕이 말한 대로다!"

하지만 후세 사가들은 이를 필부지용匹夫之勇 보잘것없는 필부의 용기으로 폄하한다. 범증范增이란 훌륭한 모신을 제대로 쓰지도 못하고 군사 운용에도 실패, 자신은 물론 수많은 장졸을 죽음으로 몰아넣은 처지에 끝까지 시운을 들먹이며 하늘을 원망하고 있다고 개탄한다.

《연의》에는 개인의 용맹을 일컫는 말로 만부부당萬夫不當 만 사람이 당해내지 못할 용맹이라는 용어가 자주 등장한다. 실제로 효용驍勇 날래고 용맹함이 절륜해 수십명이 들러붙어도 좀체 제압하기 힘든 이들이 간혹 있긴 하다. 사마씨에 대항해 회남에서 반란을 일으킨 문흠의 아들 문앙文鴦이 그렇고, 500명을 감당할 만큼 용맹했다고 알려진 춘추시대 초나라 사람 웅의료熊宜僚가 그렇다. 그렇지만 대부분은 황종희가 말한 대로 강병 10명이면 기세를 꺾을 수 있다. 만인을 대적할 만하다는 말은 비유적인 표현에 불과하다.

그래서 그때나 지금이나 장수에게 가장 필요한 기량으로 첫손 꼽히는 건 단연코 용병술이다.

《삼국지평화三國志平話》에는 오나라 장수 서성徐盛이 어릴 때 전투놀이 하는 장면을 소재로 삼은 이야기가 소개돼 있다.

서성이 한 무리 병사들을 좌측 산등성이에 집결시켜 놓고 있었는데, 적군이 배후를 들이쳤다. 관전하던 사람들이 '만약 언덕 옆에 기병奇兵이 숨어 있었다면 이를 무찌를 수 있을 텐데'라며 마음을 졸였는데, 아니나 다를까 서성은 그곳에 복병을 숨겨놓고 있었다. 그래서 사람들은 혀를 내둘렀다.

'이기는 용병'을 가능하게 하는 것은 무엇일까? 여러 가지 요소를 잘 결합해야 하겠지만, 승패를 결정짓는 건 독견獨見과 독지獨知다. 독견이란 남이 보지 못하는 것을 보는 것이요, 독지란 남이 알지 못하는 것을 아는 것이다. 《회남자》는 전자를 명明으로, 후자를 신神으로 부르며 이 같은 신명을 지닌 자가 먼저 이긴다고 설명한다.

《천자문》에 등장하는 '기전파목起翦頗牧 용군최정用軍最精'이란 성어는 독견과 독지를 토대로 탁월한 용병술을 발휘했던 네 사람을 일컫는 말이다. 즉 전국시대를 수놓았던 명장인 백기, 왕전, 염파, 이목 네 장수가 군사를 부리는 데 으뜸이었다는 뜻이다. 장료와 장합은 이 네 사람이 구축한 용병시스템을 삼국시대 전장戰場에 가장 잘 응용했던 사람들이다. 장료가 오나라 군대 허점을 찌르고, 장합이 촉한 군대가 처한 상황을 공격포인트로 활용한 사실은 이들이 탁월한 독견, 독지를 지니고 있었음을 잘 말해준다.

조조 휘하에는 전위와 허저 같은 용맹스런 장수들이 많았지만 이들은 경호대장 내지는 일개 편장偏將 대장을 따르는 부하장수에 불과한 사람들이었다. 도략韜略을 갖춘 장수가 아니었다는 말이다. 《정사》는 그래서 이 두 사람을 포함해 이전, 이통, 장패, 문빙, 여건, 염온, 방덕, 방육 등 익히 알려진 위나라 장수들을 '장악우장서'전과는 다른 장에서 다루고 있다.

　　닮은꼴인 두 장수는 그러나 《연의》에서는 전혀 다른 이미지로 각인돼 있다. 장료가 관우와 맺은 우정이나, 합비대전에서 벌인 활약으로 훌륭한 면모를 유지하고 있는 데 반해, 촉한의 공격으로부터 위나라를 지켜낸 장합은 영 몹쓸 장수로 묘사된다. 왜 그런고 하니 장료가 주로 오나라와 전투를 벌였던 반면, 장합은 촉한과 자주 대결을 벌인 때문이다.

　　진수는 《정사》를 진나라 관점에서 썼다. 그랬기에 진이 계승한 위나라를 정통 왕조로 할 수밖에 없었다. 《정사》 '위서'에는 황제들의 사적을 다룬 본기本紀가 등장하지만, 오서와 촉서에는 본기가 없고 열전만 있을 뿐이다. 오와 촉 또한 황제를 칭했지만 진정한 황제는 아니라는 뜻이다.

　　여기까지 본다면 장합이 몹쓸 장수가 될 까닭이 없다. 그러나 이 흐름은 중국인들이 외침에 시달리는 후대에 이르러 크게 바뀐다. 이민족에게 밀려 강남으로 내려간 한족들은 삼국시대를 지탱한 세 나라 중 명분에서 앞섰던 촉한을 '정신적인 정통 왕조'로 인식하게 된다.

　　동진시대 습착치가 지은 《한진춘추》는 이런 경향을 부추겼다. 제목에서 읽히듯 그는 삼국시대를 난세로 규정하고 한나라를 이은 것은 진나라라고 주장했다. 즉 삼국시대에는 제대로 된 통일국가가 없었던 만큼 진수가 위나라를 정통왕조로 삼은 것은 사리에 어긋난다는 것이었다.

이후 유비와 제갈량을 높이려는 움직임은 세월이 흐를수록 강해졌다. 요와 금, 원나라에 짓눌리던 남송대에 이르자 민간에는 '의리와 명분'으로 무장한 그들을 찬양하는 목소리로 가득 찼다. 《연의》는 이런 시대상황을 바탕으로 꾸며진 소설이다. 그러다 보니 촉한 사람들과 정면대결을 벌였던 장합을 깎아내리지 않고서는 이야기를 풀어놓기가 힘들었다.

그래서 장합은 비운의 장수가 됐다. 비록 《정사》에는 그 공로가 소상하게 기록돼 있지만, 지금 와서 누가 어려운 역사서를 숙독한 뒤 그의 운명을 슬퍼하겠는가? 역사는 당대를 살아가는 사람들에 의해 재창조된다는 말이 실감난다.

01 황제가 쓰던 물건과 경비 등을 총괄하는 자리. 구경(九卿: 최고위 관직 9개를 말함) 중 하나.

02 한나라 장제(章帝) 때 백호관에서 열린 대토론을 수록한 책. 중국 문명을 처음으로 종합했다는 점에서 그 의의가 크다.

03 당태종을 보필해 이른바 태평성대로 일컬어지는 정관지치(貞觀之治)를 이룩한 인물. 간언을 잘하는 신하의 대명사로 불린다.

04 전한 회남왕 유안이 편찬한 백과사전류.

05 전한 사람 유향이 편집한 옛이야기 모음집. 서사가 간결하고 의론 전개가 유창해 문학적 가치가 크다.

06 경(卿)은 경대부란 말에서 알 수 있듯 고관을 말하는데, 앞에 상(上)을 붙였으니 상경은 경 중에서도 앞선 서열에 해당된다.

07 춘추시대 제나라 재상 안영(안자)의 언행을 기록한 책.

08 동탁의 부하였던 장제의 조카. 동탁 사후 장제 등이 패주하자 한동안 그 잔당을 이끌었다.

09 후한 말 삼국초기 관도(현 하남성 중모현 근처)에서 조조와 원소가 벌인 큰 전투.

10 형주 번성에 주둔하던 조인은 오나라와 촉한을 방어하고 공략하는 임무를 맡은 남부사령관이었다. 정남이란 남쪽을 정벌한다는 뜻이다.

11 남을 헐뜯어 죄가 있는 것처럼 꾸며 윗전에 고해 바치는 일.

12 진나라 창업 기초를 닦은 사마의와 그 아들 사마사, 사마소를 함께 일컫는 말.

13 유소는 《정사》에 열전이 실려 있는 위나라 사람이다. 이 책은 인물 감식을 정면으로 다룬 최초의 서적으로 유명하다.

14 전한(前漢) 말 유향이 편집한 책. 제후나 선현의 행적과 일화를 수록했다.

15 양나라는 전국시대 위나라의 별칭이다.

16 유향이 전국시대 전략가들의 책략을 편집한 책이다.

17 전국시대 제자(諸子)의 설을 합리적이고도 실증적으로 비판한 책.

18 남조 송나라 유의경이 귀신 등에 관한 괴이한 고사를 편찬한 책.

19 붕추는 붕 새끼를 말한다. 붕은 전설에 등장하는 날짐승이다.

20 남조 송나라 사람 유의경이 편집한 후한 말~동진시대 명사들의 일화집. 지인(志人)소설의 대표작으로 일컬어진다.

21 양명학 좌파의 우두머리로 일컬어지는 명나라 사람 이지(李贄: 자는 탁오)의 저서. 속물적인 도학자의 위선을 폭로한 것으로 잘 알려져 있다.

22 군사는 지휘관의 자문에 응하던 전략가, 즉 모신을 말한다.

23 남조시대 양나라 사람 유협이 편찬한 책.

24 후한사람 반고(班固)가 지은 전한시대 사서로 《사기》에 버금가는 명성을 지닌다.

25 송태조 조광윤을 도와 송나라를 일으킨 무장(武將) 공신들. 태조와 생사를 같이 하기로 맹세한 것으로 유명하다.

26 조익이 중국 정사 22사(史) 중에서 여러 가지 문제를 항목별로 추려 논평한 역사 평론서다.

27 동진 사람 습착치가 한(漢)나라와 진(晉)나라의 역사를 기술한 책. 촉한을 정통 왕조로 삼아 기술한 것이 특색이다.

28 《진서(晉書)》 '선제기(宣帝紀)'에는 위무 조조가 말 세 마리(사마씨 삼 부자를 일컫는다)가 구유(槽, 曹와 발음이 같다)에서 여물을 먹는 꿈을 꾸고 사마의를 꺼려했다는 구절이 공식적으로 기록돼 있다. 그러나 조조는 그를 다소 꺼림칙하게 여겼을 뿐 더 이상 의심을 하지 않았다.

29 서기 222년 조식이 조정에 들어갔다가 다시 자신의 임지로 돌아가는 도중에 낙수를 지나가면서 낙신(洛神)의 일을 생각하고 지었다. 작가와 낙수여신이 만나 서로 사랑하게 되지만, 사람과 신은 서로 달라 가까이할 수 없는 안타까운 심정을 표현했다.

30 황당무계한 옛이야기에서부터 의식, 풍습, 동식물 등에 관한 내용을 흥미롭게 기술한 책. 당나라 사회사를 연구하는데 귀중한 자료로 여겨지고 있다.

31 조비가 지녔던 벼슬. 위문제 조비는 종종 이 벼슬 이름으로 일컬어진다.

32 기이한 귀신 이야기로 가득한 설화집.

33 남조 양나라 사람 종영이 지은 시인 품평서.

34 전한 문제 때 사람. 문제의 총애를 받아 구리돈을 주조할 수 있는 권리를 하사받았다. 이 때문에 그 이름은 곧 부유함과 통한다.

35 공융, 완우(阮瑀), 진림(陳琳), 왕찬(王粲), 서간(徐幹), 응창(應暢), 유정(劉楨)을 말한다.

36 중국 25사 중 하나. 남조 송나라 사람 범엽이 지은 기전체 사서로, 《사기》《한서》《삼국지》와 더불어 전사사(前四史) 중 하나로 불린다.

37 진(秦)나라 권력자였던 여불위가 선진(先秦) 시대의 여러 학설과 사실(史實), 설화 등을 모아 편찬한 책.

38 명태조 주원장이 꾸민 남옥(藍玉)의 옥사에 연루돼 죽었다.

39 진(晉)나라 사람 장화(張華)가 쓴 백과사전.

40 종육은 하후현이 억울하다는 것을 알고 있었다. 그러나 하후현은 사마씨 적대세력의 수괴였다. 사마씨가 집권한 이상 위나라 종친인 하후현은 더 이상 생명을 부지할 수 없었다.

41 당나라 사람 이한(李翰)이 예전의 역사를 569구(句)로 만든 어린이 교육서. 교훈적이고 흥미로운 사실을 담고 있는 데다 제목을 모두 네 자로 맞춘 것이 특징이다.

42 명나라 사람 하양준(何良俊)이 편찬한 책. 《세설신어》와 비슷한 체제로 구성된 지인소설(知人小說)이다.

43 황제를 측근에서 모시던 벼슬.

44 전국시대 도가(道家)의 사상서. 책을 지은 이도 열자다.

45 항우가 진(秦)나라를 멸한 뒤 옛 진나라 땅을 갈라 투항한 장수 3명을 왕으로 봉한 곳. 유방은 촉에서 나와 이 세 왕국을 무찌르면서 기세를 올렸다.

46 오나라 종실 장수. 손견의 동생 손정의 증손자. 제갈각을 제거한 후 권력을 한 손에 움켜쥐고 공포정치를 폈다. 성격이 음험하고 포악했던 것으로 사서에 기록돼 있다.

47 사학자 신동준은 이 말이 왜곡됐다고 주장한다. 즉 허소가 원래 '치세의 간적이자 난세의 영웅'이라고 했는데, 동진 사람 손성(孫盛)이 《이동잡어(異同雜語)》에서 이를 뒤집었다는 것이다. 《정사》 배송지주 또한 이 기록을 삽입함으로써 조조에 대한 잘못된 이미지가 생겨났다는 것이다.

48 선진(先秦)시대 학자들이 각 나라 귀족들의 언론(言論)을 엮은 저작.

49 저자가 경험과 실천을 중심으로 30년간 몸소 체험한 일들을 토대로 묶은 일종의 견문록.

50 남조 송나라 사람 범엽이 편찬한 기전체 사서. 광무제에서 헌제에 이르는 13대 196년 역사를 기록하고 있다.

51 당시 수레는 일반적인 교통수단이었다.

52 후한 말 연호(年號)인 건안 시절 활약했던 문인들. 조조 삼부자와 칠자(七子)로 불리는 일곱 사람이 그 주인공이다.

53 정치론서. 관료제의 부패와 전제체제를 통렬히 비판하고 공화제를 주창했다.

54 남쪽 오랑캐란 뜻으로, 사천성 남부와 운남성 일대에 살던 민족을 일컫는다.

55 명나라 때 나온 장편 신괴(神怪) 소설. 오승은이 지었다고 한다. 중국 4대 기서(奇書) 중 하나다.

56 신이 행하는 뛰어난 계략. 범인은 짐작도 하지 못하는 훌륭한 계략.

57 황제의 명에 따라 고대 황제 때부터 명나라에 이르는 사적을 기록한 사서.

58 현존하는 작품 중 가장 오래된 시문집. 양나라 소명태자가 편찬했다.

59 여명협이 지은 《제갈량 평전》에 상세한 내막이 들어 있다. 그는 제갈량의 남정(南征)을 인애로운 전쟁으로 바라본다.

60 《자치통감》 내용을 놓고 쓴 사론(史論).

61 청나라 초창기 국호는 후금(後金)이었다. 즉 옛 금나라 영광을 이어가겠다는 것이 나라 이름에서 드러난다.

62 중국 주나라 말기 제후 중의 실력자. 춘추오패(春秋五霸) 중 하나다.

63 삼국통일 후 진나라 때 위나라 역사를 기술한 책.

64 후한 말 구주(九州: 중국 전역)의 동란과 군벌 사적을 기록한 책.

65 유교경전. 오경(五經) 중 하나.

66 후한 말 삼국 초엽 군웅으로 불리던 이들은 제각기 어느 정도 경제적 터전을 가진 이들이었다. 그래서 군웅이란 가치 배제적 단어가 아닌 군벌(軍閥)로 표현하는 게 맞다는 생각이 든다.

67 '인생사 모든 성패'는 영축지기(盈縮之期)가, '하늘에만 달려 있지 않다'는 부단재천(不但在天)이 원문이다.

68 운태궁에 이름을 올린 창업공신 28명을 말한다. 그래서 후한을 세운 이들을 줄여서 운태 28장이라고 한다. 여기서 장(將)은 무신뿐 아니라 문신까지 포함하는 말이다.

69 고아의 장래를 믿을 만한 사람에게 부탁한다는 뜻으로, 고아인 유선을 제갈량에게 맡긴다는 뜻.

70 저자가 고대 병가(兵家)의 저술인 《사마법(司馬法)》을 읽고 쓴 독후감.

71 오대십국 혼란기를 정리한 송나라가 아니라 남북조시대 동진을 이은 나라. 후대 송나라와 구별하기 위해 시조인 유유(劉裕)의 성을 따 유송으로 부른다.

72 주로 역사를 고증한 책.

73 사학이론과 사학비평을 다룬 중국 사학사상 최초의 명저.

74 조조는 실제로 그랬다. 관도대전이 끝난 후 원소와 내통한 사람들을 처벌해야 한다는 부하들의 주장에 '나 역시 불안했던 건 마찬가지'라며 적군에게서 노획한 편지와 문서를 모두 불태운다.

75 전국시대 초나라 대시인인 굴원과 그 말류(末流)의 시를 모은 책. 한나라 유향이 편집했다.

76 문관들이 무관을 천시하고 경멸한 것은 시대별로 정도의 차이는 있으나 그 뿌리가 깊다. 오나라 장소는 유파 이야기를 듣고 그의 도량이 좁다며 장비를 거절한 것은 지나치게 부당한 처사였다고 지적한 바 있다.

77 이 대목은 경세(經世: 세상을 다스리는 일)에 뜻을 둔 사람이라면 반드시 알아야 할 명언으로 꼽힌다.

78 전한 사람 환관(桓寬)이 편찬한 책. 한나라 무제가 시행한 재정 정책을 계속할지 여부를 두고 벌인 토론을 모은 책이다.

79 천자문에 나오는 글귀 중 하나다.

80 당나라 저작인 《몽구(蒙求)》에 등장한다.

81 지금의 안휘성 합비는 삼국시대 당시 중원과 강남을 구별 짓는 분기점이자, 위나라와 오나라가 첨예하게 대치하던 곳이다.

[참고문헌]

*논어를 비롯해 잘 알려진 경전류는 번역본이 너무 많아 일일이 출처를 밝히지 않았다.

▶ 《노자(老子)》
▶ 《논어(論語)》
▶ 《맹자(孟子)》
▶ 《순자(荀子)》
▶ 《열자(列子)》
▶ 《장자(莊子)》

▶ 《위략집본(魏略輯本)》

▶ 《고문관지(古文觀止)》 오초재 편, 이제원 역, 지영사
▶ 《고문진보(古文眞寶)》 황견 편찬, 김학주 역, 명문당
▶ 《공자와 그의 제자들》 신동준 저, 한길사
▶ 《국어(國語)》 좌구명 저, 신동준 역, 인간사랑
▶ 《권력(權力)》 화문연 저, 정광훈 역, 한스미디어
▶ 《귀잠지(歸潛志)》 유기 저, 정기선 역, 세종출판사
▶ 《노자익》 초횡 편집, 이현주 역, 두레
▶ 《논형(論衡)》 왕충 저, 이주행 역, 소나무
▶ 《명이대방록(明夷待訪錄)》 황종희 저, 최병철 역, 홍익출판사
▶ 《몽구(蒙求)》 이한 저, 이민수 역, 명문당
▶ 《문사통의(文史通義)》 장학성 저, 임형석 역, 책세상
▶ 《문심조룡(文心雕龍)》 유협 저, 최동호 역편, 민음사
▶ 《미(美)의 역정(歷程)》 이택후 저, 윤수영 역, 동문선
▶ 《박물지》 장화 저, 임동석 역주, 고즈원
▶ 《박한제 교수의 중국역사기행(中國歷史記行)》 박한제 저, 사계절
▶ 《백호통의(白虎通義)》 반고 저, 신정근 역주, 소명출판
▶ 《분서(焚書)》 이지 저, 홍승직 역, 홍익출판사
▶ 《사기(史記)》 사마천 저, 정범진 외 역, 까치
▶ 《사기열전》 사마천 저, 남만성 역, 을유문화사
▶ 《사기와 한서》 오키 야스시 저, 김성배 옮김, 천지인
▶ 《사마천의 역사인식》 박혜숙 편역, 한길사

▶ 《사상으로 읽는 삼국지》 야마구치 히사카즈 저, 전종훈 역, 이학사

▶ 《사학명저강의(史學名著講義)》 전목 저, 이윤화 역, 신서원

▶ 《삼국지(三國志)》 진수 저, 김원중 역, 민음사

▶ 《삼국지고증학(三國志考證學)》 이전원·이소선 저, 손경숙·김진철 역, 도서출판 청양

▶ 《삼국지연의(三國志演義)》 박종화 역, 삼성출판사

▶ 《삼국지연의(三國志演義)》 이문열 평역, 민음사

▶ 《삼국지의 영광》 김문경 저, 사계절

▶ 《삼국지평화(三國志評話)》 정원기 역, 도서출판 청양

▶ 《선종(禪宗)과 중국문화(中國文化)》 갈조광 저, 정상홍·임병권 역, 동문선

▶ 《설원(說苑)》 유향 찬집(纂集), 임동석 역, 동문선

▶ 《세설신어(世說新語)》 유의경 저, 김장환 역, 살림

▶ 《세설신어보》 왕세정 산정, 김장환 옮김, 지식을 만드는 지식

▶ 《소설이 아닌 삼국지》 최명 저, 조선일보사

▶ 《수필삼국지(隨筆三國志)》 모리야 히로시·하나타 키요테루 저, 한용득 역, 명문당

▶ 《신서(新書)》 가의 저, 박미라 역, 소명출판

▶ 《악기(樂記)》 조남권·김종수 역, 민속원

▶ 《안씨가훈(顔氏家訓)》 안지추 저, 유동환 역, 홍익출판사

▶ 《안자춘추(晏子春秋)》 임동석 역, 동문선

▶ 《언어의 금기(禁忌)로 읽는 중국문화》 이중생 저, 임채우 역, 도서출판 동과서

▶ 《역대 중국의 판도 형성과 변강(邊疆)》 김석우 외 저, 한신대학교출판부

▶ 《역사와 인간의 대응-중국사편》 고병익선생회갑기념사학논총간행위원회 편, 한울

▶ 《열자론》 신동준 지음, 인간사랑

▶ 《염철론(鹽鐵論)》 환관 저, 김원중 역, 현암사

▶ 《오월춘추》 조엽 저, 신동준 역주, 인간사랑

▶ 《오호십육국》 미사키 요시아키 저, 김영환 역, 경인문화사

▶ 《욕망하는 천자문(千字文)》 김근 저, 삼인

▶ 《위진남북조사(魏晉南北朝史)》 노간 저, 김영환 역, 예문춘추관

▶ 《위진남북조사》 이공범 지음, 지식산업사

▶ 《유명록(幽冥錄)》 유의경 저, 장정해 역, 살림

▶ 《유의경과 세설신어》 김장환 저, 신서원

▶ 《유쾌한 에피큐리언들의 즐거운 여행》 이나미 리츠코 저, 허명복 역, 가람기획

▶ 《이십이사차기》 조익 지음, 박한제 옮김, 소명출판

▶ 《이중톈, 제국을 말하다》 이중천 저, 심규호 역, 에버리치홀딩스

▶ 《인간 조조(曹操)》 이재하 저, 바다출판사

▸《인간 주자》 미우라 쿠니오 저, 김영식·이승연 역, 창작과비평사

▸《인물지(人物志)》 유소 저, 이승환 역, 홍익출판사

▸《자치통감 사론탐방》 이계명 저, 전남대 출판부

▸《자치통감(資治通鑑)》 사마광 저, 권중달 역, 푸른역사

▸《자치통감-삼국시대편》 사마광 저, 신동준 역, 살림

▸《잠서(潛書)》 당견 저, 김덕균 역, 소명출판

▸《잠재규칙》 오사 저, 도희진 역, 황매

▸《전국책(戰國策)》 좌구명 저, 신동준 역, 인간사랑

▸《전기(傳奇)》 배형 저, 최진아 풀어씀, 푸른숲

▸《전혀 다른 공자(孔子) 이야기》 시라카와 시즈카 저, 장원철 역, 한길사

▸《정관정요(貞觀政要)》 오긍 저, 김원중 역, 현암사

▸《제갈량(諸葛亮) 평전(評傳)》 여명협 저, 신원봉 역, 지훈

▸《제왕학(帝王學)》 야마모토 시치헤이 저, 매일경제신문

▸《조조통치론》 신동준 저, 인간사랑

▸《주원장전(朱元璋傳)》 오함 저, 박원호 역, 지식산업사

▸《죽림칠현(竹林七賢), 빼어난 속물들》 조검민 저, 곽복선 역, 푸른역사

▸《중국 고대의 환관》 임홍 지음, 이상천 옮김, 울산대 출판부

▸《중국 역대 현인들의 충간(忠諫)》 은무일 주편, 신성출판사

▸《중국과거문화사(中國科擧文化史)》 김쟁 저, 김효민 역, 동아시아

▸《중국무협사(中國武俠史)》 진산 저, 강봉구 역, 동문선

▸《중국문학 속의 고독감(孤獨感)》 시바 로쿠로우 저, 윤수영 역, 동문선

▸《중국문학교실》 송철규 저, 소나무

▸《중국병법의 지혜》 김기동 저, 서광사

▸《중국사관문화와 사기(史記)》 진동생 저, 장성철 역, 청계

▸《중국사상사(中國思想史)》 가나야 오사무 저, 조성을 역, 이론과실천

▸《중국사학사(中國史學史)》 신승하 저, 고려대학교출판부

▸《중국산문간사(中國散文簡史)》 이경화 외 저, 이종한·황일권 역, 계명대학교출판부

▸《중국역대필기(中國歷代筆記)》 유엽추 저, 김장환 역, 신서원

▸《중국우언문학사(中國寓言文學史)》 진포청 저, 오수형 역, 소나무

▸《중국유맹사(中國流氓史)》 진보량 저, 이치수 역, 아카넷

▸《중국의 과학과 문명》 조셉 니담 저, 이석호·이철주·임정대 역, 을유문화사

▸《중국의 남자와 여자》 이중천 저, 홍광훈 역, 법인문화사

▸《중국의 변강(邊疆)인식과 갈등》 안병우 외 저, 한신대학교출판부

▸《중국의 시험지옥, 과거(科擧)》 미야자키 이치사다 저, 중국사연구회 역, 청년사

▶ 《중국의 역사인식(歷史認識)》 민두기 편, 창작과비평사

▶ 《중국의 자전문학(自傳文學)》 가와이 코오조오 저, 심경호 역, 소명출판

▶ 《중국철학과 예술정신》 조민환 저, 예문서원

▶ 《중서미학(中西美學)과 문화정신》 장법 저, 유중하·백승도 외 역, 푸른숲

▶ 《중화제국(中華帝國)의 완성》 데라다 다카노부·마스이 츠네오 저, 송정수 역, 문덕사

▶ 《창랑시화(滄浪詩話)》 곽소우 교석, 김해명·이우정 역, 소명출판

▶ 《천년의 정원》 여추우 저, 유소영·심규호 역, 미래M&B

▶ 《치안책(治安策)》 가의 저, 허부문 역, 책세상

▶ 《품삼국(品三國)》 이중천 저, 김성배·양휘웅 역, 김영사

▶ 《품삼국 2》 이중천 저, 홍순도 역, 김영사

▶ 《풍도(馮道)의 길》 도나이 마모루 저, 허부문·임대희 역, 소나무

▶ 《한비자(韓非子)》 한비 저, 송지영 감수, 성동호 역, 홍신문화사

▶ 《한유 산문선》 오수형 역해, 서울대 출판문화원

▶ 《한자는 중국을 어떻게 지배했는가》 김근 저, 민음사

▶ 《한중일 한자문화 어디로 가는가》 이상철 지음, 이동주 옮김, 기파랑

▶ 《허드슨 강변에서 중국사를 이야기하다》 레이 황 저, 권중달 역, 푸른역사

▶ 《혜강집(嵇康集)》 혜강 저, 한흥섭 역, 소명출판

▶ 《황제의 비서실장, 환관(宦官)》 박인수 저, 석필

▶ 《회남자(淮南子)》 유안 저, 이석호 역, 세계사

고전과 함께하는 수필 삼국지

1판 1쇄 인쇄 2011년 02월 10일
1판 1쇄 발행 2011년 02월 22일

지은이 구주모
펴낸이 서채윤
펴낸곳 채륜
표지·본문디자인 Design窓 (66605700@hanmail.net)

등록 2007년 6월 25일(제25100-2007-000025호)
주소 서울 광진구 군자동 229
대표전화 02-6080-8778 | **팩스** 02-6080-0707
E-mail chaeryunbook@naver.com
Homepage www.chaeryun.com

© 구주모, 2011
© 채륜, 2011, printed in Korea

책값은 뒤표지에 있습니다.
ISBN 978-89-93799-34-7 03910